〔普及版〕

迫りつつある債権法改正

加藤雅信 著

Masanobu KATO

信山社
SHINZANSHA

平成二七年の通常国会に提出された「民法の一部を改正する法律案」、いわゆる債権法改正法案は継続審議となり、平成二八年の通常国会で審議されようとしている。この改正法案の策定過程では、このような改正の必要性があるのか、またこのような改正内容で良いのかをめぐって、多くの議論があった。しかし、この法案の完成後は、その実務的な解説書こそ出版されているものの、内容に立ち入って吟味した書物は少なく、私自身が法案全体を分析・執筆した『迫りつつある債権法改正』と、近時、加賀山茂教授が「第三者評価」として公刊した『民法改正案の評価』の二書を数えるにとどまるようである。

民法は、日本社会の法的基礎を形成する法律であり、その改正には、幅広い層からの本格的な吟味が必要である。そのようななかで、私の前著は、七百頁を超え、通読できる量を超えているとの声が聞こえてきた。そこで、前著を「完全版」と称し、条文案比較を行った部分（第四部）を割愛した「普及版」として本書を公刊することとした。この本の出版が契機となって、国会審議を前にして、多くの国民の声が寄せられることを願ってやまない。

【資料１】

１．民法（債権法）改正、これでいいのか
──よりよい日本民法典を求めて──

あるべき方向と問題点	現在の改正案
混乱する 日本社会！	理由なき 改正
経済界の 混乱を救え （自由市場〔「合意による契約」〕の破壊の防止）	民法大改正で紛争解決の予見ができにくくなる （規範を曖昧にする民法〔債権法〕大改正）
国民の過大な 負担をなくせ	新・旧二つの民法典 をみる必要 （経過措置で、当面二つの民法典の適用の時代が続く）
法務省のためでなく 国民のための 民法改正へ	法務省のための改正 ・民事局の人員確保 ・消費者契約法への権限拡大 ・自説の法典化 （この点は、資料２・資料４に）

【資料2】

2．民事法立法スタッフ総数の推移

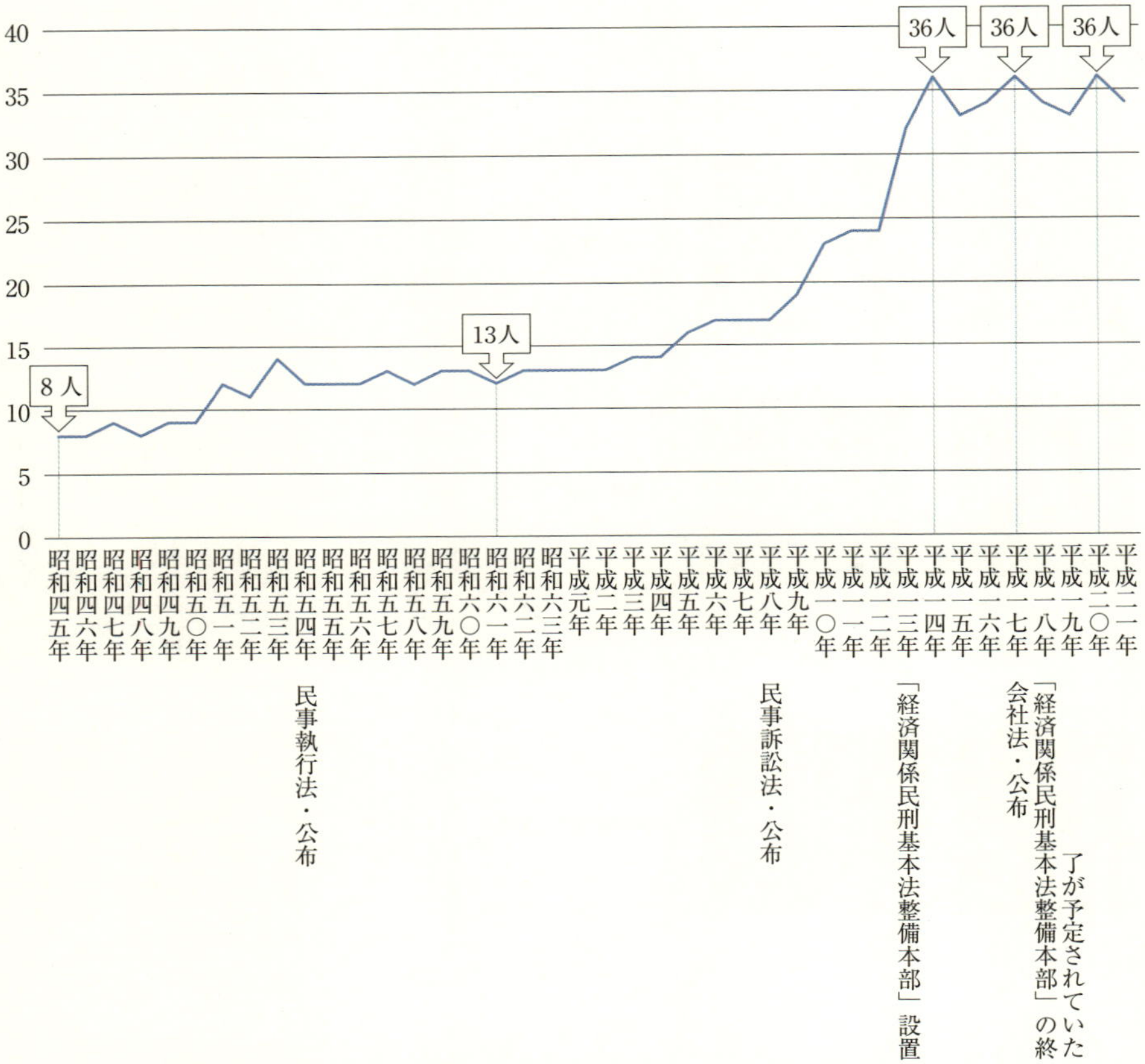

平成13年に「経済関係民刑基本法整備本部」が設置され、多くの立法がなされた。

平成17年に、会社法が公布され、それを最後に、平成18年３月に「経済関係民刑基本法整備本部」が終了することが予定されていた。それにより、大幅な人員増があった民事立法スタッフ数が激減することが予想された。

その終了予定の１月前の平成18年２月に、法務省は債権法を改正する方針を公表した。
膨れあがった法務省民事局の人員を維持するため、社会的必要がなかった民法改正に着手したものと考えられる。

【資料３】

３．劣化する日本民法典

現在の改正案		その問題点
自説の「関係的契約理論」を民法典へ （法務省参与の学説）	⟷	私的合意に対する司法の介入を許す法制度へ
↓		
法規範は曖昧に	⟷	柔軟性原理と曖昧性原理
↓		
裁判とビジネスの予測可能性がなくなる （自由市場〔「合意による契約」〕の破壊の防止）	⟷	混乱する経済界と法曹界 （規範を曖昧にする民法〔債権法〕大改正）
「契約の趣旨」から「契約及び取引上の社会通念」	⟷	「『契約の趣旨に照らして定まる』から『契約及び取引上の社会通念に照らして定まる』に変更されることになるが、規律の内容を変更する趣旨ではない」

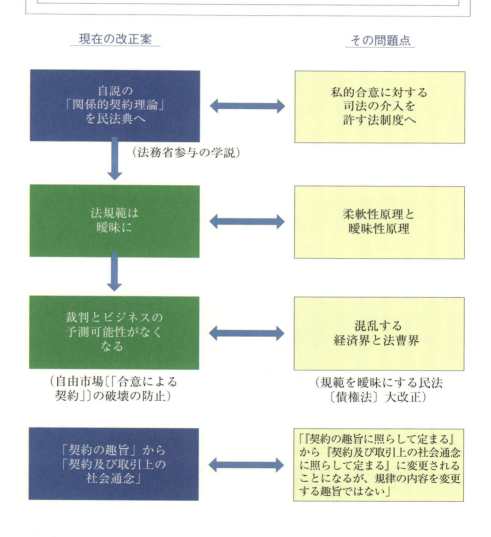

【資料４】

４．現在の判例・通説から 批判学説へ

我妻説に代表されるような伝統的通説

【我妻が執筆した「『民法講義』８巻は、恐らく日本中の裁判官の机上には、六法全書と列べて置かれていたのではなかろうか」と評価されており、現在の実務に強い影響を与えている。】

京都大学・山本豊教授の分析

伝統的通説の主要な特質

①給付請求権を中核としたスリムな債権理解、②履行請求権の当然性、③原始的履行不能の除外、特定物ドグマ（①のコロラリー）、④無責の後発的不能における債権の当然消滅、双務契約の場合の危険負担制度における問題処理、⑤履行請求権と塡補賠償請求権との選択（併存）の否定（債務転形論）、⑥３分体系、⑦損害賠償・解除における過失責任原理の採用、履行補助者論の採用等

批判学説の主要な特質

【内田法務省参与はこの「批判学説」を主張している論者のひとり。】

①給付請求権を中核とした債権理解の否定、②履行請求権の救済手段視、③原始的履行不能ドグマ・特定物ドグマの否定、④無責の後発的不能における債権の当然消滅の否定、⑤履行請求と塡補賠償との選択の自由の承認（債務転形論の排斥）、⑥債務不履行の一元的把握、⑦損害賠償・解除における過失責任原理や履行補助者論の放棄、⑧危険負担の解除制度への吸収等

学界の評価

山本教授は、論稿執筆時の改正案である『債権法改正の基本方針』は、この「批判理論をベースとしている」と評価

その後、法務省民事局の提示する改正案は変容してきているが、専修大学・山田創一教授は、「今回の中間試案では、批判理論のほとんどが反映されており、伝統的理論から批判理論への転換がなされていることは明らかである。その意味でも、中間試案のような改正がなされたら、伝統的理論を中心に据えて展開されてきた実務に多大な影響を及ぼすことは避けられないであろう」と評価

【資料５】

５．民法（債権法）改正、各界の反応

財界の反応

経団連の経済基盤本部長・阿部泰久氏
「今回の民法改正の議論を、**私は『学者の野望』と名付けています**」

東京中小企業家同友会、全国中小企業団体中央会
「**『なぜ、今、わざわざ改正しなくてはならないのか』。**
静かな湖面にわざわざ波紋を投げかけた法務省に対する苛立ちは強い」

裁判官の反応

【元名古屋高裁長官・**元法務省民事局長**】
・**『壊れていないものを修理するな』**という格言は、私は、実務家として、あるいはかつての立法担当者として、正直に言って大変共感を覚えます

【民事裁判の中枢を担った、元裁判官・匿名】
・今回の改正は、その**改正の内容も、改正の進め方も、どちらも『公益』という姿勢に反している。**『公益』という姿勢が欠けているので、自分の学説を法律の条文にしようとするような姿勢が生まれてくる

・私自身は、**裁判官をしていて、こんなややこしい立法をしなければならないような事案に遭遇したことはない**

弁護士会の反応

山梨県弁護士会総会決議：債権法改正の審議の「完全なる凍結」と「**広く民意**の反映された体制のもとで、改めて審議を行うことを強く求める」

新潟県弁護士会総会決議：「改正の社会的必要性（立法事実）の有無を慎重に審議するものとし、仮に改正するとしても、立法事実を踏まえた必要最小限度の改正にとどめるべきである」

奈良弁護士会、三重弁護士会、金沢弁護士会、岐阜県弁護士会

いずれも、**会長声明で債権法改正に反対**

東京弁護士会編著・意見書：「研究者と法務省中心の理念先行の『熱狂と暴走』のおそれ、すなわち、**わが国の市民・企業を民法研究の新たな実験台とするつもりなのか**との不安を払拭できていない」

全国・弁護士2000人の声

「実際に弁護士として債権法の必要性を感じた事案にこれまで遭遇しましたか」
「遭遇していない」1571名、「かなりの頻度で遭遇している」９名。
債権法改正に対する賛否：債権法改正を進めることに
賛成190名（全体の9.6%）、反対1467名（全体の74.2%）

今回の改正は『国民不在の議論』、民法改正を『一部の学者のおもちゃにさせてはならない』、『一部の学者の個人的野心による改正』、ある学者が『ボアソナードになりたがっているだけではないか』、『改正は学者のエゴではないか』、『学者の国家権力を借りた自己満足的自説の強制には憤りすら感じる』、『実務をあまり知らない一部の学者が、功名心から、必要性の乏しい債権法の改正を強行しようとしている』、『一部の学者の学説を民法化することは、“改正”ではなく“改悪”であり、強く反対する』、『学者の、学者による、学者のための改正になっている気がします』、『ある特定の学者と官僚の思惑だけで改正を進めるなどもってのほかである』、『生兵法は怪我の元』、『謙虚な改正を望む』、『必要性のないブランド競争は有害』・『短絡的な発想』、『悪しき欧米追随主義』、『英米法的スタンダードに変更する必要性は全くない。なぜ債権法のみ改正するのか、全く不可解』、『日本の現状に合わなくなるのは本末転倒』、『法務省は行き過ぎている』 等

【資料6】

6．促成民法典ではなく、熟慮した民法典へ

法務省の現在のスケジュール

・平成27（2015）年2月に法制審を通過
・民法改正法案の閣議決定は、平成27（2015）年3月
・同年の国会で民法改正法の成立を予定

↓

法務省が予定している国会審議は、内容確定後、数か月程度か

法務省の改正提案内容は、これまで次々と変更されている
パブコメも、短期に設定され、十分な議論はされていない
法務官僚以外、誰も検討せずに、民法の大改正が行われる

よりよい民法典にするための慎重審議が必要

数か月で立法をではなく、
慎重な国会審議を
条文案の確定後の慎重な検討が必要
平成27年度の国会通過ではなく、国会の慎重審議をへた民法典へ

序・迫りつつある債権法改正――その総合的検討――

本平成二七（二〇一五）年の第一八九回国会には、「民法の一部を改正する法律」が上程されており、審議をまつばかりの状況となっている。平成一八（二〇〇六）年秋に「民法（債権法）改正検討委員会」が設立された年から数えて九年近く、平成二一（二〇〇九）年秋に法制審議会に民法（債権関係）部会が立ち上げられてからでも六年近く議論されてきた、いわゆる債権法改正が国会審議のスケジュールにあがってきたのである。

当初、法務省の債権法改正事務局は、民法総則編のうちの「法律行為」の章の大部分、「時効」の章のうちの「消滅時効」の部分を債権編に移動し、かつ、債権総論を廃止するという改正提案を企図していた。それは、債権法改正事務局のなかに、契約法に強い関心を抱く学者出身者がいたため、契約法を中心とする民法典の再構成を考えたためであった。

この当初の意図どおりの改正がなされるのであれば、法定債権の除外さえ度外視すれば、「債権法改正」という標題もあながち的外れともいえないかもしれない。しかし、前段に紹介したような編別を超えた民法典の再構成には抵抗も強く、とりわけ、法改正の手続きの最後の段階で内閣法制局がこのような民法典の編成の変更を認めなかったので、改正はそれぞれ現行民法の関連箇所で行われることとなった。その結果、現在国会に上程されている改正案は、民法総則編と債権編の債権総論と契約を飛び飛びに改正する内容となっており、兵庫県弁護士会が懸念していた「つまみ食い的な改正」（本書一九一頁参照）が現実のものとなりそうな状況である（改正法案をみてみると、改正条文と非改正条文の状況は、本書三一二頁以下に具体的に示すが、イメージを具体化するために、ここでは民法総則編の改正状況をみてみると、「第二章　人」に「意思能力」の節を新設し、「第五章　法律行為」の規定のうちの約四割の条文を改正し、「第七章　時効」は、取得時効の節は改正せず、それを除く大部分の条文を改正し、「第一章　通則」、「第三章　物」、「第六章　期間の計算」は、改正対象外となる）。

明治期に民法が制定されて以来、第二次大戦後に家族法の大改正が行われたが、それ以来の大改正がなされようとしていることは間違いがない。この改正がなされれば、日本の取引社会はもちろん、日々の国民の生活も大きな影響を受けることになるであろう。本書は、現在国会に上程されている改正法案の内容を逐一検討しつつ、今回の改正の適否を考えようとするものである。

最初に本書の内容をその構成にそくして述べると、右に述べたような法学的な考察を行う前に、第一部と第二部で、まず国民全体が、今回の改正の適否を考えるための素材を提供することを試みたい。

第一部では、マスコミが今回の改正を「消費者保護」のための法改正と報道することが多いところ、改正内容はそのようなものになっているか否かを、約款や保証を手がかりに考えてみることにする。二〇世紀から二一世紀にかけて、商工ファンドという名の貸金業者が、保証人から公正証書をとって、強制執行を簡単に行うことによって多くの市民を破綻に追い込んだことは、今なお記憶に新しい。今回の債権法改正法案が、保証人に公正証書を要求したことで、商工ファンドの再来のような事件が起こってくるのではないかということが懸念され、改正の内容を具体的に検討すると、今回の改正法案が実は消費者保護とは逆の方向を向いていることが明らかとなる。これは、法律家がみれば一目瞭然のことであり、法制審議会・民法部会の委員として今回の改正法案の作成に参加した松岡久和教授は、今回の債権法改正につき、「マスコミの多くは、今回の改正が消費者保護を重視したと報じている。しかし、これは誤解を招くおそれがある」と述べているし、河上正二教授は「新聞では『消費者の保護に配慮』の見出しが踊ったがミスリーディングである」と評している。自殺者が多発する等の社会問題が生じてからでは遅いのであって、マスコミとしても、報道にあたって心すべきであろう。

次に、**第二部**であるが、今回の改正法案の骨格は、昨平成二六（二〇一四）年八月二六日に法制審・民法部会が「要綱仮案」を取り決めたときに決定されたといっても過言ではない。当初、民法部会は、それ以前の同年七月二九日に「要綱仮案」を決定する予定であった。債権法改正作業の最初の段階では、債権法改正事務局は、「今回の民法改正は、これまでの法務省が手がけてきた法改正とは全く性格が異な」り、「経済界や世論からの不備の指摘に応えて行う立法ではなく、法務省が率先して改正に向けての検討を開始した」として、日本社会の需要にそくした法改正というより、欧米の法に日本民法を同化させるための法改正を志向していた。ただ、このような改正の方向性に対しては、反対論も根強く存在していた。内閣府の規制改革会議は、前述した七月二九日の直前の七月二三日に、当時の稲田朋美内閣府特命担当大臣の肝いりで、法務省の債権法改正担当官と著者とが対席する形でのヒアリングを主宰し、ヒアリングでの種々の批判等を記録した議事録と、債権法改正の問題点を摘示した何点かの会議提出資料とをホームページ上で公開した。この影響があったか否かは不明ながら、この七月二九日の民法部会は流会となり、約一月後の八月二六日に民法部会が開催され、そこで「要綱仮案」が最終的に決定されたのである。結果として、欧化志向の方向性は、八月二六日の「要綱仮案」ではかなりの程度取り除かれた。本書の第二部は、このヒアリングに著者が提出した資料やそのさいの議事録を中心として構成されている。

次の第三部では、今回の債権法改正法案を総合的に検討し、その評価をすることを試みている。今回の改正法案には、法定利率を変動利率にすること、賃貸借における敷金の明文化等、私自身も賛成したい点もある。

しかし、昨年夏の急転回が短期間に行われたこともあり、前からの問題点が払拭し切れていない点も少なくない。今回の改正がなされれば、債務不履行による損害賠償は過失責任か無過失責任か、法学界の議論は真っ二つに分かれ、法曹実務は混乱の渦に巻き込まれることになろう。また、「合意による契約」を裁判官が「社会通念に照らして」改訂しうるという「関係的契約理論」をとりいれた改正内容を債権法改正事務局が随所に盛り込んだので、慎重に契約を締結した当事者が不意打ちを喰らうという、経済界の混乱も巻き起こると思われる。また、短期消滅時効をなくし、時効期間を統一したのはいいが、少額債権についての特則を設けなかった結果、企業のみならず一般国民も、これからは少額の領収書を一〇年は保存しなければならないことになる。さらに、詐害行為取消権は、これまで判例法が混乱していた内容を条文化したので、判例の混乱が法典の混乱に昇格するという、私からみるときわめて無様な状況となった。問題は、依然として多々存在している。

また、根源的な問題として、今回、最初の改正作業のスタート時点で、日本民法にそくした改正の必要性の吟味を民法典の条文にそくして行うという前提作業を省き、ヨーロッパ等で法改正がなされている点を検討するという姿勢で改正作業に着手したために、非改正条文に多くの手つかずの問題が残されている。この中途半端な改正がなされると、今後、これらの手つかずの問題が取り残されたままに終わるのではないかという問題もあるであろう。最後の第四部では、この問題を具体的に示すために、自分自身もかかわったもので恐縮ではあるが、他の民法改正提案である国民有志案（修正案原案）（総則編にかんしては日本民法法典改正条文案）、現行民法、要綱、改正法案の比較対照表を示すこととした（〔完全版〕参照）。

ただ、当初、これが社会のための法改正かと著者を驚かせた改正案の内容も、多くの社会の声、法務省民事局に必ずしも同調するとはいえない裁判所内、政府部内での考え方、内閣法制局の努力により、大分変わってきたことは事実である。しかし、変わったその最終内容が、法改正により現在の日本社会をよくするものか否か、その判断こそが肝要である。さきに述べたように、問題含みの改正点が依然として多々残っているからである。

今回の改正案が日本社会にもたらすプラスは何か、マイナスは何か。さらに、法改正は常に社会的コストをともなうものであるだけに、その社会的コストを上回るプラスがあるか否かを検討する姿勢も重要であろう。そのうえ、今回、本来は改正すべき点が取り残されたまま中途半端な改正提案がなされているとしたら、今回の改正を実現することによって、取り残された点が現状のまま固定されるというマイナスの影響も考慮する必要がある。

このような総合判断を、選良と呼ばれることもある政治家の方々がつつがなく執り行い、国責を担う役割を果たすための一助に本書がなれば、この一〇年、民法改正の問題に正面から取り組んできた著者としては、望外の喜びである。

なお、本書第二部の原稿の執筆のもととなったヒアリングを開催して下さった稲田朋美内閣府特命担当大臣（当時）、座長を務めて下さった安念潤司教授をはじめとする規制改革会議の委員の先生方、事務局の方々、また、第二部各章の論稿等を本書に収録することをご快諾いただいた消費者法ニュース発行会議の関係者の方々、MS&AD 基礎研 REVEW の関係者の方々に、心より御礼申し上げたい。また何よりも、〔完全版〕第四部に所収した国民有志案の作成に携わった民法改正研究会の先生方、さらに市民法研究会、企業法務研究会の諸先生と、種々のご教示をいただいた研究者、裁判官、弁護士、司法書士、企業法務、経済界関係者、連合関係者、消費者団体の方々にも深謝申し上げる次第である。本書の校正は、名古屋大学での最後の指導生として研究の途に入った、東海大学准教授の谷江陽介さんが実に丁寧にやってくださった。さらに、本書の初稿原稿をアンダーソン・毛利・友常法律事務所の同僚の木本真理子弁護士がご覧のうえ、貴重なご意見を賜った。お二人に対して、心からの感謝の意を表したい。最後になったが、債権法改正がデリケートな時期にさしかかっているなか、本書の公刊をご快諾いただいた信山社の袖山貴社長、稲葉文子氏、今井守氏らに心からなる御礼を申し上げるとともに、タイトなスケジュールにもかかわらず、国会審議に間に合うよう無理をして下さった関係各方面の方々にも心から感謝の意を表したい。

〔付記：本書の姉妹編となる『債権法改正史・私論（上巻）』（加藤雅信著作集　第九巻）が近い将来に公刊されるが、その冒頭の「はしがき」に記したように、この二冊の著作は、債権法改正に対する著者の批判の「資料集」としての性格をも有している。そこで、本書第二部所収の既公刊論稿の収録にあたっては、できるかぎり原論文を損なわないように努めた（加筆・変更箇所は、［　］を付すことによって明示した）。その結果、第二部と他の部の叙述との間で一部に内容的な重複が生じていることをお断りしておきたい。〕

平成二七年九月九日

日本民法典のあるべき姿を希求しつつ　　加藤雅信

《普及版》目次

序・迫りつつある債権法改正
――その総合的検討――

第一部　債権法改正法案の国会上程へ

第一部　債権法改正法案の国会上程へ

前文　幻の書簡

本平成二七（二〇一五）年二月下旬に法制審議会で「民法（債権関係）の改正に関する要綱」が決定された。私は、そのニュースを、当時、ワシントン大学で集中講義を行っていたアメリカのシアトルで聞いた。二月末日に帰国し、三月一日から、要綱に提案された四〇項目にのぼる改正提案を逐一検討する作業を集中的に行い、一月かけて、本書第一部と第三部の第七章に所収した論稿の原型を完成させた。印刷機にかけたその原稿の印刷も完了し、法務省民事局をはじめ、債権法改正に深く関わった方々にそれを送付すべく、あらかじめ用意しておいた次頁以下に収録した送付文の文面と送付日付の変更にとりかかろうとしたのが、平成二七（二〇一五）年三月三一日であった。ところが、知人から電話が入り、まさにその日に、民法改正法案が閣議決定され、衆議院に提出されたというニュースがインターネットに流れているという。法案の内容が確定し、それが国会に提出された段階で、要綱の内容を検討する論稿を送るのは、年を越した後に暮れの挨拶を送るに等しい。無駄になった印刷物の山を前に、印刷にあたってくれた手伝いの人たちに謝ることとなったが、彼らの帰宅後は、一月の作業が無駄となった虚脱感に陥った自らの無聊を慰めることとなった。

当然のことながら、印刷物ばかりでなく、用意しておいた送付文もゴミ箱にいく運命となったが、せめてもの慰めと、その当時の私の姿勢を紹介するために、以下に収録することとしたい。

法務省民事局長　深山卓也様気付
法務省民事局　債権法改正を担当なさった皆様

拝啓

桜の花もそのほのかな姿を現しはじめた春の美しい季節が訪れる時節となりましたが、深山局長をはじめとする皆様方におかれましてはご清祥にてお過ごしのこととお慶び申し上げます。

また、「民法（債権関係）の改正に関する要綱」も決定され、今は法案化の最終段階でお忙しい日々をお過ごしのことと拝察しております。このお手紙を認めておりますのは、その債権法改正に関係してのことでございます。

債権法改正にかんしましては、私はここしばらくかなり活発に発言してまいりまして、そのなかにはお耳触りの言葉も多かったことと、個人的には申し訳なく思っております。ただ、昨年夏に公表されました要綱仮案の段階になると、私が強く問題視してきた改正の方向が大きくあるべき方向へと転換されました。このようなご英断をなさった深山局長をはじめとする皆様方のご決断とご努力に、一人の国民として、深い敬意を払っております。

二月に要綱が発表されました後、多少の時間をかけて、要綱の提案内容を逐一検討させていただきました。当然のことではありますが、改正提案内容のなかには変動制を導入した法定利率制度、敷金の規定の新設等、歓迎すべきものもございました。ただ、残念ながら、昨年夏の転換が短期間に行われたためもあって、私がこれまで問題視してきた内容の残滓も多々残っております。

今回の債権法改正を推進なさった内田貴さんの弟子であられた、東京大学准教授の石川博康さんは、中間試案の段階で、言葉を選びながらではありますが、今回の改正に大きな懸念を示しておられます。それは、「中間試案における『契約の趣旨』の概念が、契約の目的や社会通念など多岐にわたる考慮要素に基づく不透明な概念であることは否め」ず、「合意からは基礎付けられ得ないような契約内容が……融通無碍に導かれることになれば、契約法における諸制度をその基盤から瓦解させてしまう結果にもなりかねない」からです（法律時報八六巻一号）。この「契約の趣旨」の文言は、その後「契約及び取引上の社会通念」等に変更されましたが、民法部会に提出された資料には、この文言変更は「規律の内容を変更する趣旨ではない」と記されており、現在の要綱でも、民法四一五条の債務不履行による損害賠償その他に残っております。

その結果、同封いたしました論稿に書きましたように、要綱の四一五条についての規定では、過失責任、無過失責任双方の解釈が可能となるような改正案が提示されており、民法部会の委員のなかでもこの点についての見解が分かれるような状況にある、と聞いております。債務不履行による損害賠償の規定は民法の基本中の基本です。これが過失責任か無過失責任かという原理的な次元でぐらつくようであると、関連規定である解除、危険負担、瑕疵担保その他の多くの法制度がぐらつかざるをえないことになります。まさに、石川さんが懸念された「契約法における諸制度をその基盤から瓦解させてしまう結果」が到来しようとしている状況です。

このように多くの法制度が基盤からぐらつくようだと、困るのは、皆様の出身母体である裁判官、裁判に現れる弁護士、その依頼者、また、裁判外でも民法を基礎に取引を含む社会生活を営んでいる国民です。

失礼な表現でしたらお許しいただきたいと思いますが、今回の改正で、日本社会の法的基盤が、確固なものからぐらぐらしたものへと変わろうとしております。日本の民法典は今崖っぷちに立たされている、というのが私の印象です。

皆様方のほとんどが債権法改正作業の開始の後に民事局においでになったことは、私もよく存じ上げております。組織を担う責任ある立場であれば、途中から加わった作業につき、先人たちが積み上げてきた仕事の成果を壊すことができないこともよくわかります。また、皆様にとって、今日の前にあるお仕事が非常に重要であることは当然です。しかしながら同時に、皆様を含む法務省民事局は、長期間にわたり民法という社会の基本法を司る組織でもあります。今改正がなされることによって民法がぐらつきはじめれば、法務省民事局も長期にわたって苦しむことにもなるのです。改正自体は現時の問題ですが、民法典自体は永続する存在なのです。

約一〇年の長きにわたって進行してきた債権法改正をここでストップさせることはできない、という皆様のお気持ちは私にもよくわかります。ここで、要綱を改正法案のかたちにして国会に提出することは皆様の責務だと思います。しかし、それから後の皆様方の行動いかんで、民法典が崖下に落ちることもあれば、崖の上にとどまることもありうるのです。国会に法案が提出された後は、基本的に物事は政治家の手に移りますが、その法案に対する担当官庁の姿勢いかんで、法案の運命はしばしば変わります。

担当官庁で仕事を司る皆様が、劇的な変化をすることができないのは当然ですし、また、劇的な変化を見せることはこれまでしてきたことを考えると無責任であるという誹りも免れないと思います。しかし、最後の一押しで、民法典を崖下に落とすか、それとも崖の上に留めるかは、実は、皆様の姿勢と行動いかんであるということも事実なのです。

歯切れの悪い言い方となりましたが、皆様に私の意のあるところをお汲み取りいただき、日本の社会が平穏に、混乱なく運営されつづけることを祈っております。

乱文乱筆お許しいただければ幸いです。

敬具

平成二七年三月吉日

第一章　はじめに――要綱仮案から債権法改正法案の国会提出へ

一　債権法改正の急転回

「民法の一部を改正する法律案」が、本平成二七（二〇一五）年三月三一日に閣議で決定され、同日、衆議院に提出された。これは、「民法（債権関係）の改正に関する要綱」が、本平成二七（二〇一五）年二月二四日に法制審議会総会で決定されたのを受けてのことである。要綱では、四〇項目にわたる改正提案がなされたが[1]、その内容が一部変更されつつも、基本的には条文化されたことになる。もっとも、この要綱決定に先立って、法制審議会民法（債権関係）部会は、二月一〇日に「民法（債権関係）の改正に関する要綱案」を決定しており、さらにその前の昨平成二六（二〇一四）年八月二六日に「民法（債権関係）の改正に関する要綱仮案」を決定していた（以下では、「民法（債権関係）の改正」を「債権法改正」と、「法制審議会民法（債権関係）部会」を「民法部会」と略称し、以上の「」引用部分をそれぞれ「債権法改正法案」、「要綱」、「要綱案」、「要綱仮案」と略称する）。

この昨年夏の「要綱仮案」は、後述するように、それまでの民法部会の債権法改正の方向性を大きく変更したものであり、「要綱案」はそれに微修正を加えたうえで未確定部分を確定させ、「要綱」は「要綱案」を基本的に踏襲したものである。そうであるならば、民法改正法案の基本的な枠組は、昨年の夏に決定されたといってよい。それ以前の民法部会での議論をみると、今回の債権法改正にあたっては、日本社会の需要とかなりかけ離れた、また現行民法を意味なく英米法風に変更しようとする、私からみると、現行民法から乖離した、社会の需要にもとづくことがない極端な改正提案がされていたところ、昨年夏の急転回によってその方向性は大きく修正されたのである。現行民法と改正案との距離はだいぶ縮まり、改正による社会的混乱も小さくなりつつあるといってよいであろう。

この転換の方向性は、望ましいものであると私自身は考える。このような方向での債権法改正が当初から模索されていれば、私も、これまでのように法務省民事局の考え方に異を唱えるだけではなく、より建設的な意見を提示することによって今回の改正に協力することもできたと考えると、方向転換が遅かったことを個人的には残念に思う次第である。ただ、時期が遅かったとしても、このような方向転換をはかった責任者の方や、それを推進した方々に深い敬意の念を表したい。

二　本書の課題と、債権法改正法案の評価の方向性

このような方向転換がなされ、改正による社会的混乱も小さくなりつつあるのならば、今回検討すべきは、この方向転換がじゅうぶんになされているか否か、債権法改正法案の内容での債権法改正が社会に役立つか否かという点であろう。最初に、今回の債権法改正法案に対する私の評価を述べれば、それは四種に分かれる。

第一に、現在の債権法改正法案の改正提案には、私個人は賛意を表する点も存在している。

第二に、逆に、反対したい点も存在している。これまでの債権法改正事務局の提案には、それを推進してきた法務省民事局元参与の弟子にあたる民法学者からも、「契約法における諸制度をその基盤から瓦解させてしまう結果にもなりかねない(2)」との懸念が表明されるような極端な改正提案が存在していた。今回は、なにせ短期間で方向転換が急遽とり行われたため、それ以前の極端な改正提案が払拭されていないところが相当残っているうえ、依然として社会的混乱を引き起こす可能性があるような提案も存在している。これらの改正提案には、絶対的な反対を表明したい。

第三に、改正の方向のベクトルはよいとしても、短期間での急転回であったため、熟慮するだけの時間がなく、じゅうぶんな配慮がなされているとは言いがたい提案内容もけっして少なくない。これらの点については、再考を求めたい。

第四に、今回の債権法改正手続における改正対象の選定手続の妥当性を検討することにする。その理由は、次の三を参照されたい。

以上のような観点から、「要綱」があげた四〇項目にそくしながら債権法改正法案の内容を逐一検討しつつ、具体的な提案をするとともに、債権法改正法案に対する学問的な評価を社会に提示すること、それが本書の課題である。

三　本書の構成と内容

本書では、この第一部と第三部・〔完全版〕第四部において、債権法改正法案の内容の検討を行うこととする[(3)]（第二部では、規制改革会議のヒアリングにおいて提示した、今回の債権法改正の問題点を社会的な観点から検討する）。

最初の第二章と第三部の冒頭の第七章では、私が絶対的な反対を表明したい問題をとりあげる。

まず第二章では、近時マスコミ報道で多く報じられている、今回の債権法改正が「消費者保護」を目的とする、という評価がはたして改正内容の実体を反映しているか否かを検討する。具体的に述べると、「保証」をめぐる債権法改正法案どおりの法改正がなされると、かつて商工ファンドが保証契約書を強制執行認諾文言付公正証書にすることによって、多数の保証人を自殺に追い込み、社会問題となった歴史が、今回の債権法改正によって繰り返される危険が大きい。また、「約款」をめぐる債権法改正法案どおりの法改正がなされると、世界的にみても特異な法規範を日本が有することになる。基本的に、このような改正は絶対してはならない。

第七章では、現在の債権法改正法案のなかで、これまでの極端な改正提案をひきずっており、契約法の基盤を瓦解させる可能性があり、ひいては日本社会のビジネスの基盤、法曹実務の基盤を破壊しかねない問題を検討する。具体的にいえば、「債務不履行」（および、それとの関連で、過失責任主義・無過失責任主義と関連する危険負担、債務不履行による契約解除、瑕疵担保責任、その他いくつかの法制度）、「合意の弱体化」につながる改正提案や、「無効」、「時効」をめぐる改正提案は、そのとおりの改正がなされると、法曹実務に大きな混乱が生じ、ひいては法の適用をうける国民がその混乱によるマイナスをうける（なお、「消滅時効」制度の改正にさいして「少額債権」の問題を顧慮していない点は、法曹界の混乱ではなく単に「社会的混乱」というべきであるが、叙述の便宜上、時効については第二章ではなく第七章でまとめて検討した）。

次に、第八章および第一〇章において、四〇点にのぼる要綱の項目にそくして債権法改正法案の内容とその是非を「総則編」と「債権編」とに分けて逐一検討する（また、債権法改正法案は、物権法の改正に先立って債権法を改正しようとするものなので、その正当性を第九章で検討する）。これらの改正提案のなかには、改正提案としては肯定すべき内容も否定すべき内容もともに含まれている。ただ、肯定すべきもののなかにも、改正方向そのものは望ましいものの、昨年夏の急転回が短期間でおこなわれたこともあって、検討不足・熟慮不足のものが少なくない。そのようなものは法改正にあたってよりよいものにすることが必要であろう。前述したように要綱の四〇項目はそのなかに複数の提案内容を含んでいるが、そのうちの主要部分に問題ないし検討不足があると、それが他の提案に影響をあたえる可能性はないのかも考えなければならない。また、改正提案の内容を否定すべきものの代表は、後述する詐害行為取消権の改正提案である。第八章から第一〇章の検討結果には、二に述べた第一、第二、第三が混在している。

第一一章では、今回の債権法改正法案の内容が当初の提案からどのように変化してきたのかを検討する。

債権法改正法案の最終評価を行う第一二章では、最初に二に述べた第四の問題、すなわち、今回の債権法改正にあたって、改正対象がどのように選定されてきたのかを検討する。実は、今回の債権法改正の手続きでは、最初の段階から検討の対象外とされてしまった部分も少なくないが、その最初の対象選定が正当であったか否かも検討しないと、債権法改正法案が提案している内容だけを改正することが民法典のあるべき方向を実現するものか否かは明らかとならないからである。

以上のように債権法改正法案の内容を子細に吟味していくと、結論として債権法改正法案の提案どおりに改正して問題がないとして残るものは、私がみるところ、要綱のあげた四〇項目のうちのわずかなものにとどまってしまう。それは、変動利率制を導入した「法定利率」についての改正と、「敷金」の新設の二つの提案である。これを踏まえて、第一二章の最後には「最終提案一」および「最終提案二」を述べることとする。

最後の〔完全版〕第一三章では、今回の債権法改正法案の内容を、他の改正提案の内容および現行民法とを対照表のかたちで条文ごとに比較する。これによって、今回の債権法改正の性格が浮き彫りになると思われるからである。

（1）要綱の四〇項目の内容については、次のようにいわれていた。そこでの「改正検討項目の総数は二〇〇に及ぶが、『中間的な論点整理』においては五〇〇以上の項目が掲げられ、『中間試案』においても二六〇の項目が掲げられていたことに比べれば、相当に絞り込まれている」（鎌田薫「『民法（債権関係）の改正に関する要綱』の決定——民法（債権関係）部会の審議を終えて」ＮＢＬ一〇四五号〔平成二七年〕六頁）。

（2）石川博康「『契約の趣旨』と『本旨』」法律時報八六巻一号（平成二六年）二九頁。

（3）本書では、債権法改正法案の検討を一つの部ではなく、第一部と第三部とに分けて叙述した。その理由は、この「三　本書の構成と内容」を一読すれば明らかなように、第三部の内容は基本的に法律論の性格が強いからである。

民法は、最終的には法の適用を受ける国民の生活に大きな影響をあたえるものなので、私は、債権法改正については、これまで法律家以外の国民にも語りかけるよう努めてきた。本書の冒頭となる第一部に法律家以外には通じにくい内容の叙述が続くと、この本全体が一般国民に読まれることなく、今回の債権法改正の実体が国民に知られずに終わってしまう可能性もある。そこで、本書においては、まず、その問題性が法律家以外にも鮮明に浮かびあがる第一章と第二章を第一部で検討し、次いで債権法改正の社会的問題を第二部で論じ、そのうえで法律問題を第三部以下に収録することとした。本全体の読者としては、債権法改正に興味を抱いていただける国民一般を、第三部・〔完全版〕第四部の読者としては、主として法律家を念頭においてのことである。

第二章　債権法改正法案の性格

第一節　問題提起——「消費者保護」と、「ビジネス保護」

一　近時のマスコミ報道

債権法改正法案に先立った「要綱案」、そして次の「要綱」をめぐる近時のマスコミ報道をみていると、債権法改正をめぐる評価は、「民法　消費者保護へカジ」、「民法改正答申　消費者保護　鮮明に」、「民法　法制審答申　消費者重視へ大幅改正」、「消費者保護の観点も多く盛り込まれている」等、[1] 消費者保護を目的として今回の改正がなされていると報じる記事が目につく。

二　これまで主張されていた債権法改正の目的

このような報道が的を射ているか否かを確かめるために、このような報道がなされるようになった以前の状況をみてみることにしよう。

今回の債権法改正の初期の段階でなされた法務大臣の諮問には、「社会・経済の変化への対応を図り、国民一般に分かりやすいものにする等の観点から、国民の日常生活や経済活動にかかわりの深い契約に関する規定を中心に見直しを行う必要がある」[2]とあるだけで、別段、消費者保護を行う必要性等の文言が存在したわけではない。

また、今回の債権法改正の中心人物であった法務省民事局元参与は、初期には、ヨーロッパ各国で債権法が大きく変更されているなかでは「アジアからの発信」が重要であり、「日本にとって、債権法の抜本的改正は、日本の国際的プレゼンスのかかった国家戦略の問題でもある」[3]と、国威発揚型の旗印を標榜していた。ただ、その評判が芳しくないと、その後は、「民法改正は、将来のアジア戦略をにらみ、国際標準になりうる取引ルールを日本から発信する」[4]ことをしなければならない、そうすることによって「日本企業と取引をする相手方企業に対しても、取引において日本法を準拠法として使用する大きな動機を与えます」[5]という、日本法を世界標準にという、国際取引に偏したビジネス・オリエンテッドな旗印に切り替えられた。

民法典は、本来、市民間取引・企業間取引の双方を規律し、また、国際取引に関わることもありうる幅広いものであるが、改正担当者の眼中に存在していたのは、主に「国威」とか「国際取引」等の国家や企業よりの視点であり、市民という視点は抜け落ちていたように思われる。この種の一般的な傾向を評して、池田真朗教授は、今回の債権法改正は「UCCアメリカ統一商事法典などを意識しながら、民法の取引法化、事業者法化に傾斜している面があ」[6]ると述べていたのである。

三　本当の消費者保護か、それとも付け焼き刃の消費者保護か

このような流れのなかで、消費者保護の問題が正面に出てきたのは、実は、債権法改正の末期になってからであった[7]。では、末期の段階からは、本当に消費者保護が目的となったのだろうか。それとも、それは付け焼き刃にすぎないのだろうか。具体的な改正の内容を、紙面一ページを使ってかなり詳細な解説記事を載せた新聞の記事を例にとりながら、次に約款と保証についてみてみることとしよう。

(1)「」の引用は、最初のものが「要綱案」をめぐる記事の標題（日本経済新聞二〇一五年二月一一日朝刊三頁）、次の二つが「要綱」をめぐる記事の標題（順に、読売新聞二〇一五年二月二五日朝刊二頁、毎日新聞二〇一五年二月二五日朝刊三頁）、最後のものが「要綱」をめぐる記事の説明文（朝日新聞二〇一五年二月二五日朝刊一頁）である。

(2) 平成二一年一〇月二八日付法務大臣諮問第八八号。

(3) 内田貴『債権法の新時代――「債権法改正の基本方針」の概要』（商事法務、平成二一年）三四頁。

(4) 内田貴「民法改正　アジア市場を見据えた議論を」朝日新聞二〇一二年一月六日朝刊一五頁。

(5) 内田貴『民法改正――契約のルールが一〇〇年ぶりに変わる』（筑摩書房、平成二三年）二一九頁。

(6) 池田真朗『債権譲渡と電子化・国際化　債権譲渡の研究　第四巻』（弘文堂、平成二二年）三九七頁（原文は、池田真朗「民法（債権法）改正検討委員会試案の成果と課題」ビジネス法務二〇〇九年九号五三頁）。

(7) ただし、消費者保護の規定を民法典に新たに設けようという問題ではなく、既存の消費者契約法の規定を民法典に移すという問題――言葉を換えれば、官庁間の権限争いの問題、すなわち現在は消費者庁が有している権限を今回の改正を機会に法務省に移すという点――は、早い段階から企図されていた［本書二五三頁以下参照］。

第二節　「約款」規定の社会的問題

一　新聞の報道

ある新聞は、「約款」の問題について、「現行民法には約款に関する規定がなく、法的位置付けも曖昧だ。このため、消費者に不利な条項が一方的に挿入されるなどして、トラブルになるケースが相次いでいる」。このような規定を民法におくことが、「消費者保護の切り札になることが期待される」と報じており[1]、類似の報道は他紙にもみられる。

二　債権法改正法案の検討

もしこのとおりであれば、本当に結構な話である。しかしながら、上記の内容は事実ではない。現行法のもとでも、消費者に不利益な約款は、消費者契約法一〇条の〝消費者の利益を一方的に害する条項の無効〟の規定によって効力が否定されており、すでに消費者は保護されていた。

そして今回の改正は、その保護規定を消費者契約法から民法典に移しただけにはとどまらなかった。債権法改正法案の基礎となった要綱では二点の驚くべき規定の新設が提案された。第一点は、定型取引を行うことに同意した者は、一定の場合には「定型約款の個別の条項についても合意をしたものとみなす」という規定であり、第二点は、「定型約款準備者は、次に掲げる場合には、定型約款の変更をすることにより、変更後の定型約款の条項について合意があったものとみなし、個別に相手方と合意をすることなく契約の内容を変更することができる」というものであった。そして、要綱を具体化した債権法改正法案は、第一点については五四八条の二で「定型約款の合意」の標題のもとに、第二点については五四八条の四で、「定型約款の変更」との標題のもとに、それらを条文化した。

約款を作成するのは、通常消費者ではなく事業者である。そうだとすると、今回の改正提案は、約款を作成した事業者と契約をした消費者にとって、現行の法のもとで一般に考えられてきたよりも、かなり不利な立場にたつ内容の規範を提示している。

まず、前述した第一点については、五四八条の二第一項は、「定型取引を行うことの合意」を一般的・抽象的にした消費者は、事業者が約款内に用意しておいた「個別の条項についても合意をしたものとみなす」とする。第二項で、信義則に反する一方的な権利制限条項、義務加重条項についての制約が規定されているが、それに該当しない不意打ち個別条項については、この条文の文言が「推定」ではなく「みなす」なので、消費者は、約款によって取引きをすることに一般的・抽象的に同意している以上、たとえその個別の条項の内容を知らなくても、合意をしていないと争う余地はない。これでは、民法の基本である合意原則を完全に無視した約款規定が提案されていることになる。今回の約款についての改正提案は、河上正二教授の言葉を借りれば、「あたかも約款を準備する事業者に法規範制定権を与えたかの如くである」[(2)]ということになろう。

第二点については、五四八条の四のもとでは、後になって事業者が約款に定めた内容を変更しても、「変更の必要性」、変更の「内容の相当性」、その他一定の要件が満たされた場合には、消費者は、事業者が一方的に変更した内容に従わなければならないことになる。この点については、項を改めたうえで若干立ち入った検討をしてみよう。

三　国民生活審議会の「意見」

実は、約款の適正化は長らく論じられてきた問題であり、第九次国民生活審議会の消費者政策部会は、昭和五九年三月二九日付けの「約款の適正化について」と題する報告において次のような考え方を示していた[(3)]。

「消費者取引に用いられる約款の適正化の基本的考え方については、既に昭和五六年一一月に出された第八次国民生活審議会消費者政策部会報告において、……解釈に幅が生じないような規定とし、解釈に疑義がある場合は作成者である事業者に不利に解釈すること」。

これは、「約款作成者不利の原則」等と呼ばれる国際的に認められている考え方であるが、国民生活審議会は、この「意見」に続いて「参考」として、第八次国民生活審議会の消費者政策部会の「意見」として発表された「契約内容の変更及び契約の解消」を引用しているが、その内容は次のようなものであった。

「事業者からの変更及び解消／消費者は、契約内容に将来変更がないものと考えて契約を締結するのが通常であり、また、事業者は、将来起こり得る危険の負担を織り込んだ上で契約内容を定めることができる。したがって、事業者から理由なく契約内容の変更又は解消を一方的に行うことは許されない。これを行うことができるのは、合理的な事由のある場合のみに限定し、また、その事由を明確に示す必要がある」。

二〇〇二年から施行された改正ドイツ民法は旧約款規制法を改正民法典に取り込んだが、その内容が、約款作成者が「変更権の留保」をした条項を原則として無効としたことと（三〇八条四項）[4]、この国民生活審議会の消費者政策部会の考え方は軌を一にしている。

このように、国民生活審議会がかねてより〝事業者による約款内容の一方的な変更は許されない〟と述べていたにもかかわらず、民法部会は事業者による約款内容の一方的な変更を許すことを提案し、また法制審議会がそれを追認し、それが法案となったのである。ドイツ民法では、約款に変更権の留保条項があってもそれは原則無効とされるのに、債権法改正法案五四八条の四第二号では、約款に変更権の留保条項がなくても、立法によって変更権を約款作成者に与えようとするドラスティックな改正提案となっている。

四　民法部会での審議状況

第一章に述べたように、民法部会が要綱仮案を決定したのが昨平成二六（二〇一四）年八月二六日であり、要綱案を決定したのが本平成二七（二〇一五）年二月一〇日であるから、その間に半年近い歳月を要している。その背景には、次のような事情があった。「法制審議会民法（債権関係）部会が二〇一四年（平成二六年）八月二六日に決定した『民法（債権関係）の改正に関する要綱仮案』では、約款（定型約款）に関する法規範の内容について、同日の部会審議において合意に至らず、継続審議となった[5]」。これは、約款についての規定内容に経済界が同意しなかったからであるといわれている。以上に紹介した要綱の内容からすれば、それだけで、諸外国の約款立法より大きく約款作成者（＝事業者）に有利となっているように思われるが、それでも経済界が同意しなかった内容がなんであったのかについては「六　事業者間取引と約款規制」の箇所で述べる。ただ、強い言葉を使うのは本意ではないが、事態を赤裸々に述べれば、債権法改正事務局は、この要綱をまとめるために、消費者の利益を売り渡すことによって経済界の同意を得た、というのが正確なところではないかと思われる。

五　「消費者保護」か、「ビジネス保護」か

このような経緯をみれば、今回の約款をめぐる債権法改正によって利益を得たのは、消費者ではなく、事業者であったことは明らかであろう。約款にかんしていえば、今回の債権法改正は、「消費者保護の切り札になることが期待される」法改正ではなく、「事業者保護の切り札になることが期待される」法改正であった。さきの新聞記事は、「『約款』新ルールとは」という解説の箇所に、「消費者保護　鮮明に」という標題を付しているが、昨年八月から今年二月にいたるまでの事態の経緯と国民生活審議会がかねてから明らかにしている方向性を知っている報道機関としては、「消費者保護の後退　鮮明に」と題するのが、国民に正確な情報を提供する途であったと思われる。これは、ドイツ民法等にみられる国際的動向からみても、約款作成者に異様に有利な法改正なのである。

このように消費者保護とは逆のベクトルにある改正提案を、多くの報道機関が「消費者保護」のタイトルのもとに報道するのは、国民をミスリードするといわなければならない。今回の「約款」をめぐる改正提案は、内容的には「羊頭狗肉」以下、消費者保護とは逆方向のものなのである。

六　事業者間取引と約款規制

では、消費者保護の問題を離れれば、約款を民法に規定することは一歩前進といえるのであろうか。現行法のもとでは、消費者契約法一〇条が約款に対応しうる規定を有しているだけで、約款一般について正面から規定した法規が存在しないことは事実である。要するに、事業者間取引をめぐっては、約款についての法規は存在していない。そうであれば、消費者保護の観点からは規範内容が後退したといえるとしても、事業者間取引については法規範の一定の前進があったとみることができるのだろうか。

残念ながら、そのようにいうことはできない。なぜなら、約款の冒頭規定である五四八条の二は、次のような定義をしたからである。まず、「定型約款」の定義として「定型取引において、契約の内容とすることを目的としてその特定の者により準備された条項の総体をいう」という規定がおかれた。そのうえで、「定型取引」とは、「ある特定の者が不特定多数の者を相手方として行う取引であって、その内容の全部又は一部が画一的であることがその双方にとって合理的なものをいう」と規定した。

この規定を前提とすると、大手企業が自己と取引きをする中小業者を相手とする約款を作成することは珍しくないが、そのような場合には多くの場合取引相手は限定されており、「不特定多数の者を相手として行う取引」とはいえないので、債権法改正法案の約款の規定は適用されないことになる。もちろん、日本郵便株式会社が作成している内国郵便約款その他の約款は、消費者のみならず不特定多数の事業者をも相手とするものなので、改正される民法の約款の規定の適用を受けるであろう。ただこのような例外はあるとしても、大手企業が取引先の中小企業を圧迫しているのではないかと懸念されているような種類の約款は、債権法改正法案五四八条の二の定義によって改正民法の適用外となる。

この問題との関連も含め、民法部会の部会長を務めた者は、次のようにいう。「要綱仮案においては、定型約款については『保留』とされていた。民法の中に約款に関する規定を設けるべきか否かについては、……約款の定義を明確にした上で、約款を契約内容に組み入れるための要件・不当条項の排除・契約締結後の約款の一方的変更の要件等に関する規定を設けるべきであるとする意見がある一方で、企業間取引の実務に支障が生ずることが懸念されることなどを指摘して約款に関する規定を民法に設けることに反対する意見があり、ただちに合意を形成することが困難であると予想されたことによる」(6)。この合意形成が困難であった企業間取引の実務に約款規制を導入することについては、反対した経済界に軍配があがったのである。河上正二教授は、「これでは、従来問題とされてきた『約款』問題のかなりの部分がカバーされない可能性が高い」(7)として、この改正に懸念を示している。約款の専門家が、今回の改正案は約款法の部分的な制定を提案しているにすぎないと評しているといえるであろう。

七　日弁連の意見書と、その後の会長声明

これでは、約款をめぐる今回の改正提案は、「消費者保護の後退」が主たる内容となってしまう。しかし、本平成二七（二〇一五）年三月一九日付けの日弁連の意見書は、次のように述べる。「約款ルール／また、本改正法案は、現代的契約類型において重要な役割を果たし、かつ、頻繁に用いられている約款について、相手方にとって不意打ちとなる条項や相手方の利益を不当に害する条項が契約内容とならないことを明示しており、国民の利益を擁護するものとして積極的に賛成する[(8)]」。私としては、このような意見に与することは到底できない。

もっとも、その後の四月三日に日弁連は、「民法の一部を改正する法律及び同法整備法案の今国会での成立を求める会長声明」を公にした。そこでは、三月一九日の意見書にふれながらも、その後に次のように述べている。「同時に、当連合会は、『本改正法案には、なお不十分な点もあるので、国会において、これを踏まえた十分な審議が行われることを要望する。』として、個人保証、約款ルール、消滅時効、相手方惹起型の動機の錯誤の四点について、十分な審議を行うことを要請している[(9)]」。

この表現からは、この会長声明は、約款ルールにかんする「本改正案には、なお不十分な点がある」と考えていることがわかる。二つの文書の効力としては、「意見書」は理事会の議を経て決定され、「会長声明」は会長・副会長らの執行部の議を経て公表される性質のものなので、組織的決定としては、意見書が会長声明の上位にあると考えるべきであろう。

そうではあっても、日弁連という組織体は、三月一九日には「積極的に賛成」したものにつき、四月三日には「なお不十分な点がある」と考えていることになる。「不十分な点」は審議にさいして改正されるべきであると考えるのが通例であろうが、会長声明の標題では、「民法の一部を改正する法律案……の今国会での成立を求める」とされている。善解すれば、約款等の「不十分な点」について「十分な審議」を尽くして、修正のうえで「国会での成立を求める」と

いうことになるのであろうか。その半月前の「国民の利益を擁護するものとして積極的に賛成する」という日弁連意見書との関係は、どのように考えればよいのであろうか。

日弁連の態度全体は、きわめて歯切れが悪く、わかりにくい。失礼な言葉を使いたくはないが、私には日弁連が右顧左眄しているという印象を拭うことができない。私も、弁護士の一人として弁護士会に所属する立場ではあるが、さきに述べた、「このような意見に与することは到底できない」という立場に依然としてあることを明言しておきたい。

八　結　語

最後に、結論を述べることにしよう。著者の本来の個人的な意見としては、一般論として、民法典の中に約款についての規定が設けられることが望ましいと考えている。しかしながら、今回の債権法改正法案が提示するような内容であるならば、有害無益しかない。国会の審議で、五八四条の二第一項柱書の「合意をしたものとみなす」がせめて「合意をしたものと推定する」と修正され、また、約款作成者の約款変更権が削除され、さらに、事業者間にも約款規制が及ぶような改正がなされるのであれば、それでよい。しかし、そうならない場合には、法務省が所轄する法制審議会では約款について適正な内容の合意に達するのが困難であるならば、とりあえず、審議の場を国民生活審議会の系譜を引き継ぎうる消費者庁に譲り、まず、消費者関係の約款について適正な内容の法律を制定し、それが浸透した後に、一般法である民法に事業者間取引にも適用される適正な内容の約款についての規律をおくことを考えた方がよいと思われる。

とにかく、今回の債権法改正法案のうち、「定型約款」にかんする部分は、今回の改正対象から排除すべきであろう。世界的に承認されている「約款作成者不利の原則」(10)どころではない、「約款作成者、事後改訂自由の原則」を承認することに象徴されるような民法改正を行ってはならないからである。

九　提　言

そこで、約款を検討した結論として、次の二点を提言することとしたい。

一　債権法改正法案五四八条の二から五四八条の四までに規定されている「第五款　定型約款」の規定を今回の債権法改正からすべて削除する。

二　近い将来、消費者契約法に、消費者を対象とする約款に約款の事後改訂の自由を認めないドイツ民法と同趣旨の規定を置く。

（1）読売新聞二〇一五年二月二三日朝刊一三頁。
（2）河上正二「債権法講義・特論——『定型約款』規定の問題点」法学セミナー七二六号（平成二七年）一〇五頁。
（3）第九次　国民生活審議会　消費者政策部会報告「個別約款の適正化について」（平成二六年一一月一三日）（http：//www.caa.go.jp/seikatsu/shingikai2/kako/spc09/houkoku_c/spc09-houkoku_c2-1_1.html）。
（4）この条項の翻訳については、岡孝編『契約法における現代化の課題』（法政大学現代法研究所叢書二一、法政大学出版局、平成一四年）一九五頁、半田吉信「ドイツ債務法原題化法概説」（信山社、平成一三年）四五三頁、また、それ以前の約款規制法の規定については、河上正二『約款規制の法理』（有斐閣、昭和六三年）四六二頁参照。
（5）日本弁護士連合会　会長　村越進「民法（債権関係）改正法案に約款に関する法規範を規定することを求める会長声明」（二〇一四年（平成二六年）一一月一四日）（http：//www.nichibenren.or.jp/activity/document/statement/year/2014/141114.html）。
（6）鎌田薫「『民法（債権関係）の改正に関する要綱』の決定——民法（債権関係）部会の審議を終えて」ＮＢＬ一〇四五号（平成二七年）六頁。
（7）河上・注（2）引用論稿一〇四頁。
（8）日本弁護士連合会「『民法（債権関係）の改正に関する要綱』に対する意見書」（二〇一五年（平成二七年）三月一九日（http：//www.nichibenren.or.jp/library/ja/opinion/report/data/2015/opinion_150319.pdf）。

（9）「民法の一部を改正する法律案及び同整備法案の今国会での成立を求める会長声明」（二〇一五年（平成二七年）四月三日）（http://www.nichibenren.or.jp/activity/document/statement/year/2015/150403.html）。
（10）ドイツ法、フランス法、英米法における「約款作成者不利の原則」の状況については、上田誠一郎『契約解釈の限界と不明確条項解釈準則』（日本評論社、平成一五年）三五頁以下参照。

第三節　「保証」法改正による社会的混乱

一　新聞の報道

保証については、次のように報道されている。「銀行などから融資を受ける際には、安易に第三者が保証人になるのを防ぐため、自発的な意思があるかどうか、公証人による確認が義務づけられる。当初は、中小企業を中心に融資を受けにくくなるとの懸念も強かったが、例外規定が設けられ、貸し手の銀行からも『従来も相当厳格に保証人には意思確認の作業をしてきた。融資を断念するようなケースが増えることは考えにくい』（大手行幹部）との見方が出ている」。「連帯保証人として銀行などから借金返済を求められ、生活破綻に追い込まれるといった『悲劇』の抑止が狙いだ[1]」。

本当に、「悲劇」が抑止されるのであれば、慶賀すべき改正であろう。しかし、今回の改正で「悲劇」が増加するのであれば、「債権法改正」か「債権法改悪」か、その評価ないし標題の付け方は微妙となる。

二　他官庁による保証規制

保証にかんし[2]、まず、今回の債権法改正に先立つ社会の一般状況をおさえておくことにしよう。他の官庁が、すでに、保証をめぐって一定の規制に乗りだしているからである。

具体的には、中小企業庁は、平成一八（二〇〇六）年三月に信用保証協会が行う保証について第三者保証を原則として禁止した(3)。その結果、現在、政府系金融機関（日本政策金融公庫、信用保証協会、商工中金）では、経営に不関与な者からの第三者保証は原則としてとっていないが、民間金融機関では、中小企業を中心に一定割合で第三者保証の融資慣行が残っている。その中で、経営不関与の者からの第三者保証の割合は、二三・七％であり、その九四・九％が親類縁者によるものとなっている(4)。

さらに、金融庁は、平成二二（二〇一〇）年一二月には、金融業一般について「経営者以外の第三者による個人連帯保証等の慣行の見直し」という方向性を打ち出した(5)。この点は、現在、金融庁の金融機関に対する監督指針のなかに、「経営者以外の第三者の個人連帯保証を求めないことを原則とする融資慣行の確立等」として謳われている(6)。

三　今回の債権法改正のもたらすもの

冒頭の新聞記事にでてきたような大手銀行は、金融庁の監督指針に従って、「経営者以外の第三者の個人連帯保証を求めない」ことにしているのが通常なので、これらのまっとうな金融機関にとっては、〝経営者以外の第三者が公証人役場で公正証書によって意思確認をすれば、保証契約が有効になる〟という趣旨の債権法改正は、一周遅れどころではない、一〇周遅れぐらいでもちだされてきた、無意味な規律にしかなりえない。

そうだとすると、今回の債権法改正法案による改正が実現した場合、それが意味をもつのは、金融庁の監督指針が及ばないか従わない、ヤミ金融その他のブラックじみた金融機関ということになろう。このような金融機関からの融資にさいして保証を求められた者が、公証人役場に行くことを逡巡し、保証人にならないというケースはありうるので、そのかぎりでは、この提案も意味を有するであろう。しかしながら、借り手との強いしがらみのもとに、公証人役場に行くことを断ることができず、保証人になる者も一定程度存在するであろう。そのような者に対し、金融業者が保証人となる者に公証役場でまず公正証書で保証債務を履行する意思を表示してもらったうえで、その後に、その同じ公証人役場で、執行受諾文言つきの公正証書（いわゆる「執行証書」）を作成するという手続を踏めば、その保証人は裁判等を経ることなく強制執行されることになってしまう（民事執行法二二条五号）。ヤミ金融その他のブラックじみた金融機関にとっては、入り口が狭くなる代わりに、保証人を骨までしゃぶりやすい法制度が提供されたことになる。そして、この入口の狭さについても、ある金融機関の法務室長経験者で、法制審議会部会委員経験者は、――「要綱仮案」が公表された段階で――次のように語る。「第三者保証人について公正証書という『ハードル』を設けることによって、現行民法よりも一歩進んだと評価する声がある。しかし、この『ハードル』は一部の貸金業者にとっては決して高くなく、悪用される危険さえあるのではないか。このような懸念を内包する要綱仮案はさらに慎重な検討を要する」(7)。

かつて商工ファンドが、公正証書による強制執行等を多用しながら、金融が逼迫した中小企業とその保証人をしゃぶりつくしたことが大きな社会問題となったことは、今なお記憶に鮮明である。それが繰り返されることになりかねない債権法改正を推進するのだとしたら、私はそれを推進する行政当局の良心を疑う。今回の保証法改正につき以上のような批判が寄せられているなか、法務省民事局幹部は、近時、国会議員に対し、「公証人を教育するから大丈夫です」と説明している、と聞く。しかし、公正証書を作ろうとする者がどの公証人役場に行くかの選択は自由にできる。執行証書の作成を断る公証人がいたとしても、ブラックじみた金融業者としては、簡単に執行証書の作成に応じてくれる公証人役場を選べばいいだけの話である。また、基本的に手数料仕事であって独立採算制のもとで行われている公証実務を前提とすれば、すべての公証人に「教育」が行き届くと考えることは夢物語でしかない。ある公証人が、著者に対して、「問題がある公正証書作成の依頼もなかにはあるのですが、その作成を断っても結局ほかの公証人役場で作ってもらうことになるので、断っても意味がないのです」と語ったことがある。このような公証実務を熟知しているはずの法務省民事局幹部が、「公証人に対する教育」で問題に対処すると国会議員に語っているとしたら、それは無責任にすぎ、詭弁に近いというべきであろう。

また、今回の保証法改正につき、日弁連も、「積極的に評価されるべきものである」(8)として賛意を表しているが、私には理解しがたいところである。行動にも言葉にも責任がともなう。悲劇が起きた後ほぞを噛んでみても、すでに遅いのである。

四　結　語

保証についての公正証書による意思確認の条項を、今回の債権法改正で実現させてはならない。これは、保証人となる者を地獄に落としかねない改正提案だからである。

もちろん、問題意識として、保証人になろうとする者に慎重な意思確認を求めるという方向性自体は正当である。金融庁の監督が行き届く金融機関はともかくとして、監督が行き届かない金融機関を相手として第三者保証をした者が全財産を失う等の事例は、依然として相当数存在するからである。しかし、保証人となろうとする者を公証人役場に行かせることは、できるかぎり避けなければならない。では、どうすべきか。

フランス民法一三二六条は、次のように定めており、この規定は保証にも――保証料をとるような有償保証契約でなければ――適用される。「一方の当事者のみが他方に対してある額の金銭を支払い、又は代替物を引き渡すことを約す法律行為は、この約務を引き受ける者の署名並びにその者の手で全文字及び数字で書いた金額又は数量の記載を含む証書において認定されなければならない。差異がある場合には、その私署証書は、全文字で書かれた金額について効力を生じる」[9]。

現行日本民法も、個人による貸金等根保証契約については契約の書面性を要求している。これを、金銭保証契約一般に広げ、個人保証についての規定をおくことは、それほど難しくないであろう。そのさいは、前述したフランス法の規定を参考にしながら、少なくとも一定額以上の個人保証契約にかんしては、①保証文言、②債権者、③主たる債務者、④主たる債務、⑤保証限度額、⑥保証期間についての手書きで、かつ手書きの署名と印鑑証明付きの押印がある私署証書を保証契約の成立要件にすることを考えてもよいのではあるまいか[10][11]。

ただ、上記のような提案をしても、この程度のことでは悪徳金融業者の手から保証人を守ることはできない、と考える向きも多いであろう。実は、私自身もそのように考えている。悪徳業者対策を私法である民法一本で行うのでは、実効性がない。債権法改正のパブリック・コメントその他でこれまでも再三再四述べてきたように、このような対策は、私法的規律、行政法的規律、刑事罰を一体として規律しうる特別法によってはじめて実効性をあげることができるのであり、民法の改正だけで対処することは不可能なのである。

五　提　言

そこで、保証を検討した結論として、次の五点を提言することとしたい。

一　債権法改正法案の保証の「第三目　事業に係る債務についての保証契約の特則」におかれた第四六五条の六以下の規定を今回の債権法改正からすべて削除する。

二　前述した六点を手書きし、かつ手書きの署名と印鑑証明付きの押印がある私署証書を保証契約の成立要件にする私法的規律を含む特別法を制定する。

三　その特別法には、上記の規律にかんしてのみならず、幅広い行政的規律、そして刑事罰をも規定し、実効性を確保する。

四　個人保証のみをいくら規律しても、連帯債務または併存的債務引受という法律構成を用いて、個人保証についての規律を潜脱できることは、パブリック・コメントその他で幾度となく指摘してきた。そのことは、特別法という形式をとっても変わるところはない。そこで、特別法の末尾に、次の条文をおく。

N条①　この法律の規定は、個人保証の目的で締結された連帯債務を規定した契約に準用する。この場合において、この法律に規定する「保証文言」は「連帯文言」と、「主たる債務者」は「他の連帯債務者」と、「主たる債務」は「連帯債務」と、「保証限度額」は「連帯債務額」と、「保証期間」は「連帯債務の存続期間」と読み替えるものとする。

②　この法律の規定は、個人保証の目的で締結された併存的債務引受を内容とする契約に準用する。この場合において、この法律に規定する「保証文言」は「併存的債務引受文言」と、「主たる債務者」は「従来からの債務者」と、「主たる債務」は「引受債務」と、「保証限度額」は「引受債務額」と、「保証期間」は「引受債務の存続期間」と読み替えるものとする。

③　前二項に規定するほか、この法律の規定は、その形式を問わず個人保証の目的で締結された契約に準用する。

五　特別法による保証規制の気運が現段階ではみられないのであれば、とりあえず民法に前述した二と四の内容を規定した改正をする（〔完全版〕五四三頁の四三五条参照）。

(1)　引用順に、読売新聞二〇一五年二月二五日朝刊九頁、一三頁。

(2)　保証については、著者はすでに論文を公表しており、以下の内容はそれと一部重複することをお許しいただきたい（加藤雅信「保証人を〝人身御供〟に差し出すのか、債権法改正」消費者法ニュース一〇一号（平成二六年）一〇〇頁以下）。

(3)　中小企業庁金融課「信用保証協会における第三者保証人徴求の原則禁止について」（http://www.chusho.meti.go.jp/kinyu/2006/060331daisanshahoshou_kinshi.htm）。

(4)　『中小企業の再生を促す個人保証等の在り方研究会報告書』（経済産業省中小企業庁金融課）（平成二三年四月）一一頁、一四頁、一五頁、一六頁（http://www.meti.go.jp/report/downloadfiles/g110524aj_01.pdf）。

(5)　金融庁「金融資本市場及び金融産業の活性化等のためのアクションプラン」（http://www.fsa.go.jp/news/22/sonota/20101224-5/01.pdf）。

(6)　金融庁「主要行等向けの総合的な監督指針　平成二六年一二月」Ⅲ―一〇、金融庁「中小・地域金融機関向けの総合的な監督指針　平成二六年一二月」Ⅱ―一一（前者は、http://www.fsa.go.jp/common/law/guide/city/、後者は、http://www.fsa.go.jp/common/law/guide/chusho.pdf 参照）。

(7)　中村廉平「民法（債権関係）改正要綱仮案の『保証』に関する問題点」銀行法務二一（平成二七年）一頁。

(8)　日本弁護士連合会「『民法（債権関係）の改正に関する要綱』に対する意見書」（平成二七年三月一九日。なお、さきに紹介した約款についてと同様、保証についても、日弁連は、本平成二七年三月一九日の「意見書」で本文に紹介したような積極的な賛意を表明した後に、四月三日付けの「会長声明」では、「本改正法案には、なお不十分な点もある」として、そのなかに個人保証もあげている（本書二一頁の叙述および注（9）参照）。ところが、そこで具体的に問題点としてあげられているなかには、主たる債務者の配偶者の保証はあっても、この問題――公正証書を必要としたために、いわゆる執行証書の作成に途が開かれ、商工ファンド同様の問題が発生する素地を、今回の債権法改正法案が開いてしまったこと――については、黙したままである。

個人に対する批判を展開する意図はないが、今回の改正で公正証書作成への途を開いたのは、実は法務官僚ではなく、弁護士出身者であった。本文に述べ、また注にも紹介した日弁連の対応をみると、日弁連は国民に発生する被害の防止よりも仲間内の論理に終始しているように思われてならない。弁護士の一人として、きわめて残念に思う次第である。

（9）法務大臣官房司法法制調査部編『フランス民法典――物権・債権関係――』（法曹会、昭和五七年）一一五頁以下（ただし、同訳文に付された原語は省略した）。なお、フランス民法一三四一条、デクレ（大統領または首相が発する政令）により、少額の債務については証拠方法の制限はないが、その額は、現在八〇〇ユーロである（法制審議会民法（債権関係）部会第六回会議（平成二二年三月二三日開催）民法（債権関係）部会資料８―２　民法（債権関係）の改正に関する検討事項（３）詳細版六九頁）（http://www.moj.go.jp/content/000049086.pdf）。

（10）ほぼ類似の提案が、大阪弁護士会民法改正問題特別委員会有志「保証の主要論点についての条文提案」九頁にみられるところである（http://www.moj.go.jp/content/000097308.pdf）。

（11）契約締結にもっとも慎重な手続きが必要なのは、無償保証契約についてであるが、無償契約に限定すると、悪質金融業者が名目的手数料を支払うことによって法規制の潜脱をはかるおそれもあるので、本文では「個人保証」一般について述べている。また、この提案は経営者保証をも視野にいれているが、これは契約締結方式にかんする規制にとどまるので、経営者保証を含むことに特段の問題はないと考える。なお、信用保証会社等による機関保証は、法人保証であって個人保証ではないので、この契約作成方式の規律の対象外となる。

さらに踏み込んで、サラ金等が「印鑑登録証明書」を預かり、代理人として公正証書を作成した事例が多出した経緯に鑑み、個人保証については代理人による公正証書の作成を禁止る必要があると考えるが、若干規律内容が微細となるこのような問題については、民法に規定するよりは、後述する特別法に規定するのが適切ではないかと考える。

第四節　結　語

今回の債権法改正は、今までいろいろな論稿で述べてきたように、契約法の基盤を瓦解させかねない日本社会の需要にもとづかない種々の改正案が一部の学者から提示されてきたため、裁判官経験者[1]、弁護士[2]、経済界[3]から大きな不評を買ってきた。

このような社会の反応をふまえてのことであろう、法務省民事局は債権法改正の最後のほうの段階では、初期の改正目的を維持することはできず、――有り体に言ってしまえば、改正することができなかったと言われないための――面子のための改正となっていた。そこで、一見すると消費者保護とも見えるような保証その他の世の中にうけそうなテーマを改正点としてあげつつ、その改正に経済界も賛同するよう、外皮は「消費者保護立法」となっても、改正の内実は「ビジネス保護立法」という苦肉の策を選択したようにみえる。

私の研究者としてのスタンスをここで述べておけば、私は、消費者保護も重要であるとともに、日本経済が困窮すれば、結局のところ国民が貧苦にあえぐことになるので、消費者保護のみならずビジネス保護も重要だと考えている人間である。ビジネス保護は、窮極のところ、国民に雇用の機会を提供するものだからである。ただ、消費者保護もビジネス保護も双方ともに重要であると考える私のような立ち位置を前提としても、債権法改正法案の約款法、保証法についての改正提案の内容には到底賛成できない。そして、今回の改正の最後の段階から改正に賛意を示すようになった消費者団体の目からみれば、結局、消費者保護の毒まんじゅうを差し出されたことになるのであろう。

それに加えて、私は、研究者としてというよりむしろ一人の人間として、「廉直」であることが重要であると考えている。そして、行政が国民を欺罔すれば、最終的にはその行政担当官庁が国民の信を失うことになるため、行政にとっても「廉直」であることは重要だと考えている。マスコミが今回の債権法改正を「消費者保護立法」であるかのように報道しているのは、法務省民事局の上記のようなテーマ選択方針のうわべのほうに乗ったのかもしれない。今回の債権法改正が、途中から法務省民事局の面子のための改正となってしまった結果、債権法改正法案の基礎となった要綱の改正提案に一貫性がみられないので、マスコミとしても標題のつけようのないまま、苦し紛れに、読者に通じやすいよう「消費者保護」という標題にしたのかもしれない。

ただ、約款をめぐる改正提案のように、現行法とくらべて消費者の地位は少しもよくなっておらず、約款作成者に事後改訂の自由を認めるような、比較法的にも特異な「消費者保護の後退」といえる改正提案、また、保証人がかつての商工ファンド事件と同様の悲惨な目に遭いかねないような改正提案を、マスコミが「消費者保護」の名のもとに報じるのは、国民をミスリードし、報道機関としての本来の役割をまっとうしていないように思われる。

債権法改正法案の前段階の要綱の性格について、民法部会の内部に席を置いていた研究者である松岡久和教授は、次のようにいう。「マスコミの多くは、今回の改正が消費者保護を重視したと報じている。しかし、これは誤解を招くおそれがある。／……改正案は消費者保護の視点からでない基本ルール整備を内容とする[4]」。また、河上正二教授は、改正法案には消費者関連の規定はほとんど残っていないとして、次のように述べている。「これまで『信義則』に基づく一般ルールとして既に判例上確立している不実表示・情報提供義務、暴利行為などの具体的ルールも、射程が明確でないなどの理由で明文化が見送られ、消費者関連規定としては、『敷金』と『個人保証』に関するわずかの規定が残ったにとどまる（新聞では『消費者の保護に配慮』との見出しが躍ったが、ミスリーディングである）[5]」。これらが客観的な評価というべきであろう。

マスコミが本来の役割を取り戻し、国民をミスリードするような債権法改正についての報道をこれ以上続けることがないことを、今回の債権法改正を最初の段階から一〇年近く見守ってきた者として、強く願う次第である。

（1）　遠藤賢治＝加藤雅信＝大原寛史「インタビュー調査報告書：債権法改正――元裁判官は、こう考える」名古屋学院大学論集社会科学篇五〇巻三号（平成二六年）一二三頁以下。

（2）　弁護士の声を民法改正に反映させる会・事務局「民法（債権法）改正―全国・弁護士一九〇〇人の声：債権法改正に、反対一三七八名、賛成一七六名」法律時報八五巻三号（平成二五年）七四頁。なお、最終報告書である「弁護士二〇〇〇人」の声については、http://minpoukaisei.cocolog-nifty.com/blog/を参照されたい。

（3）経団連の経済基盤本部長の阿部泰久氏の「今回の民法改正の議論を、私は『学者の野望』と名付けています」という発言、東京中小企業家同友会、全国中小企業団体中央会を取材した、「『なぜ、今、わざわざ改正しなくてはならないのか』との思いはほぼ民間側に共通している。静かな湖面にわざわざ波紋を投げかけた法務省に対する苛立ちは強い」という新聞記事等（前者は、武井一浩＝阿部泰久「対談：日本経済活性化に向けたビジネス法制の提言」ビジネス法務二〇一一年八月号九一頁、後者は、日刊工業新聞二〇一一年八月二九日朝刊三一頁）。

（4）松岡久和「経済教室　民法改正　商取引に変化も」日本経済新聞二〇一五年二月二〇日朝刊二九頁。

（5）河上正二「債権法講義・特論――『定型約款』規定の問題点」法学セミナー七二六号（平成二七年）一〇四頁。

第二部　照射された債権法改正の諸問題

第三章　規制改革会議にて

一　はじめに

法制審議会・民法部会は、昨平成二六年七月二九日に要綱仮案の作成を完了することを予定していた。その約一週間前の七月二三日に、当時、内閣府の特命担当大臣として規制改革を担当していた稲田朋美大臣の肝いりで、規制改革会議の第二七回創業・IT等ワーキング・グループにおいて、法務省の担当官と私とが対席するかたちでの「民法（債権法）の改正について」と題するヒアリングがとりおこなわれた。

その前日の七月二二日の午後、たまたま他の用件で民法部会の委員と電話で話をする機会があり、彼は、「たった今、七月二九日の民法部会開催の通知がきた。たぶんそこで決着がつき、要綱仮案ができると思うが、もめたときには八月五日に要綱仮案ができることになるかもしれない」と語った。ところが、法務省は、この電話のすぐ後に、七月二九日の民法部会の開催取消しの通知を委員たちに発し、最終決着は八月二六日に延期された。文字通りの朝令暮改どころではない、夕令暮改があったわけである。ちょうどその日に、ヒアリングのために規制改革会議に私が提出した資料と法務省が提出した資料とが同時に配布されたが、その点がこの夕令暮改にどのように影響したのかは定かではない。

このヒアリングで私が展開した批判点は多岐にわたるが、ここでは三点を紹介しておこう。

第一は、債権法改正事務局は、現行民法には存在していない「契約の趣旨」等の文言を多用しながら、かねてからの持論である「関係的契約理論」——当事者間の合意よりは「社会関係そのものが契約の拘束力を生み出し、また様々な契約上の義務を生み出す」[(1)]という考え方——を改正民法典に導入しようとしているが、これでは今回の改正によって「自由市場（「合意による契約」）」が破壊されることになりかねない。このような〝契約破壊的〟、〝合意破壊的〟な改正は、当事者間の「私的自治」を基礎とするビジネスの予測可能性を大きく害するという点であった(2)。

第二は、「債権法改正立法手続きの問題性について(3)」であり、「法務省に対するご質問」として、五つの質問を法務省に対してあらかじめ送付した（この質問書は、内閣府・規制改革会議のヒアリングのための資料として、同会議を通じて法務省に送付された）。これに対して、法務省は、ヒアリングの席においてもその後も、回答していない。

第三は、「民法（債権法）改正にあたっての法務省の複数の行為の『法令違反』該当性について」であり、規制改革会議でのヒアリングのさいの私の法務省に対する口頭での質問を座長の安念潤司教授が引き取って、法務省に対し――この質問内容を若干短くしたうえで――「規制改革会議　創業・IT等ワーキング・グループ　座長　安念潤司」の名において文書質問として送っている。法務省も、――回答責任者を明らかにしないかたちではあったものの――さすがにこれには回答をしている。ただ、この名を伏せた回答には、〝事実のすり替え〟等が目立つので、私は、その点を問題とした論稿を公表した(4)。

結局のところ、ヒアリングの席上で取り交わされた議論は、第一の点を中心としたものとなったので、ここではその議論を紹介することとしたい。ただ、個人名で公表される論文に、執筆者がかかわることがなかった一般的な議論を紹介することには若干の問題もあろうかと思われるので、ここでは私個人がかかわった議論を中心に紹介することとする(5)。規制改革会議における当日のヒアリングの議事録全体およびそこに提出された資料は、内閣府のホームページに規制改革会議の「会議情報」として掲載されているのでそちらを参照されたい(6)（なお、これらの規制改革会議提出資料は、本書第二部に基本的に収録されている）。

二　規制改革会議での冒頭発言

当日のヒアリングにおいては、まず、事務局を務める刀禰規制改革推進室次長の挨拶、座長を務める安念潤司教授の挨拶に続き、法務省民事局の筒井民事法制管理官が法務省の立場を説明した。それに続いて私が発言することになったが、その冒頭の発言内容は以下のようである。本書冒頭に収録した、このヒアリングに私が提出した「ご説明図」を参照しながらお読みいただければ幸いである（なお、資料として提出した「ご説明図」は、議事概要では「御説明図」として記録されているので、本稿の議事概要の引用文では「御説明図」となっていることを了とされたい）。

【ご説明図については、本書の「巻頭資料」参照。】

本日はこのような機会を与えていただきましたこと、稲田朋美大臣、座長の安念潤司先生、規制改革会議の委員の先生方、事務局の方々に厚く御礼を申し上げます。また、改正作業お忙しい中御出席をいただきました法務省の筒井民事法制管理官、村松参事官にも御礼申し上げたいと思います。

今回の債権法改正に関しまして問題は多々ございますが、最も大事な問題である改正の中身について、法律上の細かいことよりは、改正の方向性としまして、自由市場、合意による契約を破壊する債権法改正という問題に焦点を絞ってお話しさせていただきたいと思います。

［本書の巻頭資料に収録しております］御説明図、資料1の右上を御覧いただけますでしょうか。そこに書いておきましたが、今回の債権法改正は、社会から見ると「理由なき改正」だということです。今回の債権法改正の中心人物は、ここにいらっしゃる筒井さんと学者から法務省に身を転じられた内田貴さんですが、その内田さん自身が講演で、今回の民法改正は経済界や世論からの不備の指摘に応えて行う立法ではなく、法務省が率先して改正に向けて検討を開始したところに特徴がある一大文化事業であるということを述べておられまして、これは活字になっております(7)。つまり、社会的な需要に即した民法改正ではなく、文化事業としての民法改正であることを自認しておられるわけであります。

では、なぜ改正の社会的需要がないのに債権法改正が始まったのかということですが、その資料1の御説明図の右下を見ていただきたいわけですが、法務省の側に改正の理由があったからです。今回の債権法改正には二つの流れがございます。

一つは、伝統的な法務官僚と、もう一つは、学者から法務省に身を転じた学者出身の法務官僚です。この二つのグループが、グループといっても片方は一人ですけれども、それぞれ同床異夢で、しかし、協力しながら民法改正を進めてきたという点に今回の改正の特徴がございます。

伝統的な法務官僚にとっては二つの目的がございました。

第一の目的は、一枚めくっていただきまして、資料2のグラフを御覧いただきたいのですが、これは民事局の立法スタッフ数の変化を示したものです。平成一三年の下欄に「経済関係民刑基本法整備本部」設置という記載がございますが、その直前から人員数が膨れ上がってきたことがお分かりいただけると思います。それが五年たった、会社法が公布された年度の平成一八年三月には「経済関係民刑基本法整備本部」の終了が予定されておりまして、立法スタッフの人員減が目前となってまいりました。

そこで、三月終了予定の一か月前の二月に、法務省は債権法改正の方針を公表いたしました(8)。このタイミングを見ても、法務省民事局の人員確保を目的とした民法改正であることは見え見えだと私は思っております。

第二の目的は、平成一二年に消費者契約法が制定されたことによって、現在消費者庁に奪われてしまっている法務省の消費者契約についての権限を奪回することでございます。法務省民事局はこの点につきまして、実に用意周到な手を打ちましたが、その詳細は前もって送付させていただきました資料2―2「法務省に対するご質問：債権法改正立法手続きの問題性について」九ページ［本書七二ページ以下］以下の質問4に詳しく書いておきましたので(9)、そちらを御覧いただければと思います。

改正の結果ですが、資料1に戻っていただきたいのですが、たとえ法務省のための改正であっても、改正の結果、良い民法になればそれでもよいという考え方もありえます。しかしながら、この資料1の御説明図の中二段に書いておきましたように、民法の改正で裁判での紛争解決がどのような結果になるか、予測がつきにくくなる、経済界は混乱し、改正後何年か、国民は新旧二つの民法を見なければならないという大きな負担を被ることになります。

では、なぜ裁判の結果の予測がつきにくくなるかということなのですが、資料3を御覧いただけますでしょうか。この図を御覧いただきながら聞いていただきたいのですが、内田さんは二〇年以上前から、「関係的契約理論」という説を唱えておられます。そして、今回、債権法改正の中で「契約の趣旨」という文言を用いながら、「関係的契約理論」を改正民法に取り込もうとしているわけです。

現行民法を見ますと、「契約の趣旨」という文言はございません。しかし、中間試案には本体だけで五二回もこの文言が出てまいります。ただ、「契約の趣旨」の文言を内田さんは「関係的契約理論」という趣旨で使ってらっしゃいますが、委員によって理解が違うことは御留意ください。

一般的に申しまして、日本ばかりではなく、どこの国であっても、契約上の権利義務は当事者の合意によって決まる、これが世界の常識です。ところが、「関係的契約理論」は、社会関係から権利義務が生まれると主張するものです。この理論では、合意があっても、裁判官が当事者の社会関係からその合意を守らせる必要がないと考えると、「取引上の社会通念」ないし「契約の趣旨」が合意に優先することになります。

ただ、これには内田さん御自身が論文で述べておられるように、「関係的契約という契約モデルの内容は、（この理論を提唱した）マクニールにおいても漠然としている。……社会契約は契約の種類に応じて多様であり、とうてい（合意を基礎とする）古典的契約モデルのような形で、明晰に定義することはできない[10]」ので、契約の内容が曖昧となるという問題があることを、内田さん御自身も認めておられます。

この理論は、合意があっても、それをぎちぎち守る必要はなく、柔軟に考えようという発想です。しかし、柔軟さと曖昧さは裏腹です。民法等の法律が整備される以前の明治八年には法律が存在しなかったものですから、条理、物事の道理に基づいて裁判をするようにとされていたわけですが[11]、「関係的契約理論」ではそれに近いような状況になります。この理論は、江戸時代の大岡裁きに似ています。大岡裁きは、当意即妙かもしれませんが、どのような結論になるかあらかじめ予測がつきません。それ以上に問題なのは、大岡越前守ほどの能力がない人がまねをするととんでもないことになりかねないということです。

近代の裁判と法学が法的なルールによって裁判の内容を確定していこうとして、法規、合意等の法的ルールを大事にするのは、大岡越前守に当たろうと、凡庸な裁判官に当たろうと、契約をつくった段階で、紛争になったときにどのような解決がされるかある程度予測がつくようにするためです。この裁判の予測可能性がビジネスの予測可能性の基礎になります。

今回の債権法改正では、民法の規範内容が「関係的契約理論」の反映等によって曖昧となり、ビジネスの予測可能性は大きく害され、経済界に混乱が起こると思われます。

ただ、「契約の趣旨」につきましては、鈴木仁志弁護士が批判をしておりますし、私も批判しております。法務省の債権法改正事務局は、今年の六月に入っての民法部会では、資料3の御説明図の左下を見ていただきたいのですが、条文一覧を示す資料本体では、この「契約の趣旨」という文言を変更しました。その上で、補足資料となる「補充説明」と題する文書で、御説明図3の右下に書いておきましたように、文言は変更しても、「規律の内容を変更する趣旨ではない」と述べたわけです(12)。

実は、この手の手法は、これまでも債権法部会事務局が採ってきた方法です。

具体的には、日本、ドイツ、フランス等のヨーロッパ大陸諸国では、現在、債務不履行による損害賠償は過失責任主義を採っております。しかし、アメリカは無過失責任主義です。アメリカの学者の中には、このように無過失責任主義を採ることには恐らくピュリタン倫理が幾分か関係しているという人もいます(13)。

契約債務不履行に基づく損害賠償は、契約法中の基本中の基本です。これが変わりますと、市場経済の枠組が変わります。

債権法改正事務局は、現行民法に規定されている故意・過失を意味する帰責事由という文言を削除することによって、無過失責任を導入することをまず考えました。しかし、これはアメリカのまねにはなりますが、日本にとって意味ある改正ではありません。そこで、学界からも実務からも批判が続出しました。ここでは時間の関係で一部だけを紹介させていただきますと、東大のローマ法の木庭教授は、前代未聞の厳格責任主義(14)（前代未聞の無過失責任主義）と批判なさいましたし、東大の民法の河上教授は論文で「ナンセンス」[15]と評価なさいましたし、会社法制定の立役者である江頭憲治郎教授は、民法が仮に無過失責任主義になっても、「商法のほうは……過失責任主義のまま」[16]でいくと突き放しました。それでも債権法改正事務局は粘りました。第二回のパブコメで、まず中間試案の資料本体では、故意・過失を意味する帰責事由の文言を残すと発表し、その後、しばらくしてパブコメ当日に公表した補充的な資料となる補足説明で、従来の提案と趣旨は変わらないと説明したわけです。[17]

つまり、学界、法曹界の各方面からの抵抗が強いので、形の上では帰責事由に当たる文言を残しながら、先ほどから問題にしている「契約の趣旨」の文言を用いて内田理論を貫徹したことになります。

今回も同じく小手先の文言変更という手法を踏襲し、まず、条文が載っている本体的資料では、文言を変更したことによって問題点が解消したかのような外観をつくっておいて、その際、「契約の趣旨」という簡単な文言から、資料3の左下に書いておいた長々しい文言にいたしまして、批判が分かりにくくなるように工夫を凝らしております。そのうえで、本体的資料とは別の附属資料で、「規律の内容を変更する趣旨ではない」と発表したのです。[18]

今回の債権法改正はこればかりではなく、法務省が本日の会議のために提出した資料1にも「事情変更の法理の明文化」と記載してありましたけれども、多くの点で現在の民法の内容を曖昧にしようとしております。要するに、当事者が合意しても、事情が変わったと言えば裁判所がその合意を無意味化する道を広く認めようとする発想なわけです。

他にも似たような問題がある改正提案がございますが、時間の関係から省略して、「自由市場（「合意による契約」）を破壊する債権法改正」という論点に移りたいと思います。

今回の改正提案を初期の段階で幾つも検討した、国際取引に詳しい慶應大学の島田真琴教授は、債権法改正によって日本の民法が国際社会から取り残されることを心配しておられますが、[19]これは債権法改正によって日本の民法が現在より曖昧なものになることを背景とした御懸念なわけです。

次に、「現在の判例・通説から批判学説へ」という問題を見てみたいと思います。

資料4を御覧ください。今回の債権法改正の内容は、基本的に現在の裁判実務に強い影響を与えている我妻説等の伝統的な通説を、立法によって自分たちの学説に変えてしまおうというものであるという捉え方を京都大学の山本豊教授[20]、専修大学の山田創一教授[21]らがしておられます。

ただ、法律に詳しい方以外には分かりにくい法解釈学の問題なので、個別の内容にはここでは立ち入らずに、各界の反応から、内容を知っている人たちが今回の改正をどのように評価しているかの一端を御紹介させていただきたいと思います。

資料5を御覧いただけますでしょうか。経団連の経済基盤本部長を務めておられる阿部泰久様は、今回の民法改正の議論を、「私は『学者の野望』と名付けています[22]」とおっしゃっています。

中小企業同友会、全国中小企業団体中央会を取材した新聞記事は、「『なぜ、今、わざわざ改正をしなければならないのか』。静かな湖面にわざわざ波紋を投げかけた法務省に対するいら立ちは強い[23]」と述べています。

さらに配付しました資料は、これまで民事裁判の中枢を長年担ってらっしゃった元民事裁判官に対するインタビュー調査の結果をまとめたものです。

ここでは時間の関係から、ごく一部を紹介させていただきますと、やはり、資料5の一ページ目に紹介しておきましたように、「今回の改正は、その改正の内容も、改正の進め方も、どちらも『公益』という姿勢に反している。『公益』という姿勢が欠けているので、自分の学説を法律の条文にしようとするような姿勢が生まれてくる[24]」という御発言があり、また、別の元裁判官は、「私自身は、裁判官をしていて、こんなややこしい立法をしなければならない事案に遭遇したことはない[25]」という御意見を述べられていますし、「今回はこそこそと改正作業を行ったので、不信感がでてきているのが実情なのではないか[26]」という御意見もございます。

さらに、この債権法改正の問題が起こる以前に、法務省の民事局長を務められ、現在の動産・債権譲渡特例法の最初の制定、成年後見制度の創設に関わられた方は、ある座談会で「『壊れていないものを修理するな』という格言は、私は、実務家として、あるいはかつての立法担当者として、正直に言って大変共感を覚えます[27]」とおっしゃっています。

資料5の二ページ目は、全国の弁護士全員に対するアンケート調査の結果で、二〇〇〇人以上の弁護士の方から回答を得られております。その調査票には、「あなたは、実際に弁護士として債権法の改正の必要を感じた事案にこれまで遭遇しましたか」という質問がございますが、それに対しては遭遇していないという回答が一五七一名なのに対して、かなりの頻度で遭遇しているという回答はわずか九名にすぎません。また、債権法改正を進めることに賛成なのは一〇%足らずで、反対が四分の三という状況です。(28) その資料5の二ページの一番下に、自由記載欄に書かれた弁護士の意見の一部を紹介してあります。そのごく一部を紹介しますと、「学者の国家権力を借りた自己満足的自説の強制には憤りすら感じる」、「一部の学者の学説を民法化することは、〝改正〟ではなく〝改悪〟であり、強く反対する」等、弁護士の方の怒りがひしひしと伝わってくるような意見が記載されております。(29)

先ほどの筒井さんの御説明には、今回の債権法の改正で、民法の条文の外にある多数の判例を民法に取り込むというお話がございましたし、「国民一般に分かりやすいものとする」というお話もございました。また、筒井さんは政治家の方々への御説明でこのようなことをおっしゃっているようにも聞いております。

しかし、もし本当に判例を取り込むような民法改正であったならば、元裁判官の方々も今回の改正を歓迎するはずです。ところが、民事裁判の中枢を担ってきた方々がさきのような非難をなさり、元民事局長までが今回の改正の方向を見て、壊れていないものを修理するなという格言に大きな共感を覚える、とおっしゃる。

本当に判例を民法に取り込むとか、国民一般に分かりやすい民法にするというような作業をしているような方々に対して、「学者の野望」とか、東京弁護士会の法制委員長がおっしゃったような、「研究者と法務省中心の理念先行の『熱狂と暴走』のおそれ、すなわち、わが国の市民・企業を民法研究の新たな実験台にするつもりなのか(30)」というような言葉が投げかけられるはずがありません。

皆、判例の民法への取り込みとか、国民に分かりやすい民法とか、きれいな言葉がカモフラージュのために使われていることを見破っているからこそ、こういう非難をなさるのだろうと思います。

言葉だけで実体をごまかしても、公益のためではなく、法務省民事局という自分たちの組織の利益のための改正、また、自分の学説を立法によって強制するための改正なのだということを皆が感じ取っているからこそ、さきに紹介したような非難が出ているのだと私は理解しております。

結論を申し上げます。

私自身は、今回の改正には、内容、改正手続とも大きな問題があるので反対でございます。今回の発言は、時間の制約から内容的な問題点に焦点を絞りましたが、手続的な問題も実に多々ございます。それにつきましては、資料2－2「法務省に対するご質問：債権法改正立法手続きの問題性について」に書いておきましたので、お読みいただければと思います。

ただ、私自身は、今回の債権法改正に反対しておりますが、ここにいらっしゃる委員の先生方や国民の方々、あるいは国民を代表する選良の先生方にこの結論に同調することまでをお願いするつもりはございません。

資料6を見ていただきたいのですが、民法部会の議事録や今回の筒井さんの御説明資料を見ますと、来年の二月頃に法制審議会で改正要綱ができ、その後に法案が作成され、国会に提出する予定とされております。そして、通常国会は会期延長がなければ来年六月には終了するので、法案ができてから三～四か月で法律になることを法務省は予定していることになります。

時間の関係から、詳細は会議資料［本書六三頁］に書いたのですが、法務省民事局は、第一回のパブコメを東日本大震災の直後の四月に強行しようとしました。そして、第二回のパブコメも中間試案の公表から二〇日後という短期間のうちに開始しようとし、自ら作成すべき附属資料の公表が間に合わず、パブコメ開始を延期せざるを得ないというような大失態を演じております。これも会議資料［本書六四頁］にも書いておいたところですが、国民に熟慮期間を与えないように無理なパブコメのスケジュールを設定したために起こったことだと思っております。

さきの立法スケジュールを見ますと、法律本体自体についても、国会も国民も熟慮できないような短期間決着を法務省は図っていることになります。しかも、現在、民法部会で議論されている内容は、これまでのパブコメで検討されていった内容とは大幅に異なっており、国会に上程される法案は実質的にパブコメを経たことのない、国民の声を聴かずにつくった法案になりそうな状況です。

民法は、基本法中の基本法で、不出来な部分があれば苦しむのは国民です。仮に改正法ができたとしたら、その内容を国会と国民が吟味するだけの熟慮期間として一～二年の検討時間は絶対に必要だろうと思います。

資料6に書いておきましたように、国会議員も国民も法案の内容を熟慮することができないままで、三～四か月で民法を改正するような国会軽視の姿勢は是非回避していただきたい。これでは、まさに法務省民事局の「由らしむべし知らしむべからず」の姿勢が実現することになります。

私の見るところ、現在議論されている改正提案内容に、緊急立法をしなければならないような論点は一つも見当たりません。今までお話しいたしましたように、多くの経済人、裁判官、弁護士たちが強い危惧の念を示している中での法改正なので、是非提案された改正法案で大丈夫か否かの吟味期間を、国会と国民のために一～二年取っていただくことをお願いいたしまして私の結論とさせていただきます。

御清聴ありがとうございました。

三　緊急立法ではない、十分な審議、慎重な検討を

この発言に対し、最初に、佐久間総一郎委員から、「緊急立法をする必要がないという点はまさにそうだと思います。……三十何年間、私も成人として社会で生活をし、会社生活を送り、なおかつ私の場合は三十何年間企業法務にも携わっていますけれども、困ったことはないということでありますから、一年、二年で絶対改正しなければいけないということがあるとは思えない。ですから、やはりここで言われている十分な審議、慎重な検討というのはまさにそのとおりだと思います」との発言があった。

四　「契約の趣旨」と「債務の本旨」

安念座長から、「契約の趣旨」ないしその後に使われている「契約及び取引上の社会通念」という言葉は、「現行法の民法を始めいろんなところにある債務の本旨という言葉と同じなのですか、違うのですか」との発言があった。これに対し、私は次のように回答した。

「債務の本旨というときには、契約債務であれば、合意したものの、契約文言に入っていない当事者の真意みたいなことも含めた債務の本旨なのです。

ところが、『契約の趣旨』については、法制審議会の議論を見てみますと、人によって『契約の趣旨』の理解の仕方が違います。ただ、内田さんの真意だと私が考えているものは、『関係的契約理論』の内容そのものだと思います。基本的に、現在でも、合意のほかに信義則その他でいろいろと補充的な規範が付与されることはあるわけです。しかし、現在はあくまで合意が中心で、合意で規律できないときに信義則による補充となるわけです。

ところが、内田さんの説は、関係的契約理論によって、当事者間の関係という信義則的なものが契約の核となり、それが合意に優先すると考えている。そして、今回の改正では『関係的契約理論』という代わりに『契約の趣旨』という言葉を使ってらっしゃる。そういう意味では、『取引上の社会通念』でもいいのですが、合意に代わる、もっと先験的に上位のものがある、そういう合意を上回る社会規範があるという発想なのです。その上、その上位の社会規範の内容が実は曖昧なのです。これでは怖くて取引ができない。どの裁判官に当たるかによってどんな結論になるか分からない。私は非常に危険な改正だと思っております」。

なお、この発言に対しては、特定の学者の学説に従って改正が推し進められているわけではないという、法務省担当官からの反論があった。

五　国際取引の準拠法合意で、改正前民法を選択できるか

(一)　強行法規との関係

さきに三に紹介した発言に続き、佐久間委員からは次のような質問があった。「スペシフィックな質問なのですが、これは法務省の方にお聞きしたいのですが、端的に言うと、やはり変化というのは非常に実務にとっては懸念がありまます。例えば、海外の企業と契約を結んだときに、今でも余りガバニングローを日本にするというのは好まれていない、確率的に言うと非常に低いわけですが、例えばもしこういう改正が行われたときに、ガバニングローは古い、要するに改正前の民法にする。こういう契約を結んで日本の裁判所に行ったときに、それは適用されるのかどうか。民法の強制規定、強行法規については新しい民法が全部適用されてしまうのかという点をお聞きしたいと思います」。

これに対する法務省担当官の回答は、次のようなものであった。

「強行規定が設けられた場合に、それは適用せずに改正前の規定を適用するという合意をした場合の効力というのは、その合意の効力が認められるということはなかなか難しいのではないかと率直に感じます。ただ、今回の改正で、強行規定が新たに設けられるという例はそれほど多くないのではないかと思います。例えば保証人保護の方策については、恐らく強行規定として設けられることになると思いますが、そういった一部の例外を除いて基本的には任意規定を整備することになると思いますので、そのような御懸念はあまりないのではないかと思いますし、そのような御懸念がないように現在議論を尽くしているということでございます」。

実は、この佐久間委員の質問と法務省担当官の回答を聞きながら、私は発言を控えてはいたが、内心感じたことがあった。それは、この質問が、露骨な批判というかたちを回避しながらも、今回の債権法改正について二点の疑問を投げかけているのではないか、という感想であった。

第一は、国際取引における準拠法選択の問題である。

今回の債権法改正につき、法務省参与は、新聞に「民法改正は、将来のアジア戦略をにらみ、国際標準になりうる取引ルールを日本から発信する」[31]と発表したり、今回の債権法改正は「日本企業と取引する相手企業に対しても、取引において日本法を準拠法として使用する大きな動機を与えます」[32]と本に書いたりしてきた。要するに、債権法改正の目的として、日本法を国際取引の準拠法にする、アジアの国際標準にということがあげられてきたのである。

このような立論に対し、私自身は、論文やパブリック・コメントで、大綱以下のような批判を述べてきた[33]。日本法が準拠法になるための一番のバリアーは、ウィーン条約に似ているか否かとか、ヨーロッパ法に似ているか否かとかではなくて、言語としての日本語であって、日本語がわからないサークルには日本法が通用しないということであり、日本法を準拠法にというのは、ほとんどの場合には不可能な夢を描いているにすぎない。法律そのものは翻訳可能だとしても、その解釈のための法律論を展開しうるための判例や文献をすべて翻訳することは不可能なので、契約の双方当事者がわかる言語の国の法律だけが準拠法となるのが、国際的な取引実務だからである。

この日本を代表する大手企業で三十数年企業法務に携わってきた委員が、国際取引で準拠法を決定するさい、「ガバニングローを日本にするというのは好まれていない、確率的に言うと非常に低い」とおっしゃるのは、やはりこれまで法務省参与が説いてきた債権法改正の理由につき、否定的な見解をもっておられるからではないかと、個人的には推測したところである。

第二は、今回の債権法改正の「立法としての質」の問題である。現実に民法改正を担当している法務省の担当官に対し、かりに準拠法選択をする場合に、改正民法ではなく、過去のものとなっているはずの現行民法を選ぶという合意の効力を質問するのは、なかなかのことであるように思われる。改正民法が現行民法よりも「改良」されたものである場合には、過去のものになった現行民法を準拠法として選択するということは考えにくいところだからである。法制審・民法部会が立ち上げられた当初の段階では社会的な沈黙を守っていた私が、そこでの議論を議事録で追い続けた結果、「これではいけない、このままでは、民法典が劣化してしまう」と感じたことが、債権法改正批判に踏み切った動機であることは、はじめて発表した批判の書の「あとがき」に書いたところである[34]。さきに紹介した委員の発言には、慎重に「変化というのは非常に実務にとっては懸念があ」るという枕詞がおかれてはいたが、この委員も、改正民法は現行民法よりも「劣化」したものになることを懸念しておられるのではないか、これが私の感じたところであった。

どちらも、直接伺うことはしなかったので、あくまで推測にとどまるが、この洗練された質問のなかに、今回の改正に対する懸念が潜んでいるのではあるまいかとの感を抱いたのである。

(二)　何が強行規定で、何が任意規定か――事情変更の原則を例として

前記の佐久間委員の発言には、中間に別の発言者の議論があった後、次のようなその続編があった。

「実務の悩みというのは、……何が強行法規なのか、いま一つよく分からないということです。例えば……事情変更について……契約者同士でそれを排除して、いわゆる通常で規定されているようなフォース・マジュール条項に全て変える。こういうことがあったとしても、事情変更のところの民法が強行法規であれば、それはオーバーライドされる、こういうことだと私は理解しています。……したがって、契約自由が相当制約されるというのが正直な感想です」。

これに対する法務省の民事法制管理官から次のような回答がなされた。

「法制審議会部会で現在議論しておりますことは、事情変更の法理というのは、契約をした当時に、およそ予測し得なかったような変化があったことが前提要件になります。したがって、一定の変化を予想して、それについての約束が事前に行われていたのだとすると、その限度では事情変更の法理は適用されないのだろうと思います。それを強行規定、任意規定という区別で語るのかどうかというのは、これは学問的な問題があるかもしれませんけれども、契約の時点において一定の事情の変化があり得るということを前提に約束がされているのであれば、その予測されている変化が起きたとしても、それは事情変更には該当しないということではないかと思います」。

上記の回答に対しては、座長から次のようなコメントが付された。

「それは申しわけないが、明確なお答えにはなっていない。つまり、強行規定か任意規定かというのは、これは論理

的には分けられなければならないものであって、見解が分かれるというのは、それはそれで構わないけれども、どちらかにしてもらわないとそれは非常に困る。例えば事情変更の原則は適用しない。あり得るのはフォースメジャーだけであるという条文を書いて、日本法として裁判所に持っていったときにどういう判断がなされるべきかというのは、これは実務家としては聞かないわけにはいかないという質問だと思うのです」。

そこで、今度は法務省の参事官が次のような回答を補足した。

「今の点について、これまでの法制審議会での理論状況などを踏まえお話しさせていただきますと、やはり事情変更の法理というのは、今の判例上存在自体を認められているものでございまして、その信義則が基になっているというような説明が一般的にされています。その信義則が基になるような制度について、完全な任意規定だという言い方ができるのかという問題が多分今おっしゃっているところだろうと思っておりまして、そのような観点から言うと、なかなか任意規定と言いにくいのではないかというのが一般的に言われているところではないかと、これは現行法の下でもそうではないかということです。

ただ、その点で注意しなくてはいけないのは、ここでいう事情変更の法理は予見可能性というのを非常に問題にしておりますので、その意味で、予見されるような事情の変更についてはこの法理は適用されないということもまた一つございます。

そうすると、先ほどの繰り返しになりますけれども、予見されているような事態について契約の中に盛り込んでいけば、その適用領域というのはどんどん狭くなっていくというのが、この問題についての理解だろうということで法制審では議論されております」。

その後も若干議論が続いたが、そのなかで民事法制管理官は次のように述べた。

「法制審議会の中でもその問題は議論をいたしましたし、確かにどれが強行規定か、任意規定かの区別を明確にするというのは重要なことなのですけれども、実際には非常に難しいということもまた現実でございます。……書き分けが可能なものについてはできる限り明確にしたいと思っておりますが、あらゆる規定についての任意規定と強行規定の区別ということについては、これは専門家の議論におきましても非常に難しいということが言われておりますので、現時点でそれを実現するということは大変困難だろうと思っております」。

私は、この間の議論には加わってはいなかったが、最後に以下のようなコメントを述べた。

「今度は法務省に援軍を送りたいと思います。……基本的に事情変更の原則でも何でも私は契約法の規定は基本的に任意規定だと思うのですが、その任意規定の排除の仕方が甚だしいと、排除合意が公序良俗違反になって無効になることがある。そういう意味で、事情変更の原則について我々はこの規定を全面的に排除すると合意しても、例えばフォース・マジュールとなるような天災異変も排除する合意をしたときには、そこまでは排除できないよということで排除合意が一部無効になることもあると思います。事情変更の原則も、基本的に任意規定だとお考えになって結構なのですが、ただ、任意規定だとしても、その任意規定性が全面的に貫徹されるわけではなくて、その排除合意にも民法九〇条が適用されると、私は解釈しておりまして、多分それで法務省も満足のいく回答ではないかと勝手に思っております」。

そのうえで、安念座長の発言を受けて、次の発言を付加している。

「要するに任意規定であっても民法九〇条の限度では排除できず、ある程度強行性を持つことは、債権法の場合、どうしてもあると思うのです」。

六　民法部会での合意形成と、社会的合意形成

その後、川本明委員から次のような質問があった。

債権法改正は「かなり大詰め」の段階にきており、「法制審にはいろんな経済界を含めて各界からの代表が入ってい」るが、「そこでコンセンサスが得られなければ成案になりませんと法務省はおっしゃってい」る。「他方で、先日の経団連の阿部さんからお話をお聞きしたりとか、あるいは佐久間さんのお話を聞いていると、日本で一番大きい経済団体からはかなりこれに対して反対のような御趣旨の御意見が現段階ではあるということで、一体、法案の熟度としてどうい

う状況になっているのか、というところが聞いていてよく私も分からなくなった」。

これに対し、民事法制管理官は、次のように回答した。

「総論的な改正の必要性については異論がないというところでは現時点では一致している」ものの、「意見の対立が残っているもの」について、「細かく議論させていただいているところで……そういった議論の成果として、合意形成の可能な成案が得られるのならば、この要綱仮案に盛り込まれることになるでしょうし、そうならなければ見送られる。こういう今大詰めの議論をしている」。

上記の議論をふまえて、私は、次のようなコメントを加えた。

「今の川本先生の御質問ですけれども、筒井さんがおっしゃるように、法制審の中でコンセンサスを得るような方向で努力なさっているというのはそのとおりだと思います。ただ、それには前提がございまして、先ほど筒井さんから民法部会のメンバー構成については実務者の代表が少ないといった批判があったとの御発言がございましたけれども、民法部会を立ち上げる段階で、それまで法務省原案に反対した人は、全員委員から外されましたし、まだ法務省の考え方に対して何も発言をしておられず、あらかじめ賛否が分からない民間の委員の方は四分の一以下に抑えられました。その上で、法務省関係者、そして意見がはっきりして法務省の原案に賛成の方が、多数、委員に選ばれた。もちろん、委員の中にも法務省の意向と全然関係ない方も一部にいらっしゃるのですけれども、そういう意味で、初めからコンセンサスが得られやすい体制をつくって法制審・民法部会を立ち上げたので、これでは、法制審内部でのコンセンサスは、世の中のコンセンサスとはほど遠い、法務省がつくりやすい路線の上のコンセンサスにすぎないと私は理解しております」。

これに対し、松村敏弘委員から次のような質問もあった。

「法制審で多数決のようなことはしない」ので、「経団連の代表の方が入っている審議会で、最後まで反対と言い、他の学者が皆包囲して説得しようとしても断固として反対と言い続ければ、その事項は法改正に盛り込まれないと理解していいのですか」。

これに対し、民事法制管理官は、「そのとおりでございます」と回答した。

ただ、この間の議論では、私の発言の真意がよく伝わらなかったようであるが、私が言いたかったのは、次のようなことであった。

民事法制管理官が、法制審・民法部会では「総論的な改正の必要性については異論がないというところでは現時点では一致している」というのは、現在行われているような改正をすべきでないという総論的な意見を有している論者を、すべて民法部会の委員から排除したから民法部会内で「一致」しただけであって、民法部会で「改正の必要」のコンセンサスが得られたことは、社会から「改正の必要」のコンセンサスが得られたことを意味しない。現に、第一回のパブコメのさいには、法務省参与のいうところでは「パブコメでは、改正の必要性自体に関しても、疑問を提起するものなど賛否両論の様々な意見が表明された」[35]にもかかわらず、そのパブコメ終了の直前に——すなわち、法務省関係者だけは「賛否両論の様々な意見」をみることができたが、法制審・民法部会の委員はそれらの意見を知ることができない段階で——、法制審・民法部会を開催し、民法改正作業のための審議の継続を決定したのである[36]。そのうえで、この間の経緯は、「意見紹介と審議継続決定の時間的先後関係を逆転させて、かつ、事実としてはなかった『意見交換』をあったかのように書いた」論稿[37]によって事実と違うかたちで世の中に公表され、正当化されており、この点を私は、「もはや故意にパブコメの総論的意見を隠ぺいしたとみられても仕方がない」と批判している[38]。

民事法制管理官は、法制審・民法部会では「総論的な改正の必要性については異論がない」ことを強調するが、それは、パブコメで「総論的な改正の必要性については」社会的コンセンサスが得られなかったことを欺罔的な論稿によって隠ぺいした結果であることを、今後の債権法改正の行方を考えていくためにも、指摘しておきたい。

七　終わりに

このヒアリングは、座長の謝意の言葉に続く、次のような最後の発言をもって終了した。

「結局のところ、今の民法の規定で誰が困っているのですかという、そこのところに不消化感が残りますね。誰も困っていないのに直すことによって社会的にどういうベネフィットがあるのかがどうもよく分かりませんね。私としては分からないということです。どうもありがとうございました」。

（1）内田貴『契約の時代——日本社会と契約法』（岩波書店、平成一二年）三〇頁。

（2）この点の詳細は、次の資料に詳しい。「自由市場（「合意による契約」）を破壊する債権法改正——民法典は、国民のものか法務省のものか——」（内閣府・規制改革会議・第二七回創業・ＩＴ等ワーキング・グループ（平成二六年七月二三日）加藤提出資料２—３）(http://www8.cao.go.jp/kisei-kaikaku/kaigi/meeting/2013/wg3/sogyo/140723/item2-3-1.pdf および http://www8.cao.go.jp/kisei-kaikaku/kaigi/meeting/2013/wg3/sogyo/140723/item2-3-2.pdf)。

　この内閣府・規制改革会議に提出され、上記ＵＲＬにアップされた資料は、ヒアリングの後に、ＭＳ＆ＡＤ基礎研 REVIEW2014. AUGUST 第一六号七八頁以下［本書九九頁以下］に掲載された（特に、「関係的契約理論」にかんする叙述については、八五頁以下［本書一一一頁以下］参照）。

（3）「法務省に対するご質問：債権法改正立法手続きの問題性について」（七月二三日ヒアリング加藤提出資料２—２〔http://www8.cao.go.jp/kisei-kaikaku/kaigi/meeting/2013/wg3/sogyo/140723/item2-2.pdf〕）［本書六一頁以下］。

（4）加藤雅信「『我は法の上に在り』——法務省民事局の債権法改正」消費者法ニュース一〇一号（平成二六年）一八一頁以下［本書七九頁以下］。

（5）本稿において、内閣府のホームページに規制改革会議の「議事概要」を引用した本文の紹介部分は原文どおりであるが、注は、読者の便宜のために今回私が付したものである。また、本章における説明図（本書の巻頭資料に掲載）の引用番号は、規制改革会議における引用番号を変更していることをお断りしておきたい。

　なお、これまで、私は民法（債権法）改正に対する批判を公にしてきたが、その批判は、債権法改正の、改正方針と改正内容に向けられたものであった。そこでは、改正を担当する組織名・役職名を明示することはあっても、担当者の個人名を示したかたちでの批判は避けてきた。あくまで法案批判に徹し、個人批判を避けるためである。しかし、規制改革会議のヒアリングにおいては、具体的に状況を説明するために、ヒアリングで対席した法務省担当官の名前や中心的に今回の改正を担ってきた人の名前を示さざるをえなかったし、その議事録となる議事概要にもその名前は記載された。本稿は、その議事概要の抜粋・要約を中心としているので、すでに議事概要に公表されている個人名は、本稿でもそのまま記載することとした。また、規制改革会議のヒアリングのさいの提出資料である「法務省に対するご質問：債権法改正立法手続きの問題性について」を——標題を変更して——収録した第四章そして第五章も、法務省に対する質問という論稿の性質上、関係者名が明記されている。この意味では、著者は、個人名を示した批判を基本的に回避しているが、規制改革会議のヒアリングを基礎に執筆した本書第二部はその例外となっていることをお断りしておきたい。

（6）http://www8.cao.go.jp/kisei-kaikaku/kaigi/meeting/meeting.html

（7）町村泰貴「設立一〇周年記念講演会『債権法改正の論点』——内田貴・法務省参与をお迎えして」（財団法人日弁連法務研究財団ニューズレター第四〇号〔平成二一年一月一五日〕三頁〔https://www.jlf.or.jp/jlfnews/pdf/vol40.pdf〕）。

（8）法務省は、法務省のwebサイトにて、「民法（債権法）の改正について」との標題のもとに、「二〇〇六年二月掲載」と付記したうえで、次のように債権法改正に着手する旨の公表をはじめて行った。「法務省では、民法の債権法部分について今日の社会経済情勢に適合させるための見直しを行うべきであるという指摘があることを踏まえて、抜本的な見直しを行うことにしました。……具体的な改正事項・法案提出までのスケジュールについては現時点では未定です」（http://www.moj.go.jp/MINJI/minji99.html）。

（9）ヒアリング資料「法務省に対するご質問：債権法改正立法手続きの問題性について」九頁以下［本書六一頁以下］の「債権法改正が、一人二役性を利用して進められてきたことについて」［本書七二頁以下］に述べたので、そちらを参照されたい。

（10）内田・注（1）引用『契約の時代——日本社会と契約法』六八頁（引用文中（　）内は著者挿入）。

（11）明治八（一八七五）年の太政官布告一〇三号「裁判事務心得」第三条。

（12）たとえば、平成二六年六月一〇日法制審議会民法〔債権関係〕部会第九〇回会議・部会資料79—3「民法（債権関係）の改正に関する要綱仮案の原案（その一）補充説明」七頁は、「要綱仮案の原案」の提案では、「『契約の趣旨に照らして定まる』から『契約及び取引上の社会通念に照らして定まる』に変更されることになるが、規律の内容を変更する趣旨ではない」と述べている。

（13）グラント・ギルモア＝森達・三和一博・今上益雄共訳『契約法の死』（文久書林、昭和五四年）四七頁。

（14）木庭顕「『債権法改正の基本方針』に対するロマニスト・リヴュー、速報版」東京大学法科大学院ローレビュー第五巻二〇一頁以下（http://www.sllr.j.u-tokyo.ac.jp/05/papers/v05part10%28koba%29.pdf）。

（15）河上正二「『法典論争』に学ぶ——民法（債権法）改正の動きの中で」法律時報八二巻一〇号（平成二二年）二二頁。

（16）江頭憲治郎・角紀代恵・児玉隆晴・鹿島秀樹・加藤雅信「座談会　債権法改正と日本民法の将来——四月のパブコメ実施を前にして」法律時報八三巻四号（平成二三年）八五頁。

（17）法務省民事局参事官室の文責において公表された、商事法務編『民法（債権関係）の改正に関する中間試案の補足説明』（平成二五年）一一一頁。

(18) なお、現行民法には存在しない「契約の趣旨」の文言が中間試案では五二回出てきたにもかかわらず、要綱仮案においては、その―「規律の内容を変更する趣旨ではな」く、表現のみを変じた―文言が出てくる回数は七回に激減している（変形文言も、何通りかのものが存在しているので、「取引上の社会通念」を用いている改正提案のみをカウントした）。数だけをみると、一見、原案がかなり変更されたようにもみえる。

しかし、もっとも中心的な論点であった債務不履行による損害賠償の無過失責任化については、学界、実務の抵抗が強かったため、二度にわたって文言変更を重ねつつ、―二度とも「補足説明」等で―従来の提案と趣旨は変わらないと説明したのである。おそらく、債権法改正事務局としては、内容変更をともなわない文言変更を重ねることによって、〝本丸〟の無過失責任だけは、〝すり抜け戦法〟によって守り抜いたつもりなのであろう（［この問題―すなわち、帰責事由の文言が維持されたので「過失責任」主義が維持されたと考えるべきか、それとも、事務局が「補足説明」等で従来の提案と趣旨は変わらないと説明しているので「無過失責任」主義に変更されたと考えるべきか、という問題―については、本書七章二節（一三六頁以下）で詳論することとする。］）

(19) 島田真琴「イギリス法との比較による債権法改正基本方針の検討―国際取引法務の観点から」慶應法学一九号（平成二三年）四七一頁。

(20) 山本豊「民法の現在：債務不履行・約款」ジュリスト一三九二号（平成二二年）八五頁。

(21) 山田創一「民法（債権法）改正の中間思案に関する考察」専修ロージャーナル九号（平成二五年）五九頁。

(22) 武井一浩＝阿部泰久「対談：日本経済活性化に向けたビジネス法制の提言」ビジネス法務二〇一一年八月号九一頁。

(23) 日刊工業新聞二〇一一年八月二九日朝刊三一頁。

(24) 遠藤賢治＝加藤雅信＝大原寛史「インタビュー調査報告書：債権法改正―元裁判官は、こう考える」名古屋学院大学論集社会科学篇五〇巻三号（平成二六年）一四三頁。

(25) 遠藤＝加藤＝大原・前注引用論稿一二七頁。

(26) 遠藤＝加藤＝大原・注(24)引用論稿一二八頁。

(27) 加藤雅信＝高須順一＝中田裕康＝房村精一＝細川清＝深山雅也「座談会：債権法改正をめぐって―裁判実務の観点から」ジュリスト一三九二号（平成二二年）六五頁。

(28) 以上、弁護士の声を民法改正に反映させる会・事務局「民法（債権法）改正：全国・弁護士二〇〇〇人の声―債権法改正に、反対一四六八名、賛成一九〇名」(http://minpoukaisei.cocolog-nifty.com/blog/)。なお、アンケート調査票等については、次注引用の法律時報論稿七五頁以下を参照されたい。

(29) 前注引用の論稿に記載した最終集計が行われる直前に公表された論稿となる、弁護士の声を民法改正に反映させる会・事務局「民法（債権法）改正：全国・弁護士一九〇〇人の声――債権法改正に、反対一三七八名、賛成一七六名」法律時報八五巻三号（平成二五年）七三頁。

(30) 東京弁護士会編著『「民法（債権関係）の改正に関する中間的な論点整理」に対する意見書』（信山社、平成二三年）五二九頁。

(31) 内田貴「民法改正　アジア市場見据えた議論を」朝日新聞二〇一二年一月六日朝刊一五頁。

(32) 内田貴『民法改正――契約のルールが百年ぶりに変わる』（ちくま書房、平成二三年）二一九頁。

(33) 加藤雅信「民法（債権法）改正の現在――民法典の劣化は防止できるか：『中間試案』の検討」企業と法創造九巻二号（平成二五年）二四頁以下、特に二六頁。同「『中間試案』に対するパブリックコメント提出意見」(http://minpoukaisei.cocolog-nifty.com/blog/files/11.docx)。なお、本文紹介の批判点以外にふれたものとして、加藤雅信「民法（債権法）改正の『中間試案』上」法律時報八五巻四号（平成二五年）八一頁以下参照。

(34) 加藤雅信『民法（債権法）改正――民法典はどこにいくのか』（日本評論社、平成二三年）三二九頁。

(35) 内田貴「佳境に入った債権法改正」ＮＢＬ九六八号（平成二四年）四頁。

(36) この民法部会での審議継続の決定は、平成二三（二〇一一）年七月二六日のことであり、パブコメ終了は八月一日であった（法制審議会民法（債権関係）部会第三〇回議事録〔平成二三年七月二六日〕一頁以下〔http://www.moj.go.jp/content/000078908.pdf〕）。

(37) 内田・注(35)引用論稿同頁。なお、「」引用文は、この論稿に対する私自身の評価であり、次注引用法律時報論稿七八頁からの引用である。また、具体的にどのようなことが行われたのかについては、ヒアリング資料「法務省に対するご質問：債権法改正立法手続きの問題性について」六頁以下［本書六八頁以下］の「(1) 債権法改正事務局によるパブコメの結果の無視、および、(2) 事実に反する論文執筆による、パブコメ無視の秘匿について」に述べたので、そちらを参照されたい。

(38) 加藤・注(33)引用「民法（債権法）改正の『中間試案』上」法律時報八五巻四号七八頁以下。

＊ 本章初出原稿「規制改革会議ヒアリング：民法（債権法）改正をめぐって」消費者法ニュース一〇二号（平成二七年）一四四頁以下。

第四章　立法モラルからみた債権法改正

＊　本稿は、二〇一四年七月二三日の内閣府・規制改革会議のヒアリング資料として、「法務省に対するご質問：債権法改正立法手続きの問題性について」との題名のもとに、著者が内閣府・規制改革会議に提出したものが、規制改革会議から法務省に送付されたものである。元来、法務省から回答を求める趣旨の「質問状」であったが、法務省からの回答はなかった。そのヒアリング資料をここに再掲したが、末尾の「質問６」のみは、ヒアリング終了後に加筆したものである。

はじめに：このご質問をさせていただく背景事情

今回の民法（債権法）改正（以下、「債権法改正」という。）が、『中間試案』をふまえて審議されている方向でなされた場合、日本社会の経済的基礎をなす「自由市場」の根底にある「合意による契約」が破壊されかねません。その内容の実質は、規制改革会議の第二七回創業・ＩＴ等ワーキング・グループのヒアリングにおいて明らかにさせていただきたいと思っております。

ただ、このような問題性をはらむ法改正がなされようとしているのは、これまでの債権法改正審議その他において、透明性を欠く審議等が行われてきた結果、上述した問題性が、一般国民、あるいは法制審議会・民法（債権関係）部会（以下、「民法部会」という。）の委員たちにも明らかにされないような手続きがとられてきたからであり、今後も、国会議員にも明らかにされないような手続きがとられる可能性が高いからだと考えております。

そこで、「自由市場」を守るために、今後の手続きにおいて予想される問題性、過去の手続きにおいて存在した問題性と私が考えるものにつき、法務省のご見解を伺いたいと考えております。

［前記の］ヒアリングにおきましては、時間の関係もありまして、実体的問題に焦点をあてたいと思っておりますので、この実体的問題を覆い隠していた手続的問題につきましては、本「法務省に対するご質問：債権法改正立法手続きの問題性について」に対して文書回答をお願いできませんでしょうか。そのさい、そのご回答がこのヒアリングの議事録と同時に公開可能なように、八月末日までに文書回答をお願いする次第です。

なお、ご回答にさいし、概括的なご回答をいただきますと、ときに「霞が関文学」という言葉で語られることがございますように、ご回答の焦点がぼけることを懸念しております。そこで、質問項目ごとに分節的にご回答いただくようにお願い申し上げます（質問1を例にとりますと、**【質問1・A】【質問1・B】【質問1・C】**と三つに分けご回答いただき、質問3を例にとりますと、**【質問3・A第1質問】**、**【質問3・A第2質問】**、**【質問3・B第1質問】**……（以下、同じ）と、小問ごとにご回答をお願いいたします）。

また、このご質問は、冒頭に「名古屋大学名誉教授・名古屋学院大学教授　加藤雅信」と「職名　氏名」を記し、私の責任においてさせていただいております。ご回答につきましても、ご回答なさる方が責任をもってしていただきたいと考えております。また、質問の中には、**【質問3・B】**、**【質問5】**のように、職務遂行との関連で個人が執筆したご論文、あるいは個人がなさったご発言についてのものもございますが、それらにつきましては、論文執筆者、発言者ご自身からご回答いただくのが、もっとも適切ではないかと考えております。そこで、それぞれの質問ごとにご回答をお願いする方を明記しておきましたので、ご回答も、ご回答責任者が誰であるかが明らかとなるように、分節的なご回答ごとに「職名　氏名」を明らかにしてなさるよう、お願い申し上げます（なお、今後、氏名を特定してご質問させていただいた方が債権法改正と関係するポストを離れられる場合には、ポストを離れられる前にご回答をいただくようお願い申し上げます）（なお、一部の方につきましては、本平成二六年四月以降、職名が変更されている可能性がございますが、その点の正確な情報がえられませんでしたので、不正確な職名を記している場合には、失礼のほどお許しくださいますよう）。

一　国会での実質的な審議は可能でしょうか（質問1）

法務省の参事官が公表なさったご論文、あるいは民法部会での議事録をみますと、来年の平成二七年二月頃に法制審議会の答申を予定し、また、平成二七年の通常国会への改正法案の提出を予定しておられるようです（法制審議会民法（債権関係）部会第七四回会議（平成二五年七月一六日開催）議事録、筒井健夫「債権法改正の動向」ＮＢＬ一〇一六号（平成二六年一月）四頁）。

かりに、来年の通常国会が会期延長なく閉会するといたしますと、改正法案の閣議決定がなされてから、三、四か月で債権法改正法が成立することを法務省は予定しているのではないかと思われます。

このような短期間で、大きな法改正につきじゅうぶんな審議をなしうるのか否か、私は懸念いたしておりますが、同時に、このような短期間のスケジュールの設定は、法務省が国会でじゅうぶんな審議ができないように意図的に組まれたのではないか、という懸念を払拭できずにおります。邪推だ、とお考えでしょうが、このような嫌な懸念を抱くのは、法務省民事局が行ってきた過去二回のパブリック・コメント（以下、パブコメという。）における、短期間で事を決するという路線の延長線上に、今回の国会審議の日程が組まれているのではないか、という思いを払拭できずにいるからなのです。

第一回のパブコメは、平成二三年の四月一日から行う予定でしたが、三月一一日に東日本大震災が発生しました。そのため、法制審議会では三月の「会社法制部会」の開催は中止されましたが、「民法部会」の開催は強行されそうになり、四月からのパブコメも予定どおりに実施されそうだったので、日弁連が三月二二日にパブコメの実施延期を申入れ、やっとパブコメが延期されたと伺っています。第二回のパブコメも、パブコメの対象となる『中間試案』の決定こそ平成二五年の二月末でしたが、その内容が国民に対して公表されたのは三月一一日で、二〇日後にはパブコメが開始される予定でした（ただ、法務省民事局参事官室が作成すべき付属資料〔『民法（債権関係）の改正に関する中間試案の補足説明』〕

の公表が間に合わず、パブコメ開始を延期せざるをえないという大失態を演じました。短期間のスケジュール設定のつけが、法務省自身にはね返ってきてしまったと思われます）。

しかし、前二回のパブコメの対象となった提案内容をみますと、急いで改正しないと間に合わないというような内容は何もないように思われます。もともと、『民法』は、国家ないし社会の基本法で、国家百年の計の一環として考えるべきもので、短期間のスケジュール設定が必要な緊急立法とは性格が違うはずです。

そうであるのに、法務省は、前二回のパブコメでもひたすら急ぎ、今回の国会審議日程もひたすら急いでいます。

私も、意地の悪い見方をしたいわけではありませんが、とても不自然なこのような短期的なスケジュールの設定の目的は、国民や国会議員に熟慮の期間を与えず、短期間に膨大な法案や改正案をつきつけ、皆が茫然自失として判断できないでいるうちに、パブコメ案を通し、今回は法案を通そうとしているためなのではないかと、思われてならないのです。

二月か三月に法律案が閣議決定されて、六月までに法律が成立してしまえば、その法律案に対する国民からの批判も、法律家からの批判も、また学界からの批判も、ほとんど印刷には間に合わず、公刊されないと思います。そうであれば、国会議員の先生方が、国民、法曹界、学界の声等をふまえて審議なさろうとしても、それは不可能になります。法案の内容に自信があれば、このような方法をとる必要はないはずです。資料2－4としてお送りいたしました裁判官のインタビュー調査でも、「今回はこそこそと改正作業を行ったので、不信感がでてきているのが実情なのではないか」という評価がございましたが、民法のような基本法の改正は、国民の声、それをふまえた国会の選良の先生方の声をふまえて、正々堂々と行う必要があると思います。

それなのに、このような国会審議のスケジュールをたてるのは、国会軽視も甚だしく、国会の審議を骨抜きにしようとして、嫌な言い方になって申し訳ないのですが、あたかも〝官僚主導の立法〟を企てるための日程設定のように思えて仕方がありません。

話は違いますが、悪徳商法、悪質商法とされているものの一つに「催眠商法」と呼ばれているものがあります。客を熱狂的な状況にさせ、判断力を鈍磨させたうえで、価値のないものを高値で売りつける商法ですが、パブコメでも国会審議でも、すべてのスケジュールを短期間に設定し、相手を時間切れ、資料不足の状況に追い込み、相手から判断の機会を奪うという意味では、このやり方は判断力を鈍磨させる「催眠商法」にも似ているところがあり、立法手続にさいして行ってはいけないものだと私は思います。

そこで、三点、質問させていただきます。

【質問1・A】 として、法務省民事局全体の責任者にお尋ねします。私は、立法には熟慮と国会の慎重審議が必要だと思っております。そこで、法務省民事局としては、冒頭に述べたスケジュールを変更し、立法案公表後、一年以上の熟慮期間を置き、国会が慎重審議できるようにするつもりがあるでしょうか。

【質問1・B】 として、法務省民事局全体の責任者にお尋ねします（この質問には、**【質問1・A】** について、スケジュール変更をして、一年以上の熟慮期間を置くとお答えいただいた場合には、特に答えていただく必要はありません）。

来年の通常国会での法案提出というスケジュールを変更しないとするのであれば、現在、法務省が審議している債権法改正提案のなかで、社会の批判を待っていては間に合わないような、急いでしなければならない改正点があるのでしょうか。

もし、あるのであれば、その改正点を具体的に示し、かつ、急がなければならない理由を示してくださるよう、お願い申し上げます。

【質問1・C】 として、法務省民事局全体の責任者にお尋ねします。かりに **【質問1・B】** でおあげになった急いで改正しなければならない点が少数であるならば、来年の通常国会では、まずその点だけを改正し、それ以外の点は国会議員の先生方に熟慮していただくために、再来年度以降の国会に上程してもよいのではないかと思います。全部の改正点を急がなければならないというような理由がないのであれば、そのような段階的審議を考えるべきであると思っておりますが、急ぐ改正点以外を再来年度以降に回す、段階的審議をおとりになるおつもりはありますでしょうか。

二　民法部会での、誤導的な資料提出の仕方をめぐって（質問２）

法制審議会にかぎらず、審議にさいして提出される審議会資料が正確性を欠いており、事務局に都合のよいものとなってしまえば、審議会の委員の先生方が公平・正確な判断を下すことは困難になります。

このような観点から、現在、民法部会で審議されている、債務不履行による損害賠償の規定の事務局提出資料には大きな問題があると思われます。

契約債務の不履行による損害賠償は、契約法の基本中の基本ですので、それがどのように規定されるかが、市場経済に与える影響には大きいものがあります。現行民法四一五条は、過失責任主義を採用していますが、債権法改正事務局は、当初は、条文から「帰責事由」に相当する文言を削除することにより、実質的な無過失責任の実現を追求し、近時は、その延長で「帰責事由」の骨抜き化をはかっています（近時の「骨抜き化」の具体的内容につきましては、【質問２・B】のなかで、簡単に述べさせていただくこととします）。

民法部会で、「帰責事由」をめぐる議論がなされたさいの事務局資料は、ウィーン条約等を、「債務不履行による損害賠償責任の帰責根拠を過失責任主義に求める……考え方」には立っていない傾向を反映している、つまり、自分たちが推進する無過失責任の方向にある立法例として位置づけました（民法部会第三回会議〔平成二二年一月二六日〕配布資料５―２・二八頁、三一頁）。

ところが、ウィーン条約を採択した国連の外交会議では日本政府代表をお務めになり、国連の国際商取引法委員会事務局長もお務めになった曾野和明北大名誉教授は、「ウィーン売買条約が過失に言及していないことは、原理的に、免責と過失の有無とを遮断するものではなく、国によって異なる解釈がなされる可能性がある概念の使用を避けようとした結果にすぎず、条約七九条一項が示す三つの要件で『過失』を間接的に定義していると理解することもできる」とおっしゃっているのです（曾野和明＝山手正史『国際売買法』〔現代法律学全集60〕〔青林書院、平成五年〕二六五頁）。

債権法改正事務局のメンバーが、個人的にどのような解釈をとられるかはご自由ですが、ウィーン条約の採択時の日本政府代表という、日本でもっとも責任ある立場にあられた方の考え方を無視して、一方的な資料のみを委員に呈示することは、審議会における恣意的な資料提供であり、事務局が審議会を誤導しようとしている、と評価されてもやむをえないと思います。

【質問2・A】として、内田参与にお尋ねします。債務不履行の無過失化をめぐる民法部会の審議にさいし、ウィーン条約の採択時の日本政府代表のご見解を無視して資料作成した理由をお聞かせください。

【質問2・B】として、法務省民事局全体の責任者にお尋ねします。現在の責任者の方が、民法部会第三回会議の段階で法務省民事局の責任者の立場におられなかったことは存じております。ただ、現在、債権法改正を進める責任者の立場におられる方として、誤導的な審議会資料のもとに、現行民法の過失責任主義からの脱却がはかられ、現在も過失責任主義の骨抜き化が企図されている状況です（近時の『民法（債権関係）の改正に関する中間試案の補足説明』一一三頁をみますと、帰責事由の有無は「債務者がそのリスクを負担するべきであったと評価」できるか否かによって決せられ、「『契約の趣旨に照らして』といった判断基準を付加することにより、……抽象的な故意過失等を意味するなどといった解釈を封ずることができる」とされています〔また、『民法（債権関係）の改正に関する中間試案（概要付き）』三九頁をも参照〕。現在の「故意過失」という「解釈を封ずる」方向は、ウィーン条約の採択時の日本政府代表であられた曾野和明北大名誉教授がウィーン条約について考えられていた方向とは逆のものです）。

これは、日本の市場経済に大きな影響を与える契約法の改正となりますが、今後、このような事務局に都合のよい誤導的な審議会資料のもとで審議がなされてきた過失責任主義の骨抜き化への転換をはかるような改正提案を維持なさるおつもりでしょうか。

三　(1)　債権法改正事務局によるパブコメの結果の無視、および、(2)　事実に反する論文執筆による、パブコメ無視の秘匿について（質問3）

(一)　無視されたパブコメ結果

第一回のパブコメは、平成二三年六月一日から八月一日まで実施されました。ところが、そのパブコメ期間の終了直前の七月二六日に、民法部会（第三〇回）が開催され、一年半後の平成二四年二月を目処に中間試案の取りまとめを行うという方針が決定されました。

審議会が、審議の中間でパブコメを実施するのであれば、本来、パブコメに提出された意見を検討し、その審議会が行っている債権法改正作業を継続すべきか否か検討するのでなければ、パブコメは無意味となるはずです。では、なぜ、債権法改正事務局は、このようなパブコメ無視という方法を選び、パブコメ終了の直前に民法部会を開催し、債権法改正作業の継続を決定したのかが問題となります。

この七月二六日は、パブコメ終了間際なので、法務省関係者はそれまでに集まったパブコメ意見をみることはできたはずです。しかし、民法部会の委員がパブコメの内容につき報告を受けたのは、一一月の段階でした。つまり、債権法改正事務局は、自分たちだけがパブコメ意見の内容を知っており、民法部会の委員がそれを知らない段階で、債権法改正作業の継続を決定しようとしたことになります。

(二)　パブコメ無視の正当化論文

上記の手続きにつき、内田参与は、ご自分の論文で次のように述べています。

「パブコメでは、改正の必要性自体に関しても、疑問を提起するものなど賛否両論の様々な意見が表明されたため、それらの意見を紹介して改めて部会で意見交換を行なった。その結果、債権関係部会としては、改正の必要性を認めて、審議を今後も継続することが再確認された」（内田貴「佳境に入った債権法改正」NBL九六八号（平成二四年）四頁）。この論文では、①賛否両論の意見紹介、②民法部会での意見交換、③審議継続の決定の順になされた、と書かれています。本当に、ここに書かれたような手続きがとられたのであれば、何の問題はありません。

ただ、民法部会の議事録をみていきますと、審議継続が決定された上記の七月の民法部会では、パブコメの「意見を紹介して改めて部会で意見交換を行った」記録はみあたりません。民法部会の委員にパブコメの内容が紹介されたのは、一一月の段階です（民法部会第三五回会議（平成二三年一一月一五日））。そして、この一一月の会議の議事録をみても、内田参与がおっしゃる「改正の必要性」については、事務局からの説明と筒井参事官（当時。現民事法制管理官）からの発言はありましたが、それ以外の委員・幹事からの発言はなく、「部会で意見交換を行った」形跡はみられません。

そのような状況のなかで、議長は、「総論的な課題、取り分け改正の必要性という点につきましては、直ちにこの審議を打ち切るべきであるという意見は、部会の中では表明されていないということで、審議を継続させていただきたいと思います」と総括しました。

事実関係を正確に述べれば、この一一月の会議でパブコメでの総論的な意見が紹介された後、筒井参事官（当時）以外の委員・幹事からは、「総論的な課題、取り分け改正の必要性」については、「審議を打ち切るべきである」との意見も「審議を継続すべきである」との意見も述べられることはなく、ただ、ここでパブコメ意見を紹介する三か月半前にすでに決定されていた、一年半後の平成二五年の二月をめどに『中間試案』の取りまとめを行うという方針を既成事実として、審議が継続されていったというべきだろうと思います。

（三）　官僚による、行政をめぐる事実に反する論文発表は、許されるのか

要するに、パブコメ意見を聞くことなく、一年半後に『中間試案』の取りまとめをすることをあらかじめ決定しておいて、三か月半ほどして、後から付けたり的にパブコメ意見の紹介をしてももはや意味がないので、誰も発言しない。その無意見状態をもって、内田参与は、「意見を紹介して改めて部会で意見交換を行った……結果、債権関係部会とし

ては、改正の必要性を認めて、審議を今後も継続することが再確認された」と書いたのだと思います。

この論文は、要するに、②事実としてはなかった意見交換をあったと書き、また、①賛否両論の意見紹介と③審議継続の決定の先後を逆転させることによって、自分たちの手続きを正当化しているのです。詐欺的商法という言葉がありますが、債権法改正手続きをめぐるこの論文は、詐欺的商法顔負けという評価があってもおかしくないような気がします。

(四)　なぜ、このようなことがなされたのか

(三)までに述べたことは、行政としては、パブコメ意見の無視も、ましてや、その事実を糊塗するために、官僚としての職位をもつ者が、事実に反する論文で、行政が行ってきたことを隠匿することも、あってはならないことだと思います。個人的には、とても異様なことが行われたという気さえするところです。

では、なぜ、このような異様なことがなされたのか。すべての事実を整合的に解釈するには、次のように考えるのがもっとも自然なのではないかと思います。

法務省民事局としては、パブコメ意見がほとんど集まった七月二六日の段階で、このまま行くと、パブコメの結果は総論として債権法改正に反対意見が多数なので、これを委員・幹事にみせるとどういう結果になるかわからない。そこで、法制審・民法部会では、パブコメ結果を委員・幹事にみせることなく、一年半後に『中間試案』をとりまとめることに決めた。そのうえで、このような事実関係を、事実に反する論文で隠匿した。こう考えると、すべての事実が、ジグソーパズルのように埋まるように思われます。

民法という日本社会の基本法の制定がこのような異様な手続きのもとになされていると考えることは、私自身、情けない気がいたしますが、これが真相だろうという気がしてなりません。ただ、前段に述べた内容は「解釈」ですから、質問は、事実関係に焦点をあてたいと思います。

【質問3・A】として、債権法改正事務局にお尋ねします（ご回答は、現在の法務省民事局全体の責任者、あるいはこの

時点で民法部会の開催・審議に関わっておられた内田参与、筒井民事法制管理官のいずれかの方が、「職名　氏名」を明示して、行うようお願い申し上げます）。債権法改正事務局は、パブコメ実施期間中の民法部会において、パブコメ意見を紹介することなく、平成二四年二月を目処に中間試案の取りまとめを行うという方針を決定しました。

第一の質問として、この手続きが、パブコメにおいて述べられた、債権法改正手続きをこれ以上継続することに反対であるという意見――内田参与の言葉を借りるのであれば、「改正の必要性自体に関しても、疑問を提起する」意見――を無視する、という機能をもつことをお認めになりますか。

また、第二の質問として、なぜこのような手続きをおとりになったか、ご説明をお願いします。

【質問3・B】として、内田参与にお尋ねします。

まず第一の質問として、(二) に引用させて頂いた内田参与の論文にある、パブコメでの「改正の必要性自体に関する「賛否両論の様々な意見……を紹介して改めて部会で意見交換を行なった」という事実が、何年何月何日の第何回民法部会で行われたものであるのか、その点をご回答ください。

第二の質問として、その意見交換の「結果、債権関係部会としては、改正の必要性を認めて、審議を今後も継続することが再確認された」とお書きですが、民法部会での審議の継続決定は、平成二三年七月二六日の第三〇回会議においてであり、パブコメ意見の紹介は、平成二三年一一月一五日の第三五回会議においてですが、内田参与は、ご自分がこの先後関係を逆転させて論文を公表なさったことをお認めになりますか。

第三の質問として、私は、内田参与は、事実としてはなかった民法部会での意見交換をあったかのようにお書きになり、また、審議継続の決定とパブコメ意見の紹介の時間的先後関係を逆転させた論文を公表されたと考えておりますが、何故このようなことをなさったのか、お答えください。

【質問3・C】として、法務省民事局全体の責任者にお尋ねします。

第一の質問として、上記のような債権法改正事務局の、①パブコメ無視ともいうべき手続き、また、②事実に反する論文によるその手続きの秘匿、この二点を、現在の債権法改正手続きの責任者としてどのように評価なさるか、お尋ねいたします。

第二の質問として、第一回パブコメにおいて、改正手続き継続についての反対意見が多かったのではないかと私は考えております。

このような疑念が生じるような、①パブコメ無視、②事実に反する論文による行政手続の秘匿、という問題行動が債権法改正事務局によってなされた以上、――債権法改正事務局の手を経ない――パブコメの意見内容の全面的な公表が必要であると考えます。国民に対する適正情報開示のために、今後どのような方策をおとりになるか、お尋ねいたします。

第三の質問として、第一の質問で述べました債権法改正事務局の、①パブコメ無視ともいうべき手続き、また、②事実に反する論文によるその手続きの秘匿等の適正とはいえない手続きがとられている状況のなかで、今後このまま改正手続きを遂行することが正当であるとお考えか否か、お尋ねいたします。

四　債権法改正が、一人二役性を利用して進められてきたことについて（質問4）

民法典を、取引主体の役割による影響を受けない中立的な法典として構成するか、それとも、消費者・事業者等の取引主体の役割によって規範内容が異なる法典として構成するかは、民法という取引きの基本法が市場に与える影響を大きく異ならしめることになります。

このような問題につき、債権法改正事務局は、民法部会の審議の場に次のような資料を提出しています。

「一　総論（消費者・事業者に関する規定の可否等）

従来は、民法には全ての人に区別なく適用されるルールのみを規定すべきであるとの理解もあったが、民法の在り方についてこのような考え方を採る必然性はなく、むしろ、市民社会の構成員が多様化し、『人』という単一概念で把握することが困難になった今日の社会において、民法が私法の一般法として社会を支える役割を適切に果たすためには、『人』概念を分節化し、消費者や事業者に関する規定を民法に設けるべきではないかという指摘がある」(「法制審議会民法(債権関係)部会第二〇回会議〔平成二二年一二月一四日〕部会資料」一頁)。

このような資料をみれば、多くの民法部会の委員たちは、第三者の指摘に民法部会が耳を傾けようとしている、と理解したと思います。しかし、この指摘をあらかじめしたのは内田参与で、法務省が債権法改正の方針を公表し、ご自分が法務省に籍をおいた後に、次のような論文を発表しています。

「伝統的な民法が想定していた『人』の概念が消費者をうまく包摂できないことを正面から認め、民法の中にも消費者という概念を使って消費者のための規定を置こう、という立場」がありうる(内田貴「いまなぜ『債権法改正』か? 下」NBL八七二号〔平成二〇年〕七五頁)。

また、この論文の翌年、内田参与が事務局長を務められ、現在の民法部会の部会長をなさっておられる鎌田薫教授(現・早稲田大学総長)が委員長を務められた「民法(債権法)改正検討委員会」が公表した『債権法改正の基本方針』は、改正提案として、改正民法典のなかに「消費者・事業者の定義規定を一対をなすものとして置くものとする」、「消費者契約法から私法実体規定を削除」したうえで民法典に取り込み、「消費者契約法を消費者団体訴訟を中心とする法律として再編する」という内容が含まれていました(『債権法改正の基本方針』〔平成二一年〕一八頁、二三頁)。

付言しますと、この民法(債権法)改正検討委員会が発足した直後、筒井参事官(当時。現民事法制管理官)は、この委員会が策定する試案――それは、最終的に『債権法改正の基本方針』として公表されました――が、「法制審議会の調査審議のたたき台になりうるような試案」となることを期待する旨を公表しています(筒井健夫「民法(財産法)関係の動向」NBL八四八号〔平成一九年〕三二頁)。

なお、内田参与は、別の論稿では、このような二つの顔の使い分けを正当化するように、次のようにいっています。

「私は現在、法務省に所属していますが、参与という身分で、担当者の求めに応じて学問的見地から自由に意見を述べる立場にあります。本書もながねん大学教授として民法を研究してきた私個人の考えを自由に述べたものであり、法務省の見解とはかかわりがないことをお断りしておきたいと思います」（内田貴『民法改正――契約のルールが百年ぶりに変わる』〔ちくま書房、平成二三年〕二一九頁）。

このように、内田参与は、法務省所属の官僚と研究者という二つの顔をもって、それを使い分けながら、法制審議会の場では、自分自身の見解であることを秘匿しながら議論を誘導していることになります。

近時、スイスの製薬会社のノバルティスの日本法人の社員が、東大病院等が発表した臨床研究の「実施計画書」や患者への説明文書を作成しながら、東大病院は、「医師主導臨床研究」として、製薬会社とは無関係の研究であると発表していました。このことは、大きな社会的な批判を浴びましたが、民法部会の第二〇回会議の部会資料は、上記のノバルティスの日本法人の事件における東大病院の発表の仕方と同質のものだと思われてなりません。

それはともかく、民法（債権法）改正検討委員会が発足した直後に、筒井参事官（当時。現民事法制管理官）が「同委員会が法制審議会の……審議のたたき台になりうるような試案」を作成することを期待していたところ、その試案が、消費者契約法の実体規定を民法典に取り込み、消費者契約法を消費者団体法中心の規定に再編することを提案したことになります。

また他方で、法務省在籍の内田参与が、〝研究者として〟民法に消費者のための規定をおこうという論文を公表する。そのうえで、債権法改正事務局は、民法部会の資料で、内田参与の意見をあたかも外部研究者の意見であるかのようにして紹介しているのです。

私には、すべてが、現在は消費者庁が実質的に所管している消費者契約法の実体規定を、法務省が所管している民法にとりこむために作られた、実に巧妙なドラマのような気がします。官庁の権限争いという言葉がありますが、法務省民事局は、民法（債権法）改正検討委員会を利用して、消費者庁の消費者契約をめぐる権限を自分たちに奪回しようとしたのではないかと思われます（民法（債権法）改正検討委員会では、法務省関係者が中心となって改正試案の原案を作成しましたが、筒井参事官（当時。現民事法制管理官）はこの委員会のことを「学界有志による自発的な研究組織」、「民間の有志の団体」と呼び、内田参与も似た発言をしています）。

上記のような民法部会の審議をへて、第一回のパブコメが行われた平成二三年六月の段階では、消費者契約法の民法への取り込みが依然模索されていました。ただ、そのパブコメと時期を同じくして、今回の債権法改正は、事実上消費者庁の権限となっている消費者契約法を民法に取り込み、法務省の権限拡大を隠れた目的として行われていることを私は指摘しました（加藤雅信『民法（債権法）改正――民法典はどこにいくのか』〔日本評論社、平成二三年〕一六五頁以下）。それ以後、この問題についての債権法改正事務局の姿勢は、かなり弱いものとなっていると思います（ただ、個人的には、民法（債権法）改正検討委員会のメンバーになることを誘われてから何年も、――なにかおかしい、なにかおかしい、とは思いながらも――このような背後の筋書きに気がつかなかったことを、国民に対して申し訳なく思っており、我が身の不明を恥じております）。

【質問4・A】として、法務省民事局全体の責任者にお尋ねします。

第一の質問として、上記のような、同一人物の法務官僚と研究者の一人二役性を利用して、債権法改正が進められてきたという事実があったことをどのように思われますか。

第二の質問として、このような手続きのうえに進められてきた債権法改正を、今後、このまま継続していくおつもりですか。

【質問4・B】として、やはり、法務省民事局全体の責任者にお尋ねします。

筒井参事官（当時。現民事法制管理官）が、民法（債権法）改正検討委員会が法制審議会の審議のたたき台となるような試案を作ることを「期待」なさった平成一九年から始まり、平成二一年に法務省関係者が準備会メンバーとして参加しつつその原案が作成された『債権法改正の基本方針』が消費者契約法の民法への取り込みを提案し、平成二二年に内田参与が執筆した論文を外部研究者の意見であるような印象を与える民法部会資料を作成し、平成二三年のパブコメにいたる、数年がかりの用意周到な準備のうえに進められた消費者法をめぐる今回の債権法改正の手続きが、公正であると評価なさっておられますか。

五　規制改革会議のヒアリングにおける、事実に反する回答について（質問5）

筒井参事官（当時。現民事法制管理官）は、平成二〇年一〇月三日の規制改革会議のヒアリングのさい、民法（債権法）改正検討委員会の議論の内容について尋ねられると、「私は情報収集のために参加している一メンバーに過ぎません」と述べて情報開示を拒絶したことが議事録にでています。しかし、筒井参事官（当時）は、民法（債権法）改正検討委員会の発起人の一人ですし、その委員会で改正原案を作る準備会のすべての委員を務められた方で、内田参与と筒井参事官（当時）だけが全体を見通せる、中心人物中の中心人物でした。それがなぜ、「私は情報収集のために参加している一メンバーに過ぎません」という、事実ではない発言をなさったのか。

しかもこの調査は、規制改革会議令という政令（平成一九年政令第一四号）五条一項の、規制改革「会議は、その所掌事務を遂行するため必要があると認めるときは、関係行政機関の長に対し、資料の提出、意見の陳述、説明その他必要な協力を求めることができる」にもとづく公的な調査として行われたものです（なお、同政令はその後改正され、現在は「規制改革会議令（平成二五年政令第七号）」が施行されており、その第五条は、本文紹介の規定と同一の規定を置いている）。

さきほど【質問1】を伺いましたさいに「催眠商法」に似ていると申し上げましたが、問題はそれだけではないように思われます。消費者契約法をめぐる概念として、「不実告知」という言葉がございますが、これは、俗に詐欺的商法といわれることもございます。私には、筒井参事官（当時）は、規制改革会議のヒアリングの場で、「不実告知」をなさったように思われます。もっとも、債権法改正事務局による「不実告知」としましては、【質問2】では、民法部会委員に対する「不実告知」が、【質問3】では、国民に対する「不実告知」が、【質問4】では、民法部会委員と国民双方に対する「不実告知」が問題となるとみることも可能かもしれませんので、筒井民事法制管理官に伺うべきか、法務省民事局の債権法改正事務局関係者一般に伺うべきか、迷うところはございますが、この【質問5】は、参事官時代の発言として筒井民事法制管理官だけに関係いたしますので、お一人に伺うことをお許し下さい。

【質問5】として、筒井民事法制管理官にお尋ねします。

筒井民事法制管理官に伺いたいのは、規制改革会議のヒアリングのような公的な調査で、事実とはいえない発言をなさったのはなぜかということです。

六　規制改革会議からの「質問」に対する、法務省の「回答書」の正確性について（質問6）

以上に述べた五つの質問は、平成二六（二〇一四）年七月二三日の規制改革会議のヒアリングにさいし、筆者があらかじめ内閣府に送付し、内閣府から法務省に再送付された、【資料2―2】の【法務省に対するご質問：債権法改正立法手続きの問題性について】に記載されたものと同一である。

これに対し、この質問6は、ヒアリングの後に、規制改革会議の創業・IT等ワーキング・グループの座長の安念潤司教授名で「法務省　担当官」宛てに送付された質問に対する法務省の回答書に対する質問であり、規制改革会議の七月二三日のヒアリング資料には含まれていないものである。

［本書第五章］に掲載した論文には、次の事実および私の質問を紹介した。

法務省民事局参与は、平成一九年一〇月一日付けで採用された旨が、当時の官報に報じられている。それは、任期付職員法にもとづく採用であったので、任期は五年以内で（任期付職員法四条一項）、更新によっても五年を超えることはできないはずであった（同法五条一項）。しかし、事実としては、この参与の在職期間は六年一〇か月なので、任期付職員法違反か、あるいは同法の脱法が問題になるのではないか。

これに対し、回答者名不明の回答書には、同人は、任期満了退職後、「再度公募に付し、選考を経た上で新たに平成二四年一〇月一日付けで採用されたものであることから、法令上の問題はない」と記載されている。

しかし、債権法改正をめぐる法務省民事局参与のポストにつき「公募」があったとの事実を私は耳にしたことはないし、債権法改正に関心を寄せている知人たちも耳にしたことがないという。法務省民事局のインサイダーはともかく、債権法改正の問題に関心をもつ外部者が知る機会がない人事採用手続が行われたのならば、それは、通常「公募」とは呼ばれないであろう。個人的には、この再任用は、法務省の内部の密室で行われた「更新」手続きだったのではないかという疑念を拭うことができない。

そこで、法務省民事局に在籍していると思われるこの匿名の回答者に、かりに公募であるならば、①いつ、②どこで、③いかなる周知手続によって、この再任用手続が実施されたのかを質問したいと考える。

私個人は、任期付職員法が五年間に限定している任期付職員を六年一〇か月間雇用したのは、任期付職員法違反ないしその脱法行為であると考えているが、その点は、[本書八一頁以下、九一頁以下]に譲り、ここでは他官庁からの質問に対する回答書に記載された「公募」の有無にかぎって質問することとする。

＊本章初出原稿「法務省への質問状：債権法改正立法手続きの問題性について」消費者法ニュース一〇二号（平成二七年）一六一頁以下。

第五章　「我は法の上に在り」
――適法性の観点からみた債権法改正

一　法務省の行動の『法令違反』該当性についての質問書

はじめに

平成二六年七月二三日、現在進行中の民法（債権法）改正の行方に懸念をもたれた当時の内閣府の稲田朋美大臣の肝いりで、法務省の担当官の筒井健夫民事法制管理官と私とが同席し、同時にヒアリングを受ける機会が、規制改革会議の場で設けられた。座長は安念潤司教授であった。

そのさい、ヒアリング資料をいくつか提出したが、そのなかに「法務省に対するご質問：債権法改正立法手続きの問題性について」［本書第四章収録論稿］と題するものも含まれていた。これを含む、会議資料、議事概要については内閣府・規制改革会議のホームページにアップされているので(1)、それをご覧いただければと思う。

ただ、ヒアリングのさいに、債権法改正手続において、法務省が行ってきたいくつかの「『法令違反』該当性」について法務省側に質問を開始したところ、安念座長より、その点については文書にまとめて座長に対する申立書として提出するように、との発言があり、法務省に対する「民法（債権法）改正にあたっての法務省の複数の行為の『法令違反』該当性について」と題する質問書を、安念座長に提出した。この質問書は、――若干、簡略にしたうえで――「規制改革会議　創業・IT等ワーキング・グループ　座長　安念潤司」の名において法務省に送られた。

この質問書と法務省の回答を紹介するのが本稿の目的である。なお、筆者名で公表するこの論稿に他の方が作成した質問書を掲載することには問題があるので、本稿では、筆者が作成した質問書をそのまま紹介することとしよう（なお、安念座長名で送付された質問書には、本稿に記載されている関連法規や法務省が当然知悉している事項は記載されておらず、細分化された質問がまとめられていることをお断りしておきたい)。

＊＊＊＊＊＊＊＊＊＊＊＊＊＊＊＊＊＊＊＊＊＊＊＊＊＊＊＊＊＊＊

【法務省に対するご質問：民法（債権法）改正にあたっての法務省の複数の行為の『法令違反』該当性について】

はじめに：このご質問をさせていただく背景事情

平成二六年七月二三日の「規制改革会議　第二七回創業・ＩＴ等ワーキング・グループ・ヒアリング」にさいしましては、「資料２−２・法務省に対するご質問：債権法改正立法手続きの問題性について」を提出させていただきました。その姉妹編となりますが、「法務省に対するご質問、その２：民法（債権法）改正にあたっての法務省の複数の行為の『法令違反』該当性について」と題する質問書をお送り申し上げます。

経済社会の構造改革を進める上で必要な規制改革を進めるために規制改革会議が存在しておりますが、規制をいくら改革しても、その改革した法が守られなければ、すべては画餅に帰します。法は、守られなければ意味を失うものですが、以上の観点から、平成二六年七月二三日のヒアリングで問題にしましたような「自由市場（「合意による契約」）を破壊する債権法改正」となってしまうような内容の債権法改正が進行してきたのは、背後に、法務省関係者がしてきた複数の法令違反該当性が問題となる行為が存在していたためではないかと考えております。

このような観点から、以下の四つの問題について質問をさせていただきたいと思っております。

なお、この質問書がどのように取り扱われることになるのか、また、かりに法務省に届けられるようになるにしても、このままの形のものか否か、私には分かりません。ただ、かりに、このままの形で届けられることがあるようでしたら、「資料２−２」の一頁［本書六二頁］に記しましたのと同様に、質問ごと、また小問ごとに分節的にご回答いただくようお願い申し上げます。

【質問1】　法務省は、任期付職員法の違法任用ないし脱法任用によって、債権法改正を遂行してきたのか否か

官報をみますと、以下の内容が掲載されております。

> 官報：平成一九年一〇月九日八頁
> 内田貴氏・平成一九年一〇月一日付けで法務省民事局参事官に採用
> 任期は一年半（平成二一年三月三一日まで）

上記記事が報じる任用された方は、一般に「法務省参与」と呼ばれておりますので、以下、この質問書では、法務省参与と呼ばせていただきます。

上記の時期に任用された法務省参与は、規制改革会議でのヒアリングが行われた平成二六年七月二三日には、上記の職に常勤職員として勤務しておられたと伺っております。そして、来月の八月から、常勤職員ではなく、他に職を有する非常勤職員に転じるとも聞いております。

私は、かねてよりこの任用が、任期付職員法（「一般職の任期付職員の採用及び給与の特例に関する法律」）に反する違法任用ないし脱法任用なのではないかとの懸念を抱いておりました。ただ、このことを問題にするのは、法務省の違法行為ないし脱法行為を問題にすると同時に、現実に職をもっている方をやめさせるべきであるということを含意しておりましたので、これまで公に問題とすることを控えておりました。しかし、このたび、この方が法務省外で職を得られるように伺っており[2]、特定人の職を奪うということを気にせずに、法務省の違法行為ないし脱法行為の可能性のみを問題にできるようになりましたので、質問させていただきます。

まず、関係する任期付職員法の条文をあげておきます。

> **【任期付職員法**（「一般職の任期付職員の採用及び給与の特例に関する法律」）**】**
> **（任期を定めた採用）**

三条　任命権者は、高度の専門的な知識経験又は優れた識見を有する者をその者が有する当該高度の専門的な知識経験又は優れた識見を一定の期間活用して遂行することが特に必要とされる業務に従事させる場合には、人事院の承認を得て、選考により、任期を定めて職員を採用することができる。

2　任命権者は、前項の規定によるほか、専門的な知識経験を有する者を当該専門的な知識経験が必要とされる業務に従事させる場合において、次の各号に掲げる場合のいずれかに該当するときであって、当該者を当該業務に期間を限って従事させることが公務の能率的運営を確保するために必要であるときは、人事院の承認を得て、選考により、任期を定めて職員を採用することができる。

一　当該専門的な知識経験を有する職員の育成に相当の期間を要するため、当該専門的な知識経験が必要とされる業務に従事させることが適任と認められる職員を部内で確保することが一定の期間困難である場合

二　当該専門的な知識経験が急速に進歩する技術に係るものであることその他当該専門的な知識経験の性質上、当該専門的な知識経験が必要とされる業務に当該者が有する当該専門的な知識経験を有効に活用することができる期間が一定の期間に限られる場合

三　前二号に掲げる場合に準ずる場合として人事院規則で定める場合

（任期）

四条　前条各項の規定により採用される職員の**任期は、五年**を超えない範囲内で任命権者が定める。

2　任命権者は、前項の規定により任期を定めて職員を採用する場合には、当該職員にその任期を明示しなければならない。

五条　任命権者は、第三条各項の規定により任期を定めて採用された職員（以下「任期付職員」という。）の**任期が五年に満たない場合にあっては、人事院の承認を得て、採用した日から五年を超えない範囲内において、その任期**

を更新することができる。

２　前条第二項の規定は、前項の規定により任期を更新する場合について準用する。

さきに紹介した官報は、「任期は一年半」となっておりますので、この法務省参与の方の任用は、任期付職員法三条によるものと思われます。

ただ、この官報に記載された平成一九年一〇月一日の任用から、本質問書をしたためておりますヒアリングの翌日の平成二六年七月二四日まで、六年一〇か月近い歳月がたっております。しかしながら、**任期付職員法四条一項では任期は五年以内とされており、同法五条一項で、更新しても採用から五年以内**とされていますので、この任用は、任期付職員法四条一項の「職員の任期は、五年を超えない範囲内で任命権者が定め」、同法五条一項の「五年を超えない範囲内において、その任期を更新することができる」と規定した、法律違反の違法任用なのではないか、ということが問題となります。

かりに、「更新」手続きをとらずに、再任用手続をとっただけだとおっしゃるのであれば、それは任期付職員法の脱法的な任用だと私には思われてなりません。

そこで、具体的な質問に移らせていただきます。

【質問１・Ａ】として、法務省民事局全体の責任者ないしこの法務省参与の任命についての実質的な責任者の地位にある方に伺います。平成一九年一〇月一日付の任用から、本日（平成二六年七月二四日）にいたるまで、この法務省参与の方をめぐる雇用についての辞令の内容を——①「更新」か、それとも「再任用」かを示し（別の用語でしたら、その具体的用語をお示しください）、また、②その任用の開始日から任期の末日を示したかたちで——具体的に教えてください。

【質問１・Ｂ】として、法務省民事局全体の責任者ないしこの法務省参与の任命についての実質的な責任者の地位にある方に伺います。この法務省参与の平成一九年一〇月一日から平成二六年七月にいたるまでの六年一〇か月にわたる勤務期間は、任期付職員法四条、五条の定めた、最長五年の任期に違反する、①違法任用なのか、②それとも、更新手続きではない再任用手続なので、違法任用ではない、と考えておられるのかを伺わせてください。

【質問1・C】として、法務省民事局全体の責任者ないしこの法務省参与の任命についての実質的な責任者の地位にある方に伺います。かりに、**【質問1・B】**において違法任用ではないとお考えの場合には、六年一〇か月のあいだ勤めることは、最長五年と規定した任期付職員法四条、五条の規定の脱法任用となるのではないかと私には思われます。この点、脱法任用とお考えか否かを伺いたいと思います。

【質問1・D】として、法務省民事局全体の責任者ないしこの法務省参与の任命についての実質的な責任者の地位にある方に伺います。かりに、**【質問1・C】**において脱法任用ではないとお考えの場合には、なぜ最長五年と規定した任期付職員法四条、五条の規定があるのに、六年一〇か月のあいだ勤めることが脱法とならないのか、その理由を伺いたいと思います。

【質問2】　法務省関係者は、国家公務員法に違反する大規模な職務専念義務違反の活動を行ったのか否か

【質問2】は、国家公務員法違反がらみの問題ですので、まず、関係する国家公務員法の条文をあげておきます。

【国家公務員法】

（服務の根本基準）

九六条一項：「すべて職員は、国民全体の奉仕者として、公共の利益のために勤務し、且つ、職務の遂行に当つては、全力を挙げてこれに専念しなければならない。」

（職務に専念する義務）

一〇一条一項：「職員は、法律又は命令の定める場合を除いては、その勤務時間及び職務上の注意力のすべてをそのの職務遂行のために用い、政府がなすべき責を有する職務にのみ従事しなければならない」

【質問2】は、国家公務員法違反がらみの問題ですが、現在の民事法制管理官（執筆当時、法務省参事官）は、社会に対し法務省民事局が債権法改正のための作業に着手したことを公表なさった平成一五年一月のNBLの論稿で、民法（債権法）改正検討委員会のことを「学者有志による自発的な研究組織」と述べておられます。さらに、平成一九年四月の規制改革会議のヒアリングのさいにも、この委員会を「民間有志の団体」であるとおっしゃっています（ヒアリング配布資料2―3・七頁）（以下、現在の民事法制管理官を、この質問書では、必要がある場合には、問題としている時期の肩書きにあわせ「法務省参事官」と呼ぶこともあることをお断りいたします）。ただ、民法（債権法）改正検討委員会設立にさいしては法務省参与も法務省参事官も発起人でしたし、その後もお二人は、そこでの委員になられて、改正試案の原案作成を任務とする五つの準備会すべての委員を務めておられます。また、お二人以外にも法務官僚で委員を務められた方がおられますし、民法（債権法）改正検討委員会の規約には、「法務省民事局の局付」が「準備会幹事」として準備会に参加することが認められていました（ヒアリング配布資料2―3・六頁）。

　このような、法務省民事局の組織的関与が前提とされている組織を、なぜ、法務省参事官は、「民間有志の団体」とおっしゃるのか。規制改革会議のヒアリングにさいし、法務省参事官たちが「仕事の一部」として、給与をもらいながら民法（債権法）改正検討委員会に参加していることを認めておられることが議事録にでています。

　国家公務員法九六条一項は、「すべて職員は、国民全体の奉仕者として、公共の利益のために勤務し……なければならない」と規定しており、同法一〇一条一項は「職員は、法律又は命令の定める場合を除いては、その勤務時間及び職務上の注意力のすべてをその職務遂行のために用い、政府がなすべき責を有する職務にのみ従事しなければならない」と規定しています。

　また、法務省参与の言葉によりますと、民法（債権法）改正検討委員会の会議開催時間は「全部で一三〇〇時間をはるかに超える長さ」とのことです（『債権法改正の基本方針』別冊NBL一二六号四二三頁）。

もし、法務省参事官がおっしゃったように、この委員会が「学者有志による自発的な研究組織」ないし「民間有志の団体」であるならば、「民法（債権法）改正検討委員会規程　3」に規定されている、その私的な「民間有志の団体」の改正試案の「原案作成等を任務とする」準備会に参加なさった法務省参与、法務省参事官、あるいは法務省民事局の局付き等の方々は、「政府がなすべき責を有する職務にのみ従事しなければならない」という国家公務員法一〇一条一項の規定に違反して大規模な職務専念義務違反の活動を行ったのか否かが問題となると思われてならないのです。

【質問2・A】として、現在の民事法制管理官に伺います。伺いたいのは、この点をめぐる次の解釈のいずれであるとお考えなのか、ということです。

①　第一の解釈は、当時の法務省参事官を含む法務省関係者は、国家公務員法一〇一条一項の職務専念義務に違反して、民法（債権法）改正検討委員会の活動に参加していた、というものです。

②　第二の解釈は、民法（債権法）改正検討委員会は、実は、「政府がなすべき責を有する職務」を遂行する団体であり、国家公務員法違反の問題は生じない、というものです。

【質問2・B】として、民事法制管理官に伺います（ただ、**【質問2・A】**において①のご回答をなさった場合には、この**【質問2・B】**の質問につきましては、お答えいただかなくて結構です）。

②のような解釈をとった場合には、当時参事官でいらっしゃった民事法制管理官がこれまで「学者有志による自発的な研究組織」と論文でお書きになったり、「民間有志の団体」とヒアリングで発言なさったりしてこられたことは、「事実に反する虚構」であったということになります。しかも、「民間有志の団体」という事実に反する説明をなさったのは、政令（平成一九年政令第一四号。その後改正され、現在は、平成二五年政令第七号）の規制改革会議令五条一項にもとづく、規制改革「会議は、その所掌事務を遂行するため必要があると認めるときは、関係行政機関の長に対し、資料の提出、意見の陳述、説明その他必要な協力を求めることができる」にもとづく公的な調査の場においてということになりかねません。

民事法制管理官は、規制改革会議のヒアリングの場で説明をしたこと、また、論文で執筆したことが、事実に反している、いわば虚偽のものである、ということをお認めになるのでしょうか。

【質問3】　法務省は、平成一一年閣議決定に違反して、民法部会委員を任命したのか否か

【質問3】は、閣議決定違反がらみの問題です。

関係する閣議決定と、第一回の法制審議会民法（債権関係）部会のさいに公表されました名簿の一部をあげておきます。

【平成一一年閣議決定「審議会等の整理合理化に関する基本的計画」】
「別紙2　審議会等の組織に関する指針」
委員等の資格要件：「国の行政機関職員……等は、当該審議会等の不可欠の構成要件である場合を除き委員等としないものとする」とされている。
これは、「審議会の下部機関」としての「部会」にも適用される旨が明記されている。

法制審議会民法（債権関係）部会委員等名簿
（法制審議会民法（債権関係）部会第一回会議（平成二一年一一月二四日）配布）
委員
法務省経済関係民刑基本法整備推進本部参与　内田　貴
法務省大臣官房審議官　團藤　丈士
法務省民事局長　原　優

（なお、筒井健夫法務省民事局参事官、他の二名の法務省関係者が幹事に任命された）。

【質問3】は、法務省民事局全体の責任者ないし任命につきましての実質的な責任者の地位にある方に伺います。この質問は、法律違反ではなくて、閣議決定違反がらみの問題です。平成一一年に、「審議会等の整理合理化に関する基本的計画」という閣議決定がなされまして、その「別紙2」の「審議会等の組織に関する指針」には、委員等の資格要件が規定されており、「国の行政機関職員……等は、当該審議会等の不可欠の構成要件である場合を除き委員等としないものとする」とされています。これは、「審議会の下部機関」としての「部会」にも適用される旨が明記されています。しかし、「法制審議会民法（債権関係）部会委員等名簿」をみますと、当初から、法務省参与のほか、法務省民事局長、法務省大臣官房審議官等の法務省職員が民法部会の委員に任命されていました（なお、現在の民事法制管理官〔その当時法務省参事官〕と二名の法務省関係者、総計三名が「幹事」として加わっておられました）。

伺いたいのは、上記の三人の方が民法部会委員に任命されているのは、平成一一年閣議決定違反になることをお認めになりますか、ということです。かりに、この閣議決定違反にはならないとお考えでしたら、その理由を教えて下さい。

【なお、ご参考のために、この問題についての私の法務省に対する平成二二年六月四日の電話照会に対する回答、およびその後の同年六月一〇日の法務省に対する質問状とそれに対する七月六日付けの回答書の内容――〔『民法（債権法）改正――民法典はどこに行くのか』二六八頁以下〕――を最後に付しておきます。(3)】

【質問4】　債権法改正手続きの適法性について

最後に、**【質問4】**として、法務省民事局全体の責任者に、債権法改正手続きの適法性について伺います。以上の三点、第一に、任期付職員法に反する違法任用ないし脱法任用があったのではないかという疑念、第二に、公務員法違反該当性の疑念、第三に、平成一一年閣議決定違反の審議会委員の任命なのではないかという疑念、残念ながら、今回の債権法改正には法令違反の影がつきまとっていることは否定できないという気がします。

法務省は、任期付職員法の五年間という制限を脱法するような形態で法務省参与を雇用し、さらに、平成一一年の閣議決定に違反して、同人を民法部会の委員に任命し、債権法改正の中心的な役割を果たさせている、ここに、法に違反してても、閣議決定に違反しても、法務省がなりふり構わず債権法改正を進めてきたことを象徴するような図式が現れているとさえ思えてしまうのです。また、自分たちが多大な時間を割いて改正提案の原案を作る「民法（債権法）改正検討委員会」に、消費者庁が事実上所轄している消費者契約法の規定を民法に移すことを提案させて、それを「学者有志による自発的な研究組織」による提案であるとカモフラージュしようとするから、国家公務員法違反が生じたのではないかという疑念も生じてしまうと思われます。

法務省民事局には裁判官ご出身の方が多いと伺っておりますが、このような法令違反なのではないかという疑念が提起されるような手続きを重ねながら債権法改正を進めてこられたことに対し、法務省民事局としてどのように考えていらっしゃるか、また、このような適法性に疑念がもたれる手続きのうえに進められてきた債権法改正を、今後、このまま進めてよいと考えておられるのか否かにつき、法務省民事局の考え方をお聞かせください。

＊＊＊＊＊＊＊＊＊＊＊＊＊＊＊＊＊＊＊＊＊＊＊＊＊＊＊＊

二　法務省の回答

一の最初に書いたように、上記の質問書をやや簡略にした質問書が規制改革会議から法務省に送られた。これに対して、法務省は、——回答者、回答部局を明記することなく、したがって、回答責任者ないし回答責任部局不明のまま——以下の回答書を送付してきた（なお、一の質問小番号と回答書の回答小番号等が食い違っているのは、規制改革会議の編集作業が介在したためで、別段、問題がないことを付言しておきたい）。

＊＊＊＊＊＊＊＊＊＊＊＊＊＊＊＊＊＊＊＊＊＊＊＊＊＊＊＊＊＊＊＊＊＊＊＊＊＊

問1－1　当人の任用状況は以下のとおりである。

平成一九年一〇月一日　任期付採用

平成二四年九月三〇日　任期満了により退職

平成二四年一〇月一日　任期付採用

平成二六年七月三一日　任期満了により退職

問1－2　問1－1の回答で示したとおり、当人は平成一九年一〇月一日付け及び平成二四年一〇月一日付けで任期付職員法に基づき任期付職員として採用されたものである。平成二四年九月三〇日付けで任期満了により退職しているが、再度公募に付し、選考を経た上で新たに平成二四年一〇月一日付けで採用されたものであることから、法令上の問題はない。

なお、任期満了により退職した者に引き続いて新たに任期付職員を採用するに当たり、正規の選考を経た結果として新たに任期付採用することとなった者と任期満了により退職した者とが同一人物となることについては、人事院から制度上の問題はないとの見解を得ている。

問2　法務省民事局では、平成一八年以降、債権法改正のための準備的な検討作業を進めていた。民法（債権法）改正検討委員会における検討内容を聴取等することは、当該検討作業を進める上で有益なものである。そこで、法務省民事局の担当者は、当該検討作業を進めるに当たり、情報収集を目的として、当該委員会に参加していたものである。このように法務省民事局の担当者はその職務の一環として当該委員会に参加していたから、法務省民事局の担当者が当該委員会に参加していたことは、国家公務員法第九六条第一項及び第一〇一条第一項に抵触するものではない。

問3　法制審議会民法（債権関係）部会の委員のうち、法務省職員については、属人的な専門的知識及び経験に着目して委員とされているものと認識している。平成一一年四月二七日の閣議決定では、審議会等の委員については、原則として民間有識者から選ぶものとされているが、当該決定においては、国の行政機関職員である者を、属人的な専門的知識及び経験に着目して委員等とすることは排除しないとされている。そこで、法務省職員が法制審議会民法（債権関係）部会の委員とされていることは、当該決定に抵触するものではない。

問4　民法（債権関係）に関し、御指摘のような問題はなく、改正の議論が適法にされていないとはいえないと認識している。

＊＊＊＊＊＊＊＊＊＊＊＊＊＊＊＊＊＊＊＊＊＊＊＊＊＊＊＊＊

三　回答書の検討

以上のような法務省の回答に対し、最初の質問書を作成した者として若干の検討を加えたいと考える。

【質問1】　任期付職員の任用について

「公募」の有無の検討

まず、回答書は、最初の任用から五年後の時点で、「公募」をへて再度採用した、と述べている。しかし、私が、法制審議会・民法部会委員を含む周辺の者に聞いたかぎり、「公募」があったことを知っているという回答をした者はなかった。民法部会委員を含め、債権法改正に関心をもっている人間の多くが知らない人事採用手続きを「公募」とはたしていえるのか、大きな疑問があり、むしろ役所の密室で行われた人事なのではないかという疑念すら浮かぶところである。

さきにも述べたように、内閣府の規制改革会議の場に【法務省に対するご質問：債権法改正立法手続きの問題性について】と題する本稿記載の質問書とは別の質問書を提出し、五点にわたる質問を行った(4)。それは、内閣府の規制改革会議を通じて、ヒアリング前に法務省に送付されたが、回答期限を過ぎた現在、私は回答を受領していない。私としては、この質問書に、六番目の質問として、「いかなる公募手続きを行ったのか」という質問を付加して、法務省に再度の質問を行うことを考えている。〔この付加された六番目の質問は、本書七七頁以下に紹介されている。この付加質問をも加えた再質問状は、本平成二七年三月四日付で法務省民事局長宛に送付された。それから半年が経過した本書校正時の九月三日現在、私は回答を受領していない。〕

なぜ、「官報」記載の任期と、回答書の任期が食い違うのか

前記回答書をみると、平成一九年一〇月一日に「任期付採用」がなされ、その任期が平成二四年九月三〇日に満了したので、当人は「退職」したと読める。

しかしながら、〔本書八一頁〕に紹介したように、平成一九年一〇月九日付けの官報八頁には、採用日は回答書と同一であるが、「任期は一年半（平成二一年三月三一日まで）」と記されている。官報が不正確なのか、回答書が不正確なのか、いずれかであろう。私が調べえたかぎりでは、官報に訂正はでていない。そうであるとすると、回答者不詳のままの、この回答書の内容の正確性を吟味する必要があるようにも思われるところである。

任期付職員法にもとづき五年を超える任用は可能なのか

再度、任期付職員法の条文を吟味してみよう。

同法四条一項は、任期付の「職員の任期は、五年を超えない範囲内で任命権者が定める」と規定し、同法五条は、その「職員……の任期が五年に満たない場合に」は、「採用した日から五年を超えない範囲内において、その任期を更新することができる」と規定している。

これらの条文からは、――官報の任期との食い違いは、とりあえずおくとしても――通算五年が最大任期であると読めると考えるが、当人は、通算六年一〇か月の在任期間をへて退職している。前記回答書は、「正規の選考を経た結果」

同一人物を採用した旨を述べるが、実質的に法務省が行ったであろうこの「正規の選考」は任期付職員法違反の選考なのではあるまいか。回答書は、人事院の見解を根拠にするが、今回の債権法改正をめぐるさまざまな問題は、法務省民事局に起因するものであり、他の官庁にまで騒ぎを波及させることは私の本意ではないので、この点を人事院に照会することはしていない。ただ、法規の解釈の最終権限は人事院を含む行政庁にはなく、司法権に属する。私も司法権を行使する者ではないが、私が行っている弁護士業務の一環として、任期付職員法の解釈についての鑑定を依頼されたとしたら、私が提出する鑑定意見が、任期付職員法は五年を上限とする任期付職員の任期を定めており、再任用手続きを介することによって同一人物を六年一〇か月の期間採用することは同法四条および五条の脱法行為となるのでできない、という内容となることは確言できる。私としても、これを司法上の争いにする意図はないが、今回の債権法改正手続が、少なくとも任期付職員法違反の手続きのうえに進められたという疑念が法律家の一部から提起されていることは、今後、この債権法改正の審議において検討されることを望む次第である。

【質問2】 民法（債権法）**改正検討委員会について**

回答書は、当時の法務省参与や法務省参事官は、「情報収集を目的として、当該委員会に参加していたものである……から、……国家公務員法第九六条第一項及び第一〇一条第一項に抵触するものではない」と述べる。

しかし、ここには事実のすり替えがあると思われる。当時の法務省参与や法務省参事官は、民法（債権法）改正検討委員会が設立されたさい、二〇〇六年一〇月七日付けで作成された「設立趣意書」に発起人として名を連ねたうえで、参与はその「事務局長」に就任し、二名ともその委員会に設置された五つの準備会すべての委員に就任した。一方、この参事官は、この委員会を「学界有志による自発的な研究組織」であると称するが、法務省に在籍しない研究者で、複数の準備会の委員を務めた者はいない状況にあった。そして、法務省参与と法務省参事官が委員となったこの五つの準備会こそが、「改正試案……の原案の作成等を任務とする」と民法（債権法）改正検討委員会規程には定められていたのである。また、この準備会には、法務省民事局の局付等が――準備会の幹事として――参加することもこの規程で認められており、改正試案作成作業の実働部隊も確保されていた。つまり、債権法改正のための最初の原案作りは、この二人を中心とする法務省民事局の組織的関与のもとで——あたかも民間案のような装いをまといつつ——行われたのである。

上記のような状況を前提にして、法務省関係者は「情報収集を目的として、当該委員会に参加していた」ということが許されるのであれば、あらゆる官庁はダミー研究会を民間団体として設立し、国家公務員法その他の法律の規制をかいくぐって実質的な立法原案を［情報公開その他の行政に対する規律を回避できる役所外の場を利用しながら］自分らが作成しておいたうえで、その後に公的な手続きにのせることが可能になるであろう。このようなことが行われれば、行政の透明性は完全に失われることになる。そして、今回の債権法改正は、このような行政の透明性を失わせた手続きのうえで原案作成が行われ、その後に、法制審議会による公的な手続きにのせられたものであった。

この回答書は、事実関係を——法務省の主体的関与から情報収集に——すり替えることによって、法務省参与や法務省参事官の脱法的な活動、ひいては法務省民事局全体の脱法的な手続きを隠蔽しているように思われてならない。［行政の透明性という観点から、問題にせざるをえない立法手続きであった。裁判官出身、研究者出身の法務官僚の遵法精神に大きな疑問をもたざるをえないところである。］

【質問３】　民法部会の委員の任命について

回答書は、平成一一年閣議決定が「国の行政機関職員である者を、属人的な専門的知識及び経験に着目して委員等とすることは排除しない」としていることを理由に、「法務省職員が法制審議会民法（債権関係）部会の委員とされていることは、当該決定に抵触するものではない」と述べる。

平成一一年の閣議決定が、「国の行政機関職員……等は、当該審議会等の不可欠の構成要件である場合を除き委員等としないものとする」とする一方、「属人的な専門的知識及び経験に着目して委員等とすることは排除しない」としていることはそのとおりである。

しかしながら、法制審議会・民法部会の委員の変遷をみると、法務省大臣官房審議官および法務省民事局長の人事異動があるたびに、そのポストの在職者が委員に任命されている。回答書の作成者は、官房審議官や民事局長に任命されると、その者は「属人的な知識及び経験」を帯び、退任するとそれを失う、とでもいうのであろうか。このような委員任命の仕方は、「属人的」とはいわず、「属ポスト的」であって、通常、「充て職任命」といわれるものであろう。まさに、平成一一年の閣議決定が「国の行政機関職員……等は……委員等としないものとする」と規定しているところを、法務省は正面から無視していると、私には思われてならないところである。

【質問4】 債権法改正の進め方について

回答書は、最後に「民法（債権関係）に関し、御指摘のような問題はなく、改正の議論が適法にされていないとはいえないと認識している」と述べる。

しかし、このような「認識」は、前記三つの質問に対し、名前を伏せた回答者が、事実のすり替えや詭弁的回答によって問題を回避した結果到達した、苦し紛れの答弁のように私には思われる。かりに、法務省民事局が、今後もこのような「認識」を結論としたいのであれば、この三に記した私の指摘した問題に正面から答えた後にすることを望む次第である。

四 結語：法務省は、なぜ、このような「『法令違反』該当性」が問題となる行動をとったのか
――若干の感想

以上が質問書と回答の内容であった。この本稿に現れたような法務省のいくつもの「『法令違反』該当性」が問題となる行動をみて、読者諸氏はどのような感想を抱かれるであろうか。私は、本稿を執筆しながら、十数年前、法意識国際比較研究会の仲間たちと、世界二二か国／地域で行った「契約意識調査」の結果を思い出していた。

その調査の結果は多面的なので、全体は、藤本亮教授との共編著の『日本人の契約観』(5)に譲るが、その調査の目的の

一つは、法律家とビジネスマンの契約遵守度の差異を検討することであった。ただ、これは統計分析にもとづく比較調査であって、世界各国で、等質性を確保したかたちでの法律家集団とビジネスマン集団を抽出することは困難なので、その二つの集団に代えて、多くの国で、法学部ないしロースクール学生の集団と、経営・商学部ないしビジネススクールの学生の集団とから標本を採取し、比較を行うことになった。要するに、法律家の卵とビジネスマンの卵の契約遵守意識を対比したのである。われらの調査の結果では、タイを唯一の例外として、調査した世界のほとんどの国では、ビジネスマンの卵の方が、法律家の卵よりも契約をよく守るということになった。それに加えて、日本調査では、法学部生は、法学科目を多数履修するほど、契約を守らなくなるという傾向がみられた。また、経営・商学部生についても、そのなかで法学履修経験があるグループの方が、ないグループよりも契約を守らない、という傾向がみられた(6)。

この結果には、多少驚かされたが、私個人は、このようなデータ解釈として次のように述べたことがある。

「法は紛争解決に用いられるものであり、裁判等で自分に不利な結論を示した当事者も、その結論に従わせる必要がある。そのために、一方で、判決理由等の法律論により理性的な説得を展開するかたわら、他方で、法廷に荘厳な雰囲気を導入し、法服や国によってかつら等を用い、儀式性を高めることによって心理的に納得させる術を用いることは、程度の差はあれ、どこの国にもみられることである。死刑等、自己に厳しい判決の結論は、荘重な手続きにのっとって厳粛にいいわたされたとしても、なかなか納得しにくいものであって、友人のような雰囲気のもとで裁判官から死刑等をいいわたされても、とても心理的に納得しきれないという側面がある。

たとえそれが非合理であろうと、荘重な手続きや儀式性によって裁判や法を物神化していくことは、必要がもたらした人類のある種の『知恵』なのであろう。しかし、この種の術は、法や裁判の内部に精通した者には通用度が低くなる。その結果、法律を学ぶことによって、法や裁判の物神性が薄れ、法や契約の遵守度が、絶対的遵守から費用対効果を考えた相対的なものに移っていく側面があるのではあるまいか。

また、上記のような説得、納得の必要性から、世の中には一般に、法が厳格な存在であり、法的論理が不変であるからこそ、法的結論は融通が利かない反面、信頼できる、とのイメージが存在しているように思われる。しかし、法学教育を受けることによって、この種のイメージは徐々に崩れ、法を学んだ者は法的思考のもつ柔軟性を意識するようになる。また、法に習熟した者にとっては、法は自らの行動を規律する壁であると同時に、法はマニピュレイト、すなわち操作の対象でもあり、この点は契約も同様であろう。この点から、契約の『壁』としての存在の側面のみを意識する他学部生とくらべ、法学部生は契約の遵守意識が低くなるという傾向が示されるものではあるまいか」(7)。

このような一般的傾向がみられるとしたら、今回の債権法の改正を推進している方々は法学部生どころではない。国家試験のなかでも最難関といわれる司法試験に合格し、かつ司法研修所でも優秀な成績をとって裁判官となり、その集団のなかでもまたエリートとして法務官僚になった人たちが、今回の改正を推進しているのである。法をマニピュレイトするどころではない、法を作る立場である。その意識が、――あまりいいたくないことではあるが――〝我は法の上に在り〟という意識を生み、数多くの「『法令違反』該当性」が問題となるような行動を生んでいるのではあるまいか。「国王といえども神と法の下にある」という「法の支配」の思想は、イギリスのものであって、日本の現在の法務省民事局には無縁のものであるとは思いたくないところである。

（1）　創業・IT等ワーキング・グループ第二七回（平成二六年七月二三日）(http://www8.cao.go.jp/kisei-kaikaku/kaigi/meeting/meeting.html)。

（2）　この質問書作成以後の情報となるが、本文記載の方は、現在、東京の大手法律事務所の客員弁護士を務めておられる。

（3）　なお、この質問書に付記したのは、加藤雅信『民法（債権法）改正　民法典はどこに行くのか』（日本評論社、平成二三年）二六六頁から二七一頁にかけて紹介した、**【質問3】**に述べた問題についての著者の法務省に対する「質問状」と、それに対する法務省からの――職名のみで、回答者の名が伏せられていた――回答書のコピーである。

（4）　内閣府の規制改革会議のホームページに掲載されているので、ご参照いただければ幸いである (http://www8.cao.go.jp/kisei-kaikaku/kaigi/meeting/meeting.html)。

（5）　加藤雅信＝藤本亮編著『日本人の契約観――契約を守る心と破る心』（三省堂、平成一七年）。

（6）　注(5)引用『日本人の契約観』一〇二頁以下。

(7)　注(5)引用『日本人の契約観』九九頁以下。

＊本章初出原稿「我は法の上に在り――法務省民事局の債権法改正」消費者法ニュース一〇一号(平成二六年)一八一頁以下。

第六章　自由市場（「合意による契約」）を破壊する債権法改正

一　はじめに——迫りつつある、民法改正法案の国会上程

現在〔——本章の元原稿執筆時〕、民法（債権法）の改正が進行中である（以下、「債権法改正」という）。法務省は、平成二七（二〇一五）年二月頃に法制審議会の答申をすることが可能なように、本平成二六（二〇一四）年七月末までに「要綱仮案」の取りまとめを行うことを公表しており(1)、改正案を平成二七年の通常国会に提出することが予定されている(2)。

二　民法改正法案の慎重な審議・検討は可能か

（一）　不十分な国会審議への懸念——前川・主意書

本年の国会でも、すでに、参議院議員の前川清成氏が、「債権法は……、範囲も広範囲である。加えて国民生活の日常を規律するルールであるために改正の影響も極めて大きく、やがて国会審議においても十分かつ徹底した審議を尽くすべきことは言うまでもない」として、「国会審議の範囲及び国民生活に与える影響を考慮するならば、一括して提出された場合、相当長期間の審議は不可避であり、次期通常国会の会期の大半が費やされてしまい、他の法案審議に与える影響も大きい。それ故に、例えば分野ごとに、何度かに分けて提出することは考慮していないのか」という問題提起をしている(3)。

これは、国会法七四条にもとづく、議員による内閣への質問であったが、これに対する政府の回答は、「お尋ねの『債権法改正を平成二七年の通常国会に一括して提出するか』及び『分野ごとに、何度かに分けて提出することは考慮していないのか』については、現段階ではお答えすることはできない」というものであった(4)。

すでに、このように国会でも問題視されているうえ、後に示すように、今回の改正は、国民の間でも法律家の間でも悪評ふんぷんともいえるような状況にあるので、法務省民事局の思惑どおりにことが運ぶか否かはわからない。ただ、国民の目がもっぱら憲法の問題に向けられている間に、もう一つの基本法である民法の改正の足音が、来年の国会上程予定としてすぐ近くにまで迫ってきているので、今回の改正が社会にどのような意味をもつのか、考えるべき時期が来ているといえるであろう。

(二)　国民に、民法改正の内容を検討する機会はあるか

①　流動的な改正提案の内容

民法改正を考えるべき時期が来ていることは事実ではあるが、改正内容を具体的に検討することは、「現段階では」改正提案内容が流動的であるため、かなり困難である。

かつて、法務省民事局は、平成一八（二〇〇六）年から民法（債権法）の「抜本的見直し」のための基礎的な研究作業に着手したこと、また、「学界有志による自発的な研究組織」である民法（債権法）改正検討委員会が策定する試案――それは、後に『債権法改正の基本方針』として平成二一（二〇〇九）年に公刊された――が「法制審議会の調査審議のたたき台になりうるような試案」となることを期待する旨を公表した(5)。

ところが、その後の改正提案内容を子細にみると、法制審議会・民法（債権関係）部会（以下、「民法部会」という）が上記の『債権法改正の基本方針』公刊の二年後の平成二三（二〇一一）年に公表した『中間的な論点整理』(6)、さらに平成二五（二〇一三）年に公表した『中間試案』(7)と、改正提案内容がどんどん縮小してきている（〔本書一一頁注（1）参

照］)。

そのうえ、現在、民法部会で審議されている「民法（債権関係）の改正に関する要綱案のたたき台」をみると、『中間試案』からさらに改正提案内容が変容、縮小してきているのが実情である。[8]

② 切迫したスケジュールの設定――「由らしむべし、知らしむべからず」のパブリック・コメント

上記のような経緯をみると、法務省民事局は、来年の通常国会に、「改正内容について」国民のパブリック・コメント（以下、「パブコメ」という）をへることのない、民法典の改正法案を提出する予定のようである。日本と時期をほぼ同じくして、韓国でも民法の改正が進行しており、それを担当していた韓国の「民法改正委員会」は、本二〇一四年二月末で解散した。その「民法改正委員会が作った草案（財産法の全体）につき、法務部は、その条文案とその解説を付した冊子を今年中に刊行する予定であ」り、国会提出の方式をめぐって法務部内で議論されている段階なので、実際の「改正までは相当の時間」を要するであろう、といわれている。[9] 韓国の法務部――日本の法務省に相当する――がとっている手続きと、日本の法務省がとろうとしている手続きを比較すると、韓国のほうがよほど民主的である。いつから、日本が民主的でなくなったのか、法務省民事局は、手を胸に当てて考えるべきであるという気がしないでもない。

もちろん、今後、法務省が債権法改正案を公表した後、国民が慎重に考慮するだけの期間を置いたうえで法案の国会提出をすればよいのだが、そうなることはないであろう。前川参議院議員の懸念は、国会の問題であるばかりでなく、国民の問題でもあるように思われる。それは、法務省民事局が行った過去二回のパブコメの経緯が物語っている。

平成二三（二〇一一）年の第一回のパブコメについては、元来は、その年の三月二九日に最後の民法部会を開催し、四月一日から二か月間行うことが予定されていた。その直前の三月一一日に東日本大震災が発生し、被災地ではパブコメの実施どころではない状況に陥ったが、法務省民事局はそれでも四月からパブコメを強行しようとした（しかしこの強行策は、日本弁護士連合会等の反対によって挫折し、結局、六月一日からに延期された）。

平成二五（二〇一三）年の第二回のパブコメは、四月一日から約二か月間行うことが予定されていた。パブコメの対象である『中間試案』は、民法部会では二月末に決定されたが、公表されたのは三月一一日であって、パブコメ開始予

定の二〇日前であった。ところが、三月二七日になって法務省民事局は、「『中間試案の補足説明』の準備作業の遅れのため」という理由で、このパブコメを延期する旨を公表した。[10] そして、この『中間試案の補足説明』は四月一六日に公表されたが、その当日からパブコメが開始された。なお、この日、eガバメントでこそ補足説明を見ることができたものの、法務省のホームページには、正午から何時間かたってもまだ補足説明がアップされていないという泥縄ぶりであった。

これらのパブコメは、第一回も第二回も、パブコメの対象となる案が公表されるや否や、短期間のうちに行うことが予定されていた。第一回にかんしては、この「短期間性」を維持するために、東日本大震災をも顧慮することなく、当初の予定どおりに強行することが企図された。第二回にかんしては、この「短期間性」が法務省民事局自らにはねかえり、公表すべき文書の準備が間に合わず、パブコメを延期することを余儀なくされた。

なぜ、かくも急ぐのか。理由は簡単である。国民に熟慮期間を与えることなく、パブコメを行う必要があるからである。たとえば、第二回のパブコメが当初の予定どおり公表してから二〇日後に行われたとしたら、『中間試案』に対する外部の批判等の印刷は間に合うはずもなく、国民は、法務省民事局側の見解だけを聞いたうえで、パブコメに意見を提出しなければならない。しかも、民法部会でもいろいろとなされたであろう議論は、パブコメの段階では議事録が公表されておらず、国民は、法務省民事局の公式見解以外に参照すべき意見をみることができないという状況におかれたのである。このようにしたのは、国民が熟慮すると、反対意見がでてきて、自分たちの案を通すことができなくなる危険性を法務省民事局が感じとっていたからにほかならない（この問題の詳細は三で述べる）。

これればかりではない。法務省民事局側だけの見解をみても反対が強いことが予想される改正点については、法務省民事局は、〝パブコメ跳ばし〟という手法を採用している。具体的にいうと、『中間的な論点整理』がパブコメに付されたさいには、そこには「規定の配置」という項目が設けられ、「債権総則と契約総則の規定を統合するという考え方の当否」が問われていた。[11] しかしながら、『中間試案』がパブコメに付されたさいには、「規定の配置」については、何も問われることはなかった。しかも、このパブコメの「前注」には、パブコメの対象とする民法の規定があげられており、

「この中間試案では……現時点で改正が検討されている項目のみを取り上げており、特に言及していない規定は維持することが想定されている」と述べられていた[12]。

これをみて、「規定の配置」の変更はなされないことになった、と理解した者も多かったようである。しかしながら、民法部会は、パブコメ対象資料を公表した後の、かつ、パブコメ開始後の会議において、「民法（債権関係）の改正に関する論点の補充的な検討」を行い、「債権総則と契約総則との関係」という大問題につき、「契約に適用される規定をできる限り一体化するという観点から、両者の関係を見直すべきであるとの考え方が示されている」として、債権総則を廃止するという検討を行ったのである[13]。

かりに、この点をパブコメにかけなかったことの問題性を追求されれば、法務省民事局関係者は、「特に言及していない規定は維持する」とは述べているが、言及していない「項目」は維持する、とは述べていないと、逃げを打つつもりなのであろう。反対されそうな問題についてはパブコメ対象外として、国民の意見を聞くことなく自己の考えを押し通そうとする、今回の債権法改正にさいしての法務省民事局の実に姑息な手法がここにもみられるとの感がある。

(三)　パブコメ反対意見の取扱い

第一回のパブコメは、平成二三（二〇一一）年の六月一日から八月一日まで実施された。ところが、そのパブコメ期間のほぼ終わりに近づいた七月二六日に民法部会の第三〇回会議が開催され、一年半後の平成二五（二〇一三）年の二月をめどに、『中間試案』の取りまとめを行うという方針が決定された。この点につき、学者出身の法務省参与は、次のようにいう。

「パブコメでは、改正の必要性自体に関しても、疑問を提起するものなど賛否両論の様々な意見が表明されたため、それらの意見を紹介して改めて部会で意見交換を行なった。その結果、債権関係部会としては、改正の必要性を認めて、審議を今後も継続することが再確認された[14]」。

これを読めば、審理手続そのものには問題がなかったとの印象を受けるであろうが、この論稿に書かれたことは事実ではない。この［民法部会第三〇回会議］の議事録をみても、改正の必要性をめぐって「意見を紹介して改めて部会で意見交換を行なった」記録は存在していない[15]。そして、その後の毎回の会議の議事録をみていくと、パブコメ意見が委員・幹事に対して紹介されたのは、その年の一一月の民法部会であったが、その日には「改正の必要性」をめぐっては事務局からの説明と法務省参事官からの発言があったのみで、それ以外の民法部会の委員・幹事からの発言は何もなかった[16]。

このような状況のもとで、議長は、「総論的な課題、取り分け改正の必要性という点につきましては、直ちにこの審議を打ち切るべきであるという意見は、部会の中では表明されていないということで、審議を継続させていただきたいと思います[17]」と総括した。

以上の審議の客観状況を正確に述べれば、ここでパブコメでの総論的な意見が紹介された後、法務省参事官以外の委員・幹事からは、「総論的な課題、取り分け改正の必要性」については、「審議を打ち切るべきである」との意見も「審議を継続すべきである」との意見も述べられることはなく、ただ、ここでパブコメ意見を紹介する三か月半前にすでに決定されていた、一年半後の平成二五（二〇一三）年の二月をめどに『中間試案』の取りまとめを行うという方針を既成事実として、審議が継続していったというのが事実にそくした見方であろう。

要するに、パブコメ意見を聞くことなく、一年半後に『中間試案』の取りまとめをすることをあらかじめ決定しておいて、三か月半ほどして、後から、「付けたり」的にパブコメ意見の紹介をしてももはや意味がないので、誰も発言しない。法務省参与は、その無意見状態を利用して、「意見を紹介して改めて部会で意見交換を行なった……結果、債権関係部会としては、改正の必要性を認めて、審議を今後も継続することが再確認された」と書いたのであろう。意見紹介と審議継続決定の時間的先後関係を逆転させて記述し、事実としてはなかった「意見交換」をあったかのように書いたこの記述をみると、もはや故意にパブコメの総論的意見を隠ぺいしたとみられても仕方がないと思われる。

この七月二六日はパブコメ期間の終了間際だったので、法務省関係者はこの段階ですでに集まっているパブコメをみることができたはずである。おそらく、そのパブコメ意見をみて、法務省民事局関係者は、このまま行くと、パブコメの結果は総論として債権法改正に反対の意見が多く、これを委員・幹事にみせるとどういう結果になるかわからないので、民法部会では、パブコメ結果を委員・幹事にみせることなく、一年半後に『中間試案』を取りまとめることに決めた、というのが真相ではないかと思われる。要するに、パブコメでの総論的な意見は無視され、法務省参与は事実と異なった論稿によって、パブコメでの総論的意見を無視したという事実を糊塗したのである。

三　法務省民事局は、なぜ、かくも無理をするのか——債権法改正の秘められた目的

(一)　内閣府規制改革会議の疑問と批判

法の改正が始まったら、「なぜ、改正するのか、何を変えるのか」と聞くのは、ごく素朴な、当然の反応である。法務省民事局が債権法改正に着手することを公表してから三か月後に、内閣府規制改革会議は、法務省参事官らを対象としてヒアリングを行った。

規制改革会議のメンバーが「例えば何を変えるんですか」と質問すると、参事官は「想定しているものはございません」と回答する。再び、規制改革会議側が、「では、一体何をやるんですか。抜本的見直しといっても、普通、立法を行うときには理由があってやるわけです。例えばこの条文が現代のこういう課題に対応していないとか、あるいは判例が分かれていて、解決がつきにくいとか、そういうものとして想定しているはずです。今の民法の契約法の規定で、実務に対応できないような具体的な問題が一切ないのであれば、それは法を変えてはいけないということです。あるのだったら、それが何かを想定した上で立法過程の俎上にのせるというのが、立法を担当する行政庁関係者の当然のマナーのはずです。あるいは最低限のモラルといってもいいかもしれない。それをちゃんと聞かせていただきたいんです」と聞く。法務省参事官が「特に、今、例を挙げて説明するように、特定のものについて、ここの部分を直したいからという形で、今回、見直しの作業に着手しようとしたわけではありません」と答える。このようなやり取りが続くと、規制改

革会議側は次のように発言した。「抜本見直しを行うという結論は決めて、これを公文書で公表されているお方が、イメージすら一つも例を挙げられない。これは異常なことでしょう。今、こんなレベルの議論をしていること自体、公的機関相互でそんなことを議論していていいのかというぐらいの由々しき事態です」。「無責任でもあります。政府として見直すんだと言いながら、具体例は一つも申し上げられる段階にないというそんなおかしな話は、どこで通る常識ですか」(18)。

このような強い非難を浴びながらも、法務省参事官は、頑として、改正目的・改正点を明らかにしようとはしなかった。

このヒアリングには続編があった。上記のヒアリングから一年半後に、再度のヒアリングが行われた。そこで、内閣府の規制改革会議は、民法（債権法）改正検討委員会における討議内容を質問した。それに対する法務省参事官の回答は、「民間の有志の団体でどういう議論がされているかを御紹介することには、意味がない」というものであった。規制改革会議側が、法務省の役人が「給与のうちで勤務時間中に……仕事の一部」として、民法（債権法）改正検討委員会に「公的機関として参画される以上は、公的機関としてほかの公的機関や国民に対して説明義務を果たしていただきたい」と述べても、この参事官は、「私は情報収集のために参加している一メンバーに過ぎません」として回答を拒絶した(19)。

ただ、この回答は事実に反する。この参事官は、実際は、「民法（債権法）改正検討委員会設立趣意書」に発起人として名を連ねており、「改正の基本方針（改正試案）（案）とその理由書の原案の作成等を任務とする」(20)五つの準備会のすべてに参画している中心人物中の中心人物であった。規制改革会議側は、「我々は閣議決定に基づいてこれをフォローする責務があるからやっているわけです。説明をしていただくということは、内閣として決めたことです」と述べているが、官庁間での公式のヒアリングにおいて、会の発起人である中心人物が「情報収集のための一メンバーに過ぎ」ないというような「虚」を述べることが許されるのであれば、この種のヒアリングは意味を失うであろう。

（二）　債権法改正の秘められた目的――消費者契約法をめぐる権限争い

①　民法（債権法）改正検討委員会の果たした役割――その「私的」性格の強調

以上に紹介したように、法務省民事局は、今回の債権法改正の目的を頑として明かそうとしなかったが、それは、改正目的に秘匿せざるをえないところがあるためであった。具体的にいえば、今回の改正には官庁間の権限争いがからんでいたのである。

平成一三（二〇〇一）年に消費者契約法が施行された。その段階で、法務省民事局はそれまで有していた契約法についての所管のうちの相当部分を失った。それは現在消費者庁の所管となっている。[21]法務省民事局は、債権法改正を考えるにさいして、この失われた消費者契約法についての所管を取り戻すことを密かに考えたようである。そして、そのための手法は、実に考え抜かれたものであった。

官庁間の権限争いは、一般にきわめて熾烈なもので、正面から消費者契約の権限の回復を法務省が消費者庁に働きかけても、成功する可能性はほとんどないといってもよい。そこで、第三者、それも学者にその提案をしてもらい、それを「法制審議会の調査審議のたたき台」[22]にすることを考えた。しかし、そのような都合のよい意見を述べる個人はみつけられても、それを学界の意見にするのは困難である。そこで、法務省民事局は、大学に在籍している学者を法務省参与に招聘し、その者を中心とした学者集団からこの種の提言をしてもらうことを考えたようである。

ただ、学者集団の意見が最終的にどのようなものとなるかは予測しがたい。そこで、法務省民事局は、前述したように、民法（債権法）改正検討委員会を立ち上げるとともに、その改正原案を作成する「準備会」を法務省の影響下に置くことを考えたものと思われる。民法（債権法）改正検討委員会には、五つの準備会が置かれ、そのすべてに学界から移籍した法務省参与と、内閣府規制改革会議のヒアリングを受けた法務省参事官が参加することとした。それぞれの準備会は五名構成で、他の三名は学者であったが、複数の準備会に参加した学者はいなかった。改正案策定段階で、全体を見渡すことができるのは、法務省参与と法務省参事官の二名だけだったのである。さらに、各準備会には、「準備会幹事として、法務省民事局の局付、調査員及びこれに準ずる者若干名の参加を認める」こととした。[23]

ここで、民法（債権法）改正検討委員会の「私的」性格の強調の問題以外の点にも付言しておこう。民法（債権法）改正検討委員会において、最終的な決定権限は「全体会議」にあった。全体会議のメンバーは、法務省関係者も一部いたものの、学者が圧倒的に多かった。そこで、意見が分かれそうな問題を審議するさいには、審議の前の段階で、「民法（債権法）改正検討委員会規程」には存在していない「拡大幹事会」を招集し、「五つの準備会の委員全員を原案作成者とする形式をとることによって」あらかじめ全体会議の過半数を確保したうえで審議にのぞむという手法が採用された。「拡大幹事会」が開催された回数は少なかったが、かりに、民法（債権法）改正検討委員会において二七回開催された全体会議のすべてにおいて「拡大幹事会」を開催したとすれば、すべての会期で過半数を確保できる状況ができたのである(24)。

再度、本題に戻ると、民法（債権法）改正検討委員会は、改正提案として『債権法改正の基本方針』を公表して解散した。その提案内容のなかには、改正民法典のなかに、「消費者・事業者の定義規定を一対をなすものとして置くものとする」、「消費者契約法から私法実体規定を削除」したうえで民法典に取り込み、「消費者契約法を消費者団体訴訟を中心とする法律として再編する」という内容が含まれていた(25)(26)。法務省民事局は、この内容を「法制審議会の調査審議のたたき台(27)」にするつもりだったのである。

ただ、消費者契約法にかんする権限を消費者庁から法務省に移管するという提案が、法務省の息のかかった団体から提案されたのでは、役所間の権限争いであることが赤裸々となる。そこで、法務省参事官は、自分たちが改正提案の原案作成に中心的な役割を果たした民法（債権法）改正検討委員会につき、「学界有志による自発的な研究組織(28)」、「民間の有志の団体(29)」と性格づけた。また、法務省参与も、この組織が「実質は法務省の委員会ではないかという方がいるのですが、これは全くの誤解」ですと述べ(30)、さらに、民法（債権法）改正検討委員会の委員長（現在の民法部会部会長）も、「この検討委員会は、法務省関係者が委員に加わってはいますが、法務省の委託を受けて立法準備作業を行うものではなく、まったくの私的で自主的・自発的な委員会であ」ることを強調する等(31)、一丸となって民法（債権法）改正検討委員会の私的性格を強調し続けた。

② 民法部会での議論

『債権法改正の基本方針』を公表してから約半年ほどして、民法部会の審議が開始された。そこで、この消費者契約法と関連する問題が審議されたさい、次のような資料が民法部会に提出された。

「総論（消費者・事業者に関する規定の可否等）

従来は、民法には全ての人に区別なく適用されるルールのみを規定すべきであるとの理解もあったが、民法の在り方についてこのような考え方を採る必然性はなく、むしろ、市民社会の構成員が多様化し、『人』という単一概念で把握することが困難になった今日の社会において、民法が私法の一般法として社会を支える役割を適切に果たすためには、『人』概念を分節化し、消費者や事業者に関する規定を民法に設けるべきではないかという指摘がある(32)」。

この部会資料には「指摘がある」と書かれているが、この指摘を前もってしたのは法務省参与であった。この参与は債権法改正に着手してまもなくの平成二〇（二〇〇八）年の論文で、「伝統的な民法が想定していた『人』の概念が消費者をうまく包摂できないことを正面から認め、民法の中にも消費者という概念を使って消費者のための規定を置こう、という立場(33)」がありうると述べた。

あらかじめこのような布石を打っておいたうえで、民法部会の資料を、前々段に紹介した内容にしたのである。要するに、この参与は一人二役を演じて、民法部会に法務官僚として出席する一方で、自分自身が述べたことをあたかも第三者の意見・外部意見であるかのように誤導しうる資料を法制審・民法部会に提出したことになる。このことを正当化するかのように、法務省参与は次のように述べる。

「私は現在、法務省に所属していますが、参与という身分で、担当者の求めに応じて学問的見地から自由に意見を述べる立場にあります。本書もながねん大学教授として民法を研究してきた私個人の考えを自由に述べたものであり、法務省の見解とはかかわりがないことをお断りしておきたいと思います(34)」。

この叙述を踏まえたうえで前述した議論の過程を振り返ると、同一人物が、法務省所属の官僚と研究者という二つの顔をもち、それを使い分けながら、法制審議会の場では、同一人物の見解であることを秘匿したかたちで議論を誘導しているといわざるをえないであろう。

上記のような審議をへて、法制審議会の部会での審議の結果が最初にパブコメにかけられた『中間的な論点整理』では、「民法に『消費者』や『事業者』の概念を取り入れるかどうかについて、設けるべき規定の具体的内容の検討も進めつつ、更に検討してはどうか」と述べるとともに、「消費者契約に関する特則……を民法に規定するという考え方」──および、それよりは後退した「個別の規定は特別法に委ね、民法には、消費者契約における民法の解釈に関する規定を設けるという考え方」の二案──が示されていた(35)。ここでは、法務省民事局の当初のもくろみは、なかば実を結びかけていた。

ただ、最初のパブコメと時を同じくして、債権法改正の背後に、官庁間の権限争いがあることが世に明らかにされた(36)。この点の影響か否かはともかく、第二回のパブコメの対象となった『中間試案』では、「消費者と事業者との間で締結される契約（消費者契約）」にかんして情報格差・交渉力格差を考慮する等の規定をおくことが提示され(37)、その前の『中間的な論点整理』で述べられていた〝後退した案〟は依然維持されていたものの、最初の『債権法改正の基本方針』にうたわれていた「消費者・事業者の定義規定を一対をなすものとして置くものとする」という提案からは後退したものとなった。

『中間試案』のこの提案が最終的にも維持されるとすれば(38)、民法典に「消費者」・「事業者」という文言を規定することによって、法務省民事局が消費者問題にかかわる橋頭堡を築くことはできるが、最初の『債権法改正の基本方針』に述べられていた、消費者契約法の私法実体規定をすべて民法に移し、それについての所管を全面的に消費者庁から法務省に変更するという大転換は実現できないことになるであろう。

このようにみると、伝統的法務官僚が意図していた消費者契約の所管を取り戻すという目的については、橋頭堡を築くだけで、もはやそれほど大きな成果をあげることは期待できない。しかし、これまで債権法改正を進めてきたという過去の事実があるので、法務省民事局は、なんとか形だけでも債権法改正を行い、「民法を改正した」という体面を繕って、面子を失わないよう、社会的には不必要であっても改正を実現したいと考えているように思われる[39]。

四　債権法改正は、自由市場（「合意による契約」）を破壊するのか

（一）　はじめに――法の「文化的改正」

今回の債権法改正には、大きな二つの流れがあった。一つは、伝統的な法務官僚の考えるところであり、他は、学者出身の法務官僚の考えるところであった。この二つの流れが、呉越同舟ながらも、相互に協力し合ってきたところに今回の債権法改正の特色がある。これまで述べてきたように、債権法改正の主たる動機は、伝統的な法務官僚にとっては、法務省民事局の組織的な権益の拡大であった[40]。しかし、学者から法務省に身を転じた者にとっては、これまで述べてきたように官庁の組織的な権益の拡大に協力をするとしても、それが主たる関心事ではありえない。その者が望んだのは〝法の文化的改正〟であった。

法務省参与は、債権法改正の性格を「通常の法改正の域を超える、一大文化事業[41]」と評し、次のようにいう。「今回の民法改正は、これまでの法務省が手がけてきた法改正とは全く性格が異なる……。経済界や世論からの不備の指摘に応えて行う立法ではなく、法務省が率先して改正に向けての検討を開始したところに特徴がある[42]」。

この発言から、今回の債権法改正が、社会の声を踏まえたものでも、世論、経済界、法律実務家が問題としている、現実の法の不備を是正しようとするものでもなく、大学から法務省に職を転じた学者出身者の――〝文化的な〟――関心によるもので、日本社会の需要にもとづく法改正ではないことがわかる。

では、この「文化事業」の内容は何か。それは、詳しくは後述するように、第一は、民法典を自分がこれまで主張してきた「関係的契約理論」に立脚させることであり、第二に、法改正によって、民法典の内容を、現在の法曹実務を支

えているといわれる我妻説等に代表される伝統的な法理論に立脚したものから、自己の考える学説に立脚したものに転換することであり、第三は、日本民法を自分が勉強してきた欧米の法と同化させることであった。これこそが、彼のいわゆる〝法の文化的改正〟だったのである。

このことを明らかにするためには、個別の論点ごとに問題を明らかにする必要があるが、さきに述べたように、現段階でも改正提案の内容は流動的なので、ここでは大きな方向性に限定して検討することとしよう（個別論点の問題性については、既発表論稿に譲ることとする）[43]。

（二）　合意が作る「自由市場」と、その破壊

今回の改正の中心となった学者出身の法務官僚は、かねてからアメリカの学者、マクニールの影響のもとに「関係的契約理論」を主張してきた。［法務官僚になる以前の論稿において、］彼は、「法的判断を可能にする明確な法的ルール」と、「紛争解決の個別的実質的妥当性」の問題とを二元的に対立させたうえで[44]、伝統的な考え方においては、前者が『原則』としての地位を保持して」おり、後者は「『例外』としての地位しか持ちえなかった」とする。その理由は、「『例外』を『原則』に転化するための理論的な『核』が存在しなかったからである」と考える。そして、「関係的契約理論」がこれまでの「例外」に求心力を与える「核」となる、と主張する[45]。そして、彼が「共感を表明したマクニールの理論は、思想的には『共同体主義（communitarianism）』につながる」と述べる[46]。この「関係的契約」の内容は、「意思を中核とする古典的な契約像に対して、社会関係そのものが契約の拘束力を生み出し、また様々な契約上の義務を生み出す」[47]というものである。

鈴木弁護士は、この「関係的契約理論」が、債権法改正の『中間試案』において、合意を凌駕するかたちで数多く規定されている「契約の趣旨」等の文言に現れていると主張する[48]。民法部会における議論をみると、「契約の趣旨」という文言の理解のしかたは論者により異なっているが、改正提案作成の中心的な立場にいる、この学者出身の法務省参与の主観的意図にかんするかぎり、この指摘は的を射ていると考える。この法務省参与の意図するところによれば、前段

に述べたように、これまでの「『例外』を『原則』に転化する」ことになるので、「契約の趣旨」は「合意」に優先することになるのであろう。

もっとも、本稿［の原論文］の再校の時点で発表された情報にもとづき若干補充すると、このような「契約の趣旨」という文言に対する批判が現れたためであろう、近時、法務省民事局の民法部会事務局は、「要綱仮案」作成の最後の段階で、もっとも目立つ資料である条文改正提案の一覧では、この「契約の趣旨」という文言を「契約及び取引上の社会通念」という文言等に差し替えてきた。これによって、一見、問題が解消されたかのような外観が与えられている。しかしながら、その付属資料には、「『契約の趣旨に照らして』との文言からは取引通念が考慮されるべきであることが読み取りにくいとの問題があった。そこで、……『取引上の社会通念に照らして』との表現を加えることとした」。ただ、「『契約の趣旨に照らして定まる』から『契約及び取引上の社会通念に照らして定まる』に変更されることになるが、規律の内容を変更する趣旨ではない」と記されている[49]。法務省民事局の民法部会事務局は、これまでも、自分たちの改正案に批判が高まると、パブコメ直前に、まず、本体的資料で文言変更を発表しておいて、時期をずらしてその後に発表する付属資料で、従来の趣旨を変えないものである、と述べるという手法を採用してきた。このような形だけの文言変更については、私は、「債務不履行の無過失責任化は、断念されたのか、『断念』はカモフラージュか」等と批判してきたところである[50]。今回も、まず、本体的資料における文言変更によって問題点が解消したかのような外観をつくり、また、資料本体に記載されている批判対象となった文言も、長々しく記憶しにくい――その分だけ、批判文献も冗漫にならざるをえない――ものとしつつ、その本体的資料とは別の付属資料で、規律内容は同一であるとしているのである。要するに、どちらも、小手先の文言変更によって、実をとりつつ、批判の矢をかわそうとしているのであろう。しかし、実体としての〝規律の内容を変更しない〟のであれば、鈴木弁護士の批判も、本稿に述べる批判も、そのまま維持されるべきものとなる。

そのような前提で問題を考えると、従来の考え方のもとでも、合意の文言どおりに当事者間の関係を常に規律するのではなく、合意の文言どおりに規律すると不都合があると考えられるときには、「信義則」等を用いた調整がはかられてきた。ただ、それは例外であり、契約文言によりまず当事者関係を規律することを考えたうえで、それではうまく機能しないときの補充規範が「信義則」だったのである。

法務省参与が主張する「関係的契約理論」の弱点は、何が「関係的規範」であるのか、その規範内容が一義的ではない――という以上に茫漠としている――ことにある。かりに、この者が主張するように、「核」として原則的規範に転じた「関係的規範」が当事者間の関係を律するとしても、その規範内容が明らかでなければ、当事者間の関係をどのように律すべきかが不明となってしまう。論者の言葉を借りれば、「紛争解決の個別的実質的妥当性」が実現されるような「規範」となるのであろうが、そもそも紛争が発生するのは、その紛争当事者間で「個別的実質的妥当性」があると考えているものが食い違っているからにほかならない。論者の言葉を借りて、「社会関係そのものが……様々な契約上の義務を生み出す」といってみても、その義務の内容に当事者間の共通了解がないからこそ、紛争が発生するのである。また、かりに、紛争当事者の「実質的妥当性」観は無視して、裁判官の「個別的実質的妥当性」観によって紛争解決をはかることを論者が主張しているのであるとすれば、それは、明治八（一八七五）年の太政官布告「裁判事務心得」の「条理を推考して裁判すべし」の内容を現代において主張していることとなる。この太政官布告も、全文は「民事ノ裁判ニ成文ノ法律ナキモノハ習慣ニ依リ習慣ナキモノハ条理ヲ推考シテ裁判スヘシ」という内容で、法律が「条理」――「個別的実質的妥当性」に近いといえようか――に優先するものとされていた。ここには、「契約文言」という言葉はでてこないが、その趣旨からすると、「契約文言」は「条理」ないし「個別的実質的妥当性」に優先することになるのであろう。そうであるとすれば、この論者の主張は、この太政官布告が発せられた明治八年以前に帰れ、と主張しているに等しい。

マクニールの「理論は社会学理論としての性格が強く、『現実の契約を社会学的に見ると、こういうモデルで分析できる』という理論である」かぎり、現実の取引関係は、法だけではなく、もろもろの要因のうえに成立しているので、マクニールの分析には傾聴すべきものがある。しかしながら、法務省参与のように、この理論に依拠しつつ「実定法の理論としても十分使える規範理論を構築[51]」しはじめると、規範内容の茫漠性ゆえに、この「理論」は明治八年以前の世界に帰る時代錯誤の「理論」に化してしまうのである。

上記の〝規範内容の茫漠性〟は、論者自身も認めるところであり、「関係的契約という契約モデルの内容は、マクニールにおいても漠然としている。……社会契約は契約の種類に応じて多様であり、とうてい古典的契約モデルのような形で、明断に定義することはできない[52]」という。さらに、「柔軟性原理」を説きつつ、「柔軟性原理を具体的事案の中でどのように適用するかは裁判官に委ねられた判断である[53]」とする。

ここでは、〝柔軟性〟が大事であるという方向性が示されるだけで、どのように〝柔軟〟にするのか、どの程度〝柔軟〟にするのかは、裁判官次第とされている。訴訟提起にさいして重要となる、「裁判の予測可能性」は、論者の視野には、まったく入っていない。このような改正民法典ができると、「ビジネスの予測可能性」は大きく害されることになるであろう。後述するように、島田教授が、「債権法改正がこのまま進行し実現した場合、むしろ日本の民法は国際取引社会から取り残されてしまうのではないかと危惧している」と述べるゆえんである[54]。

このように、法務省参与が主張する、関係的契約規範が「法的判断を可能にする明確な法的ルール」に優先する「原則」であるという、〝契約破壊的〟、〝合意破壊的〟考え方は、大岡裁きを良しとし、近代的裁判制度の破壊につながりかねない、独りよがりの発想なのである。このような発想のもとで起案された今回の債権法改正案は、条文中に「契約の趣旨」ないし「契約及び取引上の社会通念」（以下、「契約の趣旨」等という）等の文言を多用しているが、合意によって形成された契約文言は、その文言が一定の歯止めとなるので規範内容に一定程度の確定性があるが、「契約の趣旨」等の内容は、解釈いかんによって異なりうるので裁判規範としての確定性に欠ける。信義則にそくして述べたのと同様、当事者間の関係を契約の文言どおりに規律すると不都合があると考えられるときに「契約の趣旨」等を援用することは許されようが、それはあくまでも補充規範として位置づけられるべきものなのである。法務省参与の発想は、この原則と例外を逆転させ、規範内容を曖昧なものに置き換えようとする点で、近代裁判が追及してきた方向――「ルール」によって裁判の内容を確定していくべきであるという方向――と逆行する危険きわまりないものである。今回の債権法改正が「契約の趣旨」等を多用していることは、今後、「裁判の予測可能性」、そして「ビジネスの予測可能性」を失わせることになりかねない。

さらに、今回の債権法改正は、「契約の趣旨」等を多用しているということばかりでなく、〝合意破壊的〟な新条文を導入しようとしている点でも、危険きわまりないものとなっている。

たとえば、『中間試案』は、いわゆる「履行期前の履行拒絶」といわれる考え方を導入し、合意があっても、「当事者の一方が履行期の前にその債務の履行をする意思がない旨を表示した」ときには、解除が認められている[55]。契約成立後に当事者間で履行にかんする交渉があるのはごく普通のことであるが、そのような場合に、それを相手方の「履行期前の履行拒絶」であると言い立てて、この条文を根拠に契約を解除しようとする試みがなされるおそれがある。この考え方を日本の通説が否定していることは、この者の指導生であった研究者も認めている[56]。「履行期前の履行拒絶」は英米の判例法理であるが、イギリスでも、契約成立後に履行にかんする交渉があった場合に、「契約の要素となっていないことをこちらに課そうとした」、「こちらが不快に思うような権利を主張した」、「当事者間では契約になっていないようなことをいってきた」、「契約文言の変更を試みた」等の主張がなされると、それが「履行期前の履行拒絶」であると主張されることが多く、しかも契約の双方当事者が、他方に「履行期前の履行拒絶」があったと主張し、泥仕合の様相を示す例も少なくない、といわれている[58]。合意があった後に、その合意をくつがえすような〝合意破壊的〟な武器を与えると、——論者のいう「柔軟性原理」の導入によって——日本の取引実務の混乱を招くことになりはしないかが懸念される。

また、『中間試案』では、「事情変更の法理」の規定を導入し、契約の改訂請求を規定するか否かが、引き続き検討すべき事項としてあげられている[59]。しかし、わが国の最高裁判所は、事情変更の原則を適用して、このような効果を認めたことはなく、戦中・戦後のインフレで貨幣減価が三〇〇分の一、二四〇分の一である等の主張があった場合ですら、契約の改訂を認めていない[60]（ただし、契約解除によっては、対処しえない事案において、価格改定を認めた例外的な下級審裁判例が存在する）[61]。このような、判例の消極的な態度にもかかわらず、「事情変更の法理」を条文として規定すると、民法典に根拠法案ができたことそれ自体が潜在的な法的紛争を無用に掘り起こすことが懸念されるが、現段階でも、〝合意破壊的〟な契約の改訂請求を規定することが検討されているのである。ここでも、「柔軟性原理」の負の側面が債権法改正によって現実化しようとしている。

さらに、現行民法のもとでは、合意があれば合意内容の履行請求ができるのが原則であるが、『中間試案』では、「当該契約の趣旨に照らして、債務者に債務の履行を請求することが相当でないと認められる事由」があれば、履行請求ができなくなる、とされている。(62) これは、英米法では、契約違反は金銭賠償が原則で、履行請求が認められるのは例外であることに倣ったものである。ここには、今回の債権法改正の底流にある欧米崇拝的発想（この点は、(四)で後述する）と、前述した「契約の趣旨」等による規範の曖昧化（上述の条文では、いつどのような場合に履行請求ができないのか、いっこうに明らかでない）、さらに、現行民法のもとでは確保されている〝合意の実現の破壊〟という三つの性向がすべて出ている。しかし、このような改正をすることで、日本社会にどのようなメリットがあるのかはいっこうに明らかでなく、もっぱら法務省参与の考える〝法の文化的改正〟の追求でしかないように思われる。

合意ないし契約は、当事者自治の基礎であり、現代資本主義社会、自由主義社会の基本的枠組をなす、現代取引社会の根幹である。現在の民法は、「当事者による私的自治」を基礎においている。ところが、論者がいう「私的自治とは異なる」(63) 原理としての「関係的契約理論」を主張し、超越的規範による〝合意破壊的〟な法律観を有する者が主導した債権法改正がなされることによって、今後の取引社会に大きな混乱が生じ、自由主義社会の法的枠組が毀損されることが懸念されるところである。

(三)　法曹実務の基礎をなす伝統的法理論の立法による廃棄

この点については、学界からすでに興味深い問題提起がなされているので、その内容を紹介しておこう。

山本教授は、伝統的理論とそれに対する批判理論を対置し、それぞれの内容を次のように紹介する。「我妻説に代表されるような伝統的通説の主要な特質は、①給付請求権を中核としたスリムな債権理解、②履行請求権の当然性、③原始的履行不能の除外、特定物ドグマ（①のコロラリー）、④無責の後発的不能における債権の当然消滅、双務契約の場合の危険負担制度における問題処理、⑤履行請求権と塡補賠償請求権との選択（併存）の否定（債務転形論）、⑥三分体系、⑦損害賠償・解除における過失責任原理の採用、履行補助者論の採用等の諸点に整理することができる」。これに対し、「批判理論の主要な特質は、①給付請求権を中核とした債権理解の否定、②履行請求権の救済手段視、③原始的履行不能ドグマ・特定物ドグマの否定、④無責の後発的不能における債権の当然消滅の否定、⑤履行請求と塡補賠償との選択の自由の承認（債務転形論の排斥）、⑥債務不履行の一元的把握、⑦損害賠償・解除における過失責任原理や履行補助者論の放棄、⑧危険負担の解除制度への吸収等の諸点に整理することができる」。そのうえで、この論稿執筆の少し前に公刊された『債権法改正の基本方針』は、この「批判理論をベースとしている」と評価する[64]。

その後、法務省民事局の提示する改正案は変容してきているが、山田教授は、「今回の中間試案では、批判理論のほとんどが反映されており、伝統的理論から批判理論への転換がなされていることは明らかである。その意味でも、中間試案のような改正がなされたら、伝統的理論を中心に据えて展開されてきた実務に多大な影響を及ぼすことは避けられないであろう[65]」と述べる。伝統的理論を代表するといわれる我妻説については、かつて、我妻榮が執筆した「『民法講義』八巻は、恐らく日本中の裁判官の机上には、六法全書と列べて置かれていたのではなかろうか[66]」という評価もあったところであり、法務省参与は、その根強い実務への影響を自己の学説の影響下に変えるために、ある意味で権力的な変更となる、立法を利用しようとしたものと思われる。

法務省参与は、この「批判理論」を主張している論者のひとりである。うえに紹介した山本教授や山田教授の評価をみても、さきに検討した「関係的契約理論」の民法典化を考えても、今回の債権法改正は、「民法の私物化」であるという批判を免れないように思われる。

（四）欧米に倣った債権法改正

今回の債権法改正に道を開いた法務省参与は、改正論議の当初の段階で、ヨーロッパでドイツが債務法を改正し、フランスが債務法改正草案を作成したのは、「主導権を握りたいという思惑」のもとに、「ブランドの維持のために」改正作業を急いでいるからであると理解し[67]、「日本にとって、債権法の抜本改正は、日本の国際的プレゼンスのかかった国家戦略の問題である[68]」と主張した。

この初期の論稿を読むと、法務省参与は、国威発揚のために債権法改正を考えはじめたといえるであろう。しかしながら、ドイツやフランスは、主導権争いやブランド維持のためにではなく、ＥＵ統合にともなう規範統一の必要性から民法改正をしているのであって、法制定競争の主導権争いという学問オリンピックであるかのようなとらえ方は、比較法の理解が皮相にすぎるというべきであろう。滝沢教授から向けられた「法は本質的にナショナルなもの」であって、「法実務家や法学者の思考回路をいわば断絶させることによって、一挙に斬新な法理論を取り込むことが簡単に実現するような国は、恐らく西洋諸国から尊敬されない[69]」という批判は的を射ており、国威発揚のために民法を改正したいという発想は、法の適用を受ける国民を愚弄しているものとも感じられるのである。

法務省参与は、自分が研究対象としてきたウィーン条約を「重要な成功例[70]」と考えており、その影響であろう、今回の債権法改正の民法部会の資料をみても、ウィーン条約がいたるところで参照されており、ウィーン条約を参考にした改正提案も多い（前述した、「履行期前の履行拒絶」もウィーン条約に倣った改正提案である）。

ただ、このように債権法改正がしばしばモデルにしたウィーン条約の評価は、一般には必ずしも法務省参与が評価するようなものではなく、この条約は、国際交渉の結果、妥協の産物として策定されるために、「成文法が通常備えるべき質」が奪われており、「時として、極めて複雑ゆえに、事情に通じた者にしか理解できない内容となることがある」とも評されている[71]。要するに、複数の国が交渉した結果としてできた条約なので、それぞれの異なった主張にそくした解釈がすべて可能となるような文言が「妥協」として採用されることも多く、規範としての一義性を欠くことになりがちなのである。さきに紹介した島田教授は、このような曖昧さゆえに、「日本企業が国際取引契約を締結する場合は、ウィーン売買条約の適用を排除する旨の規定を設けるという実務が定着しつつある[72]」状況を紹介したうえで、『債権法改正の基本方針』の内容をいくつか検討しつつ、「私は、債権法改正がこのまま進行し実現した場合、むしろ日本の民法は国際取引社会から取り残されてしまうのではないかと危惧している」と述べる[73]。法務省参与がウィーン条約に倣って今回の債権法改正を進めている結果、日本民法が一義性を欠く曖昧なものとなり、国際社会から見向きもされないものになることを懸念しているものと思われる。「柔軟性原理」は、裏を返せば「曖昧性原理」となることも多く、それは裁判、そして取引の予測可能性を害するがゆえに、国際取引社会からはもちろん、国内取引社会からも忌避されるものなのである。

また、アメリカ人弁護士は、次のような評価をしている。「日本は、豊富な商取引上の経験と、高度な法の伝統を有する国である。その日本が、国内に現行民法に対する不満がみられるわけでもないのに、ウィーン売買条約に倣って民法典を改正しようとするのは何故なのだろうか。成熟した国内法をもつ国として、国際取引のためのウィーン売買条約と、国内取引のための州契約法の共存という途を選んだアメリカ人からみると、現在の日本の状況はなかなか理解しにくいところである。日本人は、自分たちの法制度と法文化に、もっと自信と誇りをもってもよいのではなかろうか(74)」。国内的な法改正の需要がないのに、自分が研究してきたウィーン条約等の「国際的潮流」の国内法化をはかり、それを「通常の法改正の域を超える、一大文化事業(75)」であると考えても、外部から受ける評価はこのようなものでしかないのである。

五　社会は、債権法改正をどのように受け止めたか

本稿の冒頭にも書いたように、以下のような債権法改正に対する日本国内の評価にも、厳しいものがある。

まず、経済界からの反応をみると、初期の段階の発言であるが、経団連の経済基盤本部長の阿部泰久氏は、「今回の民法改正の議論を、私は『学者の野望』と名付けています(76)」という。また、東京中小企業家同友会、全国中小企業団体中央会を取材した新聞記事は、「『なぜ、今、わざわざ改正しなくてはならないのか』との思いはほぼ民間側に共通している。静かな湖面にわざわざ波紋を投げかけた法務省に対する苛立ちは強い(77)」と述べる。

また、長らく民事事件を担当し、いろいろな要職を務め、司法の中核を担ってきた元裁判官を対象としたインタビュー

調査では、次のような発言がなされている。

「今回の改正は、その改正の内容も、改正の進め方も、どちらも『公益』という姿勢に反しているのではないか。『公益』という姿勢が欠けているので、自分の学説を法律の条文にしようとするような姿勢が生まれてくるように思われる。もっと公益を重視しなければならない。裁判官はほぼ全員、今回の民法改正に反対といっても過言ではないように思う[78]」。

「総じてみると、現在問題となっている改正案は、実務と経済界の要求と無関係の改正なのではないか。推進をしている方の論文には、日本発のブランドとしての民法改正という言も見られるが、比較法も大事であるかもしれないが、最終的には、日本の実情にあわせた改正が必要だと思われる。また、消費者概念を民法典に入れるという話も出てきているようだが、そのようなものをなぜ民法典に入れる必要があるのか。……今回はこそこそと改正作業を行ったので、不信感が出てきているのが実情なのではないか[79]」。

「私自身は、裁判官をしていて、こんなややこしい立法をしなければならないような事案に遭遇したことはない。まず一般論から話を始めるが、今回の債権法改正がどういう発想から行われているのか、そのことが問題だと思われる。あたかも一人舞台で改正が行われているように思われ、この改正を文化的事業とおっしゃるが、社会的ニーズが見えてこない。推進者ご自身の説明では、ヨーロッパで改正が行われており、中国でも立法の動きがあり、ウィーン条約ではこうなっている、という話はあるが、肝心の日本における債権法改正の社会的ニーズについて語られることはない[80]」。

さらに、債権法改正をめぐるある座談会において、高裁長官経験者で、元法務省民事局長も、「『壊れていないものを修理するな』という格言は、私は、実務家として、あるいはかつての立法担当者として、正直に言って大変共感を覚えます[81]」と述べている。

次に、弁護士の債権法改正に対する評価をみてみよう。全国弁護士全員を対象とするアンケート調査が行われ、二〇〇〇人余からの回答が得られている[82]。そのアンケート調査票には、債権法改正の必要性を聞く「実際に弁護士として債権法改正の必要性を感じた事案にこれまで遭遇しましたか」という設問があった。この設問に対しては、「遭遇していない」という回答が圧倒的に多く一五七一名であるのに対し、「かなりの頻度で遭遇している」はわずか九名であった。

債権法改正に対する賛否を問う別の設問に対する回答をみても、債権法改正を進めることに賛成の者一九〇名で、この設問に回答した者の九・六％、反対は、一四六七名で、回答全体の七四・二％であって、弁護士の四分の三が債権法改正に反対している。

弁護士会の対応をみると、山梨県弁護士会は、債権法改正の審議の「完全なる凍結」と「広く民意の反映された体制のもとで、改めて審議を行うことを強く求める」との総会決議をしており、会長声明で債権法改正に反対した弁護士会として、奈良弁護士会、三重弁護士会、金沢弁護士会、岐阜県弁護士会があり、さらに新潟県弁護士会が総会決議で慎重な審議を求めている。

個別的な評価をみると、初期のものであるが、東京弁護士会の意見書には、「研究者と法務省中心の理念先行の『熱狂と暴走』のおそれ、すなわち、わが国の市民・企業を民法研究の新たな実験台とするつもりなのかとの不安を払拭できていない」とのあとがきが付されている。[83]さらに、前述した全国弁護士二〇〇〇人調査の自由記載欄には、「今回の改正は『国民不在の議論』、民法改正を『一部の学者のおもちゃにさせてはならない』、『一部の学者の個人的野心による改正』、ある学者が『ボアソナードになりたがっているだけではないか』、『改正は学者のエゴではないか』、『学者の国家権力を借りた自己満足的自説の強制には憤りすら感じる』、『実務をあまり知らない一部の学者が、功名心から、必要性の乏しい債権法の改正を強行しようとしている』、『一部の学者の学説を民法化することは、〝改正〟ではなく〝改悪〟であり、強く反対する』、『学者の、学者による、学者のための改正になっている気がします』、『ある特定の学者と官僚の思惑だけで改正を進めるなどもってのほかである』、『生兵法は怪我の元』、『謙虚な改正を望む』、『必要性のないブランド競争は有害』・『短絡的な発想』、『悪しき欧米追随主義』、『英米法的スタンダードに変更する必要性は全くない。なぜ債権法のみ改正するのか、全く不可解』、『日本の現状に合わなくなるのは本末転倒』、『法務省は行き過ぎている』等」の批判が並んでいる。[84]

前述したように、今回の債権法改正には、日本社会の改正需要がないところに、伝統的法務官僚が〝組織の利害〟という観点から、また、〝法の文化的改正〟を標榜する学者出身の法務官僚が自己の学説による〝民法の私物化〟のために行っているという背景があった。さらに、目的のためには手段を選ばないような、モラルに欠けた手続違背が随所で行われた。このようなことの反映であろう、上記の裁判官や弁護士達からの評価からは、今回の債権法改正があたかも「よごれた民法改正」かのような印象を与えているようである。民法というわが国の基本法の現在進行中の改正がさきのような否定的評価を受けているのは、日本国民の一人としてきわめて残念なことである。

六　結　語

法務省民事局は、本来、法の番人の一翼を担うべき立場にあるというべきであろう。しかしながら、今回は、その法務省民事局関係者が、数々のコンプライアンス違反、デュー・プロセス違反を組織的に繰り返しながら、債権法改正手続を進めてきた。紙幅の関係からそのすべてを紹介することはできないが、コンプライアンス違反としては、平成一一（一九九九）年の閣議決定の「審議会等の整理合理化に関する基本的計画」では、審議会が「隠れみの」にならないよう国の行政機関職員は「委員等にしないものとする」とされているところ、民法部会には法務省在籍者三名が委員として加わっている。この点の詳細[85]、その他の違反点は「債権法改正が、なぜデュー・プロセス違反の連続となってしまったのか[86]」と題して別著で述べたので、そちらを参照されたい。

また、今回の債権法改正を中心的に担ったのは、法務省参与と法務省参事官の二人である。この二人が、もともと教育者、そして裁判官であることに思いをいたし、さらに、法務省民事局が法の番人の一翼を担うものとしての良識を欠いたかのように行動してきたことを考えると、現代日本社会におけるモラルの退化にも暗澹たる気持ちを抑えることができない。

しかしながら、今回の債権法改正にさいしては、法務省参与、法務省参事官らの問題行動が目立つが、それを抑えきれなかったのは、現段階では法務省民事局のほかは民法部会だけである。この後、法制審議会でも総会の手続きが来月二月に予定されている。総会メンバーが、コンプライアンス違反、デュー・プロセス違反の連続で策定され、改正内容にも問題が多い債権法改正を、そのまましゃんしゃん大会で通過させるのか、審議会として「審議」の実を果たすのか、国民の一人として見守ることとしたい。

結論を述べることにしよう。私個人は、現在の民法典それ自体には改正を必要とする点もあると考えるものの、改正内容、改正手続の双方に問題がある今回の債権法改正には反対である。ただ、この債権法改正に反対するという立場について多くの人に同調を求めようとは思わない。誰にとっても、債権法改正のような大改正に賛否を決するためには、調べ、考えるための膨大な時間が必要である。そうであるならば、国民が、そして国会が熟慮するための時間が必要であろう。これまでのパブコメで法務省民事局が狙ったような、熟慮するいとまを与えることなく短時間に事を決しようとする路線を、来年の通常国会でとってはならない。万一、法制審議会の総会が、その機能を果たすことなく、現在審議されている債権法改正の方向の要綱仮案を通した場合には、本当にそれを法律にしてよいか、国民が、そして国会議員が考える猶予をもちうるよう、熟慮期間を一、二年置く必要は最低限あると考える。

本章冒頭に、参議院議員の前川清成氏の、国会での「十分かつ徹底した審議」のために、債権法改正法案を国会に一括提出するのではなく、分割提出する予定はないかという質問主意書に対し、政府の回答は「現段階ではお答えすることはできない」というものであったことを紹介した。この回答は、内閣総理大臣安倍晋三氏の名で発せられたが、当然のことながら担当部局である法務省民事局が作成したものであろう。この回答から、「国会答弁で使われる単語や表現の意味が、一般常識とはかけ離れたものになってしまった」といわれる「霞が関文学」[87]の要素を抜き取り、通常の用語法に翻訳すれば、〝現段階ではっきりお答えするつもりはないが、何度かに分けて提出するつもりはなく、一括提出を予定している〟、〝国会審議においても十分かつ徹底した審議を尽くすつもりはない〟ということになるのであろう。法務省民事局は、「十分かつ徹底した審議」を求める国会議員の要請を一蹴したものと思われる。以上の解釈が正しいか否かは、来年の通常国会に、法案の一括提出がなされるか、それとも分割提出がなされるかという事実、また、国会で本当に「相当長期間の審議」がなされるか否かによって明らかとなるであろう。

現段階では、法務省民事局は〝熟慮〟なしでの法案通過を企図しているようであるが、国民が声を大にしてこの路線を変更させるよう働きかけるべきときが来ているように思われる。なにせ、現行民法が明治時代に起草されたさいには、当時内閣総理大臣だった伊藤博文は、日清戦争が始まるまでの一年ほどは毎回議事に出席し、法典調査会の事務についても自ら指導監督の労をとった[88]、という重要な法律として成立したものであるのに、今回、元裁判官の言葉を借りるのであれば、「『公益』という姿勢に反し」た法改正がなされようとしているのだから[89]……。

（1）法制審議会民法（債権関係）部会第七四回会議（平成二五年七月一六日開催）（http://www.moj.go.jp/shingi1/shingi04900188.html）。

（2）筒井健夫「債権法改正の動向」ＮＢＬ一〇一六号（平成二六年）四頁。

（3）参議院議員前川清成「民法改正作業と国会審議に関する質問主意書」（第一八六回国会（常会）質問第五八号、平成二六年四月二日）（http://www.sangiin.go.jp/japanese/joho1/kousei/syuisyo/186/syuh/s186058.htm）。

（4）第一八六回国会（常会）答弁書第五八号・内閣参質一八六第五八号、平成二六年四月一一日。

（5）筒井健夫「民法（財産法）関係の動向」ＮＢＬ八四八号（平成一九年）三二頁。

（6）商事法務編『民法（債権関係）の改正に関する中間的な論点整理の補足説明』（平成二三年）参照。

（7）商事法務編『民法（債権関係）の改正に関する中間試案の補足説明』（平成二五年）参照。

（8）現在、改正内容が変容してきているので、本来であれば、現在の状況を対象として本稿を執筆したいところである。しかしながら、『中間的な論点整理』後の民法部会での議論は、必ずしも忠実に『中間試案』に反映されているとはかぎらず、事務局が独自に手を加えたと思われる点も少なくなかった。このような経緯を考えると、現在の民法部会での議論の内容がそのまま『要綱仮案』になるとはかぎられないと思われるので、本稿は、現段階での最終「公式」文書である『中間試案』を検討対象とすることとし、再校段階で接した、注(49)に引用した文献を基礎に一部補充、修正を行った。

（9）金祥洙「韓国法事情：民法一部改正法律案──留置権・保証・旅行契約　上」国際商事法務四二巻四号（平成二六年）六五四頁。

（10）法務省「『民法（債権関係）の改正に関する中間試案』（平成二五年二月二六日決定）【平成二五年三月一七日追記】」（http://www.moj.go.jp/shingi1/shingi04900184.html）。

（11）注(6)引用『民法（債権関係）の改正に関する中間的な論点整理の補足説明』五〇二頁。

（12）注(7)引用『民法（債権関係）の改正に関する中間試案の補足説明』一頁。

（13）平成二五年五月二八日法制審議会民法（債権関係）部会第七二回会議議事録（http://www.moj.go.jp/content/000114934.pdf）。

(14)　内田貴「佳境に入った債権法改正」ＮＢＬ九六八号（平成二四年）四頁。
(15)　法制審議会民法（債権関係）部会第三〇回会議（平成二三年七月二六日）議事録一頁以下（http://www.moj.go.jp/shingi1/shingikai_saiken.html）。
(16)　より正確にいえば、「総論的な意見」をめぐっては、事務当局と法務省参事官以外には、「審議スケジュールの関係」についての意見が弁護士出身の委員から述べられているが、「改正の必要性」をめぐる発言は何もなされていない（次注引用議事録参照）。
(17)　法制審議会民法（債権関係）部会第三五回会議（平成二三年一一月一五日）議事録六頁（http://www.moj.go.jp/content/00083387.pdf）。
(18)　規制改革会議第一回議事録：規制改革会議横断的制度ＷＧ第一回基本ルールＴＦ（平成一九年四月六日）議事録（議題一：民法改正の検討状況について（法務省ヒアリング））（http://www8.cao.go.jp/kisei-kaikaku/minutes/wg/2007/0406/summary0406.pdf）。
(19)　次段の「」引用文も含め、『規制改革会議・第三次答申』：規制改革会議：規制改革推進のための第三次答申――規制の集中改革プログラム（平成二〇年一二月二二日）（http://www8.cao.go.jp/kisei-kaikaku/publication/2008/1222/item081222_21.pdf）。
(20)　以上、民法（債権法）改正検討委員会編『債権法改正の基本方針』別冊ＮＢＬ一二六号（商事法務、平成二一年）六頁、七頁。
(21)　正確には、消費者契約法は消費者庁と法務省の共管であるが、消費者契約法の事務を取り扱っているのは、消費者庁の消費者制度課なので、事実上、消費者庁の所管といってよいであろう。
(22)　筒井・注(5)引用「民法（財産法）関係の動向」三一頁。
(23)　注(20)引用『債権法改正の基本方針』七頁。
(24)　この二七回の全体会議のうち、「拡大幹事会」メンバーが占めた比率については、加藤雅信『民法（債権法）改正――民法典はどこにいくのか』（日本評論社、平成二三年）二四〇頁参照。なお、議事決定は三分の二によって決せられるとされていたことを付言しておきたい（前注引用書同頁）。
(25)　注(20)引用『債権法改正の基本方針』一八頁、二三頁。
(26)　本文では、消費者契約関係の規定を民法典に取り込むという問題を、官庁間の権限争いという観点から叙述した。以下では、この「権限争い」という官僚的な視点を離れて、法の在り方として民法典に取り込むのと、特別法に規定するのと、いずれが望ましいかという問題を検討することとしたい。
周知のように、消費者問題をめぐる法の発展は著しい。消費者法は非常に変化の激しい法分野であって、消費者私法もその例外ではない。これに対し、基本法である民法は、改正の頻度が少ない法律である。その理由は、民法は一般法としてさまざまな場で適用されるので法の適用頻度も多い。そのような法律が頻繁に改正されると、改正前の事件には旧法を、改正後の事件には新法を適用せねばならず、混乱状況が生じやすいので、改正には慎重にならざるをえないからである。したがって、消費者私法的な内容を民法に取り込むと、消費者私法にとっては機動的な改正が困難となり、民法にとっては基本法としての安定性が損なわれることになる。このような観点からは、民法と消費者私法のドッキングは、双方にとって不幸な結婚のようなものでしかない。

そのうえ、現在の民法典は、等質的な人間を前提に、すべての人に適用される法であるという基本的性格を有しているが、その基本的性格が破壊されることになる。

前々段に述べた法の改正手続という実際的な観点と、前段で述べた法の基本的性格という観点という二つの観点から、民法に消費者私法を取り入れることには問題があると考える。

(27)　筒井・注(5)引用「民法（財産法）関係の動向」三一頁。
(28)　筒井・注(5)引用「民法（財産法）関係の動向」三一頁。
(29)　注(18)引用の内閣府規制改革会議のヒアリングにおける法務省参事官の発言。
(30)　民法（債権法）改正検討委員会第九回全体会議議事録二頁（http://www.shojihomu.or.jp/saikenhou/Japanese/index_j.html）。
(31)　民法（債権法）改正検討委員会編『シンポジウム「債権法改正の基本方針」』別冊ＮＢＬ一二七号（平成二一年）六頁。
(32)　法制審議会民法（債権関係）部会第二〇回会議部会資料20－1一頁（http://www.moj.go.jp/content/000059679.pdf）。
(33)　内田貴「いまなぜ『債権法改正』か？　下」ＮＢＬ八七二号（平成二〇年）七五頁。
(34)　内田貴『民法改正――契約のルールが百年ぶりに変わる』（ちくま書房、平成二三年）二一九頁。
(35)　注(6)引用『民法（債権関係）の改正に関する中間的な論点整理の補足説明』四九三頁以下。
(36)　加藤・注(24)引用『民法（債権法）改正――民法典はどこにいくのか』一六三頁以下。

なお、民法（債権法）改正検討委員会が設立された当時、私も参加を求められ、全体会議のメンバーとなった。その当時、私は、本文に述べてきたような筋書きが背後に存在していることを知らず、ただ、会議での提案の内容の方向性にあまりに奇妙なものが多いので、事務局原案の多くに対して反対発言や疑問の提示を繰り返すにとどまっていた。

本文に述べた消費者契約法をめぐる権限争いの問題に気づいたのは、民法（債権法）改正検討委員会解散後半年ほどして開催された日本消費者法学会のシンポジウム「民法改正と消費者法」にコメンテイターとして招かれたさい、その席上で、法務省参与が「検討委員会の前提は、改正の手続きとか所管を全く変えないということではない」（内田貴発言「第二回大会シンポジウム『民法改正と消費者法』ディスカッション」消費者法第二号〔平成二二年〕四一頁）との発言を聞いたときであった。この発言により、それまでに慎重に秘匿されていた「所管」変更の問題が背後にあることが明らかとなり、それまでの数々の疑問が氷解した。それまで、民法（債権法）改正検討委員会の会議の席上で法務省民事局関係者が関与のもとに作成された原案には反対したものの、社会的には沈黙を守っていた私は、本注冒頭の『民法（債権法）改正――民法典はどこにいくのか』を著し、改正提案の問題点を指摘し、この官庁間の権限争いも今回の改正の問題点の一つであるとして、今回の債権法改正に対して反対することを、社会的に表明しはじめたのである。

(37)　注(7)引用『民法（債権関係）の改正に関する中間試案の補足説明』三三二頁。

(38)　前注引用書には、「このような規定を設けないという考え方がある」という文言が「注記」されていることを付言しておきたい。

(39)　社会的に無用な改正、有害な改正として、ファイナンス・リースをめぐる提言等、いくつかの問題については、注(43)参照。

(40)　本稿では、紙幅の制約から、官庁の組織的利害の問題についての叙述を、法務省民事局の権限拡大という点に絞った。しかしこれ以外にも、法務省民事局にとっては、近年、相次いだ民事法改正によって肥大した法務省民事局の法改正担当人員――昔と比べると、四倍以上となった人員数――を組織として維持することという狙いがあった〔巻頭資料2参照〕。この点については、加藤・注(24)引用『民法（債権法）改正――民法典はどこにいくのか』一五六頁以下の叙述に譲る。

(41)　内田貴「いまなぜ『債権法改正』か？　上」ＮＢＬ八七一号（平成二〇年）一六頁。

(42)　町村泰貴「設立一〇周年記念講演会『債権法改正の論点』――内田貴・法務省参与をお迎えして」（財団法人日弁連法務研究財団ニューズレター第四〇号〔二〇〇九年一月一五日〕三頁〔https://www.jlf.or.jp/jlfnews/pdf/vol40.pdf〕）。

(43)　債務不履行の「無過失責任化」の問題性については、加藤・注(24)引用『民法（債権法）改正――民法典はどこにいくのか』一八頁～八六頁、一一六頁～一二四頁（なお、債務不履行をめぐる『中間試案』の提言について、「債務不履行の無過失責任化は、断念されたのか、『断念』はカモフラージュか」を検討したものとして、加藤雅信「『中間試案』に対するパブリックコメント提出意見」（http://minpoukaisei.cocolog-nifty.com/blog/2013/06/post-4566.html））、「個人保証」、「危険負担」、「事情変更の法理」、「履行期前の履行拒絶」、「ファイナンス・リース」、「債権総論と契約総論の合体」、「消滅時効のみの改正」については、加藤雅信「民法（債権法）改正の『中間試案』下」法律時報八五巻五号（平成二五年）九三頁以下、「無効」の規定に給付利得を取り込む内容については、加藤雅信「私法学会シンポジウム発言」私法七四号（平成二三年）五七頁、同「不当利得立法提案の問題性」戒能通厚＝石田眞＝上村達夫編・法創造の比較法学（日本評論社、平成二二年）二一五頁。

(44)　内田貴『契約の再生』（弘文堂、平成二年）二二四頁。

(45)　以上、内田・前注引用書二四七頁。

(46) 内田・注(44)引用書二五一頁。
(47) 内田貴『契約の時代――日本社会と契約法』（岩波書店、平成一二年）三〇頁。
(48) 今回の債権法改正の底流に、学者出身の法務官僚の主張する「関係的契約理論」が存在することを最初に指摘したのは、鈴木仁志『民法改正の真実――自壊する日本の法と社会』（講談社、平成二五年）一九一頁以下である。また、鈴木弁護士は、平成二六（二〇一四）年三月二三日の債権法改正をめぐるシンポジウムにおいても、本文に述べたように「契約の趣旨」という文言を用いた改正提案にこの論者の考え方が現れていることを指摘した。債権法改正の一面を照射した鋭い指摘であるといえるであろう。
(49) 平成二六年六月一〇日法制審議会民法（債権関係）部会第九〇回会議・部会資料79－1「民法（債権関係）の改正に関する要綱仮案の原案（その一）」九頁、部会資料79－3「民法（債権関係）の改正に関する要綱仮案の原案（その一）補充説明」七頁等参照。
(50) 注(43)引用文献を参照されたい。
(51) 以上、内田・注(47)引用『契約の時代――日本社会と契約法』三一頁。
(52) 内田・注(47)引用『契約の時代――日本社会と契約法』六八頁。
(53) 内田・注(47)引用『契約の時代――日本社会と契約法』六三頁（なお、この引用文は文末注にあり、頁数は書物末尾から開始されるものであることに留意されたい）。
(54) 島田真琴「イギリス法との比較による債権法改正基本方針の検討――国際取引法務の観点から」慶應法学一九号（平成二三年）四七一頁。
(55) 注(7)引用『民法（債権関係）の改正に関する中間試案の補足説明』一三二頁。
(56) 吉川吉樹『履行請求権と損害軽減義務――履行期前の履行拒絶に関する考察』（東京大学出版会、平成二二年）三三三頁。
(57) 以上の引用は、具体的な裁判で問題となった主張として、イギリスの最近の著作に紹介されているものである（J. W. Carter, Carter's Breach of Contract Hart edition 377 (2012)）。
(58) 平田大器「履行前の履行拒絶と民法改正メモ」（平成二四年）。なお、このメモは未公刊であるが、メモ作成者の許可を得て、ここに紹介するものである。記して謝意を表したい。
(59) 注(7)引用『民法（債権関係）の改正に関する中間試案の補足説明』三八二頁。
(60) 最判昭和三六年六月二〇日民集一五巻六号一六〇二頁、最判昭和五七年一〇月一五日判時一〇六〇号七六頁。最高裁判例は、借地借家法等に条文の根拠がある場合にのみ、賃料改定等を認めているにすぎない。
(61) 神戸地伊丹支判昭和六三年一二月二六日判時一三一九号一三九頁。この裁判例は、契約締結時から二〇年後に予約完結権を行使したが、土地の価格が二〇数倍に上昇していた事案において、代金の一部（三割弱）が契約締結時に支払済みであった場合に、単に契約の解除を認めるだけでは当事者間の衡平を保ちえないことを考慮して、価格改定を認めている。

(62) 注(7)引用『民法（債権関係）の改正に関する中間試案の補足説明』一〇六頁。
(63) 内田・注(47)引用『契約の時代——日本社会と契約法』三五頁。
(64) 山本豊「民法の現在：債務不履行・約款」ジュリスト一三九二号（平成二二年）八五頁。
(65) 山田創一「民法（債権法）改正の中間試案に関する考察」専修ロージャーナル九号（平成二五年）五九頁。
(66) 追悼記として公表されたものであるが、中川善之助「理性院本覚栄法居士」追想の我妻榮（一粒社、昭和四九年）五六頁。
(67) 内田・注(33)引用「いまなぜ『債権法改正』か？　下」NBL八七二号八〇頁。
(68) 内田貴『債権法の新時代——「債権法改正の基本方針」の概要』（商事法務、平成二一年）三四頁。
(69) 滝沢聿代「シンポジウム『債権法改正の基本方針』とその後」法政法科大学院紀要六巻一号（平成二二年）九〇頁以下。
(70) 内田・注(33)引用「いまなぜ『債権法改正』か？　下」NBL八七二号八〇頁。
(71) ミシェル・グリマルディ＝片山直也訳「二一世紀におけるフランス法の使命——グローバリゼーションに対峙する大陸法」ジュリスト一三七五号（平成二一年）九四頁以下。
(72) 島田・注(54)引用「イギリス法との比較による債権法改正基本方針の検討——国際取引法務の観点から」慶應法学一九号五一〇頁。
(73) 前注引用論稿四七一頁。
(74) ジュラルド・マクリン「ウィーン売買条約等の国際取引法は、国内民法の改正に影響を与えるべきなのか」法律時報八四巻五号（平成二四年）一三〇頁。
(75) 内田・注(41)引用「いまなぜ『債権法改正』か？　上」NBL八七一号一六頁。
(76) 武井一浩＝阿部泰久「対談：日本経済活性化に向けたビジネス法制の提言」ビジネス法務二〇一一年八月号九一頁。
(77) 日刊工業新聞二〇一一年八月二九日朝刊三一頁。
(78) 遠藤賢治＝加藤雅信＝大原寛史「インタビュー調査報告書：債権法改正——元裁判官は、こう考える」名古屋学院大学論集社会科学篇五〇巻三号（平成二六年）一四三頁。
(79) 遠藤＝加藤＝大原・前注引用論稿一二八頁。
(80) 遠藤＝加藤＝大原・注(78)引用論稿一二七頁。
(81) 加藤雅信＝高須順一＝中田裕康＝房村精一＝細川清＝深山雅也「座談会：債権法改正をめぐって——裁判実務の観点から」ジュリ

スト一三九二号（平成二二年）六五頁。

(82) この調査は、中部弁護士会連合会司法制度調査委員会、山梨県弁護士会民事法制委員会、「弁護士の声を民法改正に反映させる会」が行ったもので、最終結果は、弁護士の声を民法改正に反映させる会・事務局「民法（債権法）改正：全国・弁護士二〇〇〇人の声――債権法改正に、反対一四六八名、賛成一九〇名」にまとめられている（http://minpoukaisei.cocolog-nifty.com/blog/）。なお、以下に紹介する数値は、最終集計が行われる直前に公表された論稿、弁護士の声を民法改正に反映させる会・事務局「民法（債権法）改正：全国・弁護士一九〇〇人の声――債権法改正に、反対一三七八名、賛成一七六名」法律時報八五巻三号（平成二五年）七二頁以下を補正したものである。アンケート調査票等については、法律時報八五巻三号七五頁以下を参照されたい。

(83) 東京弁護士会編著『民法（債権関係）の改正に関する中間的な論点整理』に対する意見書』（信山社、平成二三年）五二九頁。

(84) 注(82)引用「民法（債権法）改正：全国・弁護士一九〇〇人の声――債権法改正に、反対一三七八名、賛成一七六名」法律時報八五巻三号七三頁。

(85) 加藤・注(24)引用『民法（債権法）改正――民法典はどこにいくのか』二六五頁以下。

(86) 加藤・注(24)引用『民法（債権法）改正――民法典はどこにいくのか』二七一頁以下。

(87) 元通産官僚で、慶應義塾大学大学院教授の岸博幸氏は、「霞が関文学」とは、「官僚特有の作文技術のことで、文章表現を微妙に書き換えることで別の意味に解釈できる余地を残したり、中身を骨抜きにするなど、近代統治の基本とも言うべき『言葉』を通じて政治をコントロールする霞ヶ関官僚の伝統芸と言われるもののことだ」という（http://www.the-journal.jp/contents/jimbo/2010/03/post_49.html）。

(88) 梅謙次郎「伊藤公と立法事業」国家学会雑誌二四巻七号（明治四三年）九六四頁以下。

(89) 遠藤＝加藤＝大原・注(78)引用「インタビュー調査報告書：債権法改正――元裁判官は、こう考える」一四三頁。

＊本章初出原稿「自由市場（「合意による契約」）を破壊する債権法改正」MS & AD基礎研REVIEW 2014. AUGUST 一六号七八頁以下。

第三部　債権法改正法案の総合的検討

第七章　債権法改正法案がもたらす法曹実務と社会の混乱

第一節　序　論

第一章で述べたように、昨平成二六（二〇一四）年夏に、債権法改正の基本方針は大きく変更された。しかし、それは急転換であったため、日本社会の改正需要とは無関係に議論されてきたいくつかの極端な改正提案が依然として債権法改正法案に残されている。そのようなものとして、本章では、第二節で債権法改正事務局が今なお強調している「債務不履行の無過失責任化」の問題を、第三節で「執拗にはかられる『合意の弱体化』」という問題を、第四節で「『無効』の規定と『給付利得』の分断」の問題を検討した後、第五節で「時効」の問題を検討することとした。

なお、第三部と第四部においては、債権法改正法案と『民法改正　国民・法曹・学界有志案』[1]（以下『国民有志案』と略称する）と対比することがある。この平成二一（二〇〇九）年に公表された国民有志案は、総則編の部分がほぼ全面改正されたものが近々理由書付きで公刊される予定である[2]。これは、民法改正研究会の審議をへた最終案であるが、物権編と債権編の部分については、事務局レベルでの修正案原案が策定されている段階で、民法改正研究会の審議をへた最終案にはなっていない。以下の叙述においてこれを対比案として示すさいには、総則部分については「民法改正研究会の改正提案」ないし「日本民法典改正条文案」、物権編と債権編の部分については、変更されていない場合には「国民有志案」、変更の提案がなされている場合には「国民有志案修正案原案」ないし単に「修正案原案」と呼ぶことにする。

(1) 民法改正研究会編『民法改正　国民・法曹・学界有志案』(法律時報増刊)(平成二一年)。
(2) 民法改正研究会編『日本民法典改正案　第一編　総則』(信山社、近刊)。

第二節　債務不履行の無過失責任化――異説の立法による実現か、混乱惹起の改正か

一　はじめに

現行民法四一五条は、債務不履行による損害賠償につき過失責任主義の立場をとっている。このことは、通説、判例はもちろんのこと、今回の債権法改正を推進してきた法務省民事局元参与も、「伝統的に通説・判例は、過失責任主義という民法の基本原理から、債務不履行による損害賠償責任一般に帰責事由が要件となるとしている」[1]として承認してきた。

学説としては、結果債務・手段債務論等、部分的に過失責任主義を否定する説は存在していたし[2]、著者も、債務不履行における抗弁は、無過失責任、軽過失責任、重過失責任等々、連続的なカーブを描くものであって、抗弁が成立しない場合もあると考えている[3]。しかしながら、債権法改正の作業が始まる前には、このように過失責任主義を部分的に否定する見解は一部から披露されてはいたものの、過失責任主義を全面的に否定する説は主張されていなかった状況にあったといっても過言ではない。現に、さきの債権法改正を今回推進してきた法務省民事局元参与も、「履行不能に関しては、明文の規定で帰責事由が要求されている。狭い意味での不可抗力とはいえない場合でも、帰責事由なしとされる場合があるから、故意・過失と言い換えることが妥当する類型の帰責事由といえる[4]」と述べている状況であった。

ところが、このような判例、学説の状況のもとで、債権法改正事務局は、債務不履行による損害賠償の問題につき、

現在の過失責任主義を無過失責任主義[5]に変更することを試みた。債務不履行による損害賠償が無過失責任となると、玉突き的に、過失・無過失の問題と関連する危険負担、債務不履行による契約解除、瑕疵担保責任の規定その他が大幅に変更されることになる。

債権法改正の推進者すら認めていたこのような判例、学説が債務不履行の過失責任主義を前提としている状況を大改正することにどのような意味があるのか、そして、この提案が学界や実務界からどのように受け止められたのかを次に検討することにしよう。

二　債務不履行の無過失責任化――当初提案

法務省民事局関係者らが中心となって原案を作成し[6]、民法（債権法）改正検討委員会において承認された『債権法改正の基本方針』における債務不履行の改正提案は、債務不履行による損害賠償の規定から帰責事由に相当する文言を削除することを提言した。そのうえで、帰責事由不存在の抗弁に代えて、「契約において債務者が引き受けていなかった事由により債務不履行が生じたときには、債務者は……損害賠償責任を負わない」という抗弁内容にしようとしたのである[7]。

また、この提案内容は、次のように説明された。「『責めに帰すべき事由』という表現を避けたのは、……帰責原理面で『過失責任の原則』をとらないことを示すためである」。要するに、「『債務者が「無過失」……を証明しさえすれば免責される』などというルールを本試案が採用したととらえられることを回避したものである」。

そして、「無過失」の抗弁に代えて、「本提案〈1〉では、当該契約において債務者が引き受けていなかった事由により債務不履行が生じた場合に、債務者は損害賠償責任を負わない（免責される）ものとした[8]」。さらに、損害賠償免責枠組を「ドイツ型の『過失』・『無過失』から……変更[9]」することによって、過失責任主義からの方向転換をする姿勢を明らかにした。

三　当初提案に対する学界・実務の反応

この無過失責任主義の導入提案に対しては、学界から猛反対が巻き起こった。これは、少数説の立法による実現を超えた、これまで学界に存在していなかった異説の立法による強制を債権法改正事務局が試みたことに対する学界の反発であった、とみることができるであろう。この点は以前詳論したことがあるが[10]、ここでも簡単にこの提案に対する学界の反応を紹介しておこう。

まず、民法学界の重鎮であった故川井健博士は、改正提案一般につき、「最新の学説のひとり歩きという感をぬぐえない。『にっちもさっちもいかない』……点を是正するという姿勢ではなく、一部の学者のみによる学者草案という印象が強い……。最先端の新しい法理が思わぬ危険を生むおそれはないとはいえないであろう。改正は、まさに、国民のための改正……であるべきである。学者による新たな法理の展開ではなく、紛争解決基準として何が望ましいかという検討が必要である」と評したうえで、債務不履行の問題に焦点を合わせて、「立法論として、債務不履行や危険負担などの債権法の基本構造を変えるにはもっと慎重でなければならない」と評した[11]。

民法学者の河上正二教授は、「『責めに帰すべき事由（帰責事由）』・『債務の本旨』・『危険負担』といった諸概念や制度は、放棄するより、必要な手当をすることで内容の整備・再生を図ることが望ましい」と述べ、「予め『合意されていない』ところに、『どちらが引き受けていたか』といった合意基準を持ち出すことはナンセンスであり、むしろ経験則に従って客観的紛争解決基準を提示するよう努めるべきである」と述べた[12]。

また、吉田克己教授は、「概念が不明確である」と批判し[13]、池田真朗教授は、「一般市民に決してわかりやすいものではない」と批判した[14]。さらに、滝沢聿代教授は、「立法は基本的には実務と認識される必要がある。この点を押さえた上で、第一には、民法典の基本的な構造に手を加えるような改革を控えるという方針を提案したい」と述べた[15]。

商法学者として会社法制定の立役者であった江頭憲治郎教授は、「民法の債務不履行が仮に厳格責任になっても、商法のほうは、商法の条文が残っている限り過失責任のままで」いくとし(16)、この無過失責任化の提案を相手にしなかった。

また、法制史家からは、ローマ法の木庭顕教授は、「前代未聞の厳格責任主義」（＝無過失責任主義）であると評し(17)、西洋法制史の小川浩三教授は、〃学理的論証を欠く、イデオロギー的な主張である〃と論評した(18)。

学界のみならず、法曹実務からも、この無過失責任主義については強い反対が表明された。

まず、大阪弁護士会が次のような反対意見を表明した。「本提案ではその免責事由を『契約において債務者が引き受けていなかった事由』とするが、その文言では、内容が明確でない上、当該事由の判断が規範的評価を伴うものであることを適切に表しているとはいえない。むしろ、このような文言に変更することは、帰責原理についての原理的学理的転換だけでなく、あたかも従来の裁判実務上馴染まれてきた『責めに帰すべき事由』の内容およびその判断についてまで変更するがごとき誤ったメッセージを与えてしまう。そこで、免責事由としては、従来どおり、『責めに帰すべき事由がないこと』とするか、あるいは、下記のように、免責事由についての定義、その評価基準を明記した新たな条項とすべきである。／……本提案は、『債務者が引き受けていなかった事由』という文言を提案するが、その具体的内容が一義的に明らかであるとは言い難く、あえて採用を回避した『責めに帰すべき事由』と大差ないと評価せざるを得ない(19)」。

また、東京弁護士会も、次のような反対意見を表明した。

「債務不履行による損害賠償の要件について／意見

①損害賠償に関する条文については、『本旨不履行があったことをもって損害賠償請求権が発生する』ものとし、ただし書において、『当該不履行が債務者の責めに帰すべき事由によるものでないときはこの限りでない』旨の規定を置くべきである。

②これ以外の免責事由については、規定を設けるべきではない(20)」。

さらに、東京第一弁護士会の司法制度調査委員会も、次のように慎重な審議を求めたうえで、無過失化には反対の意見を述べた。

「債務不履行概念の修正（過失責任主義との訣別）

現行民法の解釈上、債務が完全には履行されない場合の法的救済として、帰責事由を要件とする債務不履行と、いわゆる無過失責任としての法定担保責任とが、あたかも両輪のように存在し、民法としての一つの法体系を形成している。これに対し、改正基本方針はこれを大幅に修正して、債務不履行から帰責事由要件を除外し、瑕疵担保を中心とした担保責任を修正し、原始的履行不能の概念を廃棄し、危険負担の概念を修正するなどいわゆる『契約責任説』と呼ばれる立場からの改正を提案している。その他、契約の成立要件の明文化、契約解除の要件の修正、事情変更の原則の明文化等の契約法の基本法理についての修正の提案もなされている。

今日まで国民社会に根付いてきた契約の意味内容や現行民法の規範性を変容させるが如き改正の提案については極めて慎重な議論を経るべきである[21]」。

そのうえで、民法（債権法）改正検討委員会の免責事由については、全面的に否定的な態度を表明し、「免責事由の表現として『引受け』という言葉を用いることが不適切である／現行法の『債務の本旨』及び『帰責事由』という要件を維持する必要があり、またそれで十分と考えられる[22]」と述べた。

また、全国の弁護士二〇〇〇人余りに対するアンケート調査によると、この無過失責任化を含む債務不履行の改正提案にかんしては、賛成一八八名、反対一五五九名と反対が圧倒的に多い。回答は五肢選択なので、中間回答値が三であるところ、回答平均値は一・八七と低い値を示し、弁護士の反対の強さをうかがわせる[23]。

なお、裁判官経験者からも意見表明があるが、意見表明の時期が以上に引用したものよりも後になるので、その紹介は本書一四二頁以下に譲る。

四　債権法改正事務局の迂回路線

二に紹介した『債権法改正の基本方針』公表から二年後の第一回目のパブリック・コメントにおいては、『中間的な論点整理』の債務不履行の部分は、文意を明確にすることを避けた叙述がならんでいるので、なにがパブリック・コメントで問われているのかは、それほど明確ではない。ただ、その説明文のなかに、帰責事由を「他の文言に置き換える必要があるかどうか、……更に検討してはどうか」[24]という一文が含まれていたことは事実である。この段階では、債権法改正事務局は、可能なかぎり自らの意図を明確にすることを避けながらも、『債権法改正の基本方針』の過失責任否定路線を踏襲しようと考えていたと評価してよいであろう。

ただ、その二年後に、民法部会は、『中間試案』を公表し、これに対する賛否を問うべく、第二回目のパブリック・コメントを開始した。この段階では、債権法改正事務局は、さきに紹介したような猛反発を受けた民法四一五条前段の改正をする「債務不履行による損害賠償」の条文案として次のような文言を提示した。[25]

「(1)　債務者がその債務の履行をしないときは、債権者は、債務者に対し、その不履行によって生じた損害の賠償を請求することができるものとする。

(2)　契約による債務の不履行が、当該契約の趣旨に照らして債務者の責めに帰することのできない事由によるものであるときは、債務者は、その不履行によって生じた損害を賠償する責任を負わないものとする。」

ここには、現行民法四一五条に存在している「債務者の責めに帰すべき事由」にほぼ対応する文言が残されている。無過失責任の条文を提示するさいには、立法の仕方として、この種の文言を書かないのが常道なので、著者は、この提案を読んだときに、学界や実務からの強い反発を受け、債権法改正事務局が無過失責任主義から過失責任主義へと方向転換したのだと理解した。そして、パブコメ直前に脱稿した論稿で、「断念された債務不履行の無過失責任化」という標題のもとに、この提案を紹介したのである。[26]

ところが、債権法改正事務局は、その後に公表された『補足説明』において、この帰責事由に対応する文言は、「契約の趣旨」に照らして「債務者がそのリスクを負担すべきだったと評価できるか否かによって免責の可否を判断する旨を示すものとして」この帰責事由の文言を維持したという説明文を公表した。[27]そこでは、「『契約の趣旨に照らして』といった判断基準を付加することにより、当該契約の具体的事情を離れた抽象的な故意過失等を意味するなどといった解釈を封ずることができる」(28)と述べられている。

要するに、条文案には帰責事由という文言を復活させる一方で、後になってから公表したその条文案の『補足説明』に、『債権法改正の基本方針』で示した当初の無過失責任の方向を堅持し、それを「契約の趣旨」という文言を付加することによって表現しているとの解説を発表したことになる。ただ、日本語の文章として、「契約の趣旨」＋帰責事由＝無過失責任、と理解することが一般的とはとても思われず、債権法改正事務局の説くこの図式は、私にはほとんど屁理屈を強弁しているとしか思われない。

法務省民事局の債権法改正事務局は、欺罔的手法そのものといってもおかしくないと思われる迂回路線を採用したのである。

この中間試案の債務不履行案については、民事裁判の中枢を担った元裁判官に、この「債務不履行規定は、現行民法四一五条よりもわかりやすくなるとお考えでしょうか。それとも、わかりにくくなるとお考えでしょうか」と尋ねた調査がある。その回答をみると、中間試案の債務不履行案に否定的な意見が多数を占めたので、それを次に紹介しよう。(29)

それらは、「現行民法のほうが明らかにわかりやすい」、「現行民法が、すっきりしている」、「中間試案は、現行民法よりわかりにくい」、「〝中間試案の改正目的〟がわからない」、「新規な提案には、根拠が必要」、「『債務の本旨』の言葉が適切」、「免責事由を『リスクの負担』だとするのであれば、問題」等の回答であった。(30)

このようなわかりにくさを問題にすることを超えて、大きな懸念を示した裁判官経験者の数も少なくない。若干の例をあげれば、「もし、判例の定着化ではなくて、中間試案（概要付き）に述べられているように、「債務の本旨にしたがった履行」という言葉を削除し、帰責事由の内容を、「当該契約の趣旨」によって「債務者がリスクを負担すべきだったと評価できるか否かによって免責の可否を判断する」という方向に変えるのであるとすれば、今回の債権法改正は大きな問題となるであろう」、「『当該契約の趣旨に照らして債務者の責に帰することができない事由によるものであるとき』に、免責されることとあるが、これは、将来解釈論として難しい問題となるであろう」、「かえってごちゃごちゃするということが懸念される」、「明らかに現行民法の方がわかりやすく、改正提案がわかりにくくなっている。ちょっと『お粗末』な改正提案で、当初の改正目的として掲げられていた判例を条文化するのではなく、自分たちの思いつきで改正しているだけなのではないか。……一方では、判例法理を無視しながら、『判例法理を前提にしている』というのは、ご都合主義といいたくなってしまう(31)」等、ベテランの裁判官経験者たちは、この債務不履行の改正提案には、大きな懸念を示しているのである。

五　再度とられた、債権法改正事務局の迂回路線

四に述べた債権法改正事務局が採用した迂回路線は、帰責事由の前に「当該契約の趣旨に照らして」という文言を冠しているので、これは、故意過失ではなく、リスク負担を意味するという〝事後解説〟をしたものであった。

債務不履行の問題を離れることになるが、この「契約の趣旨」という文言は、現行民法には存在していない。しかし、中間試案にはこの文言が五二回も出てきている。民法部会の議論をみると、「契約の趣旨」の理解は委員によって一様ではないが、債権法改正事務局を司る法務省民事局元参与は、自己の学説である「関係的契約理論」の趣旨でこの文言を用いていたようである。

わが国はもちろん、大陸法であろうと英米法であろうと、契約上の権利義務は当事者の合意によって決定される。ところが、「関係的契約理論」は、合意ではなく、社会関係から契約上の権利義務が生まれると主張し、この世界の常識を覆そうとするものである。この理論のもとでは、当事者間に合意があっても、裁判官がそれらの者の間の社会関係から合意を守らせる必要がないと考えると、「契約の趣旨」が合意に優先することになる。

ところが、主唱者自身が認めるように、「関係的契約という契約モデルの内容は、(この理論を提唱した) マクニールにおいても漠然としている。……社会契約は契約の種類に応じて多様であり、とうてい (合意を基礎とする) 古典的契約モデルのような形で、明断に定義することはできない(32)」。論者自身がこのようにいうのであれば、これは、明治八(一

八七五）年の太政官布告「裁判事務心得」が「民事ノ裁判ニ成文ノ法律ナキモノハ習慣ニ依リ習慣ナキモノハ条理ヲ推考シテ裁判スヘシ」と規定しているのと似たような裁量権を裁判官に付与しようとする考え方にみえる。見方によっては大岡裁きをめざすともいえるかもしれない。ただ、大岡越前守ほどの能力のない人が大岡裁きの真似をすると、裁判がとんでもないものになりかねない。今回の債権法改正が、「契約の趣旨」の多用によって、裁判の予測可能性、ひいてはビジネスの予測可能性を害することを、私は規制改革会議のヒアリングの席で指摘した(33)。同じような指摘は、鈴木仁志弁護士の展開するところでもある(34)。

実は、このような批判が公にされる以前に、法務省民事局元参与の弟子にあたる東京大学の准教授が、結論それ自体が提案に対する露骨な否定となることを慎重に避けながらも、結語として「中間試案における『契約の趣旨』の概念によって（契約法上の諸問題に関する解決方法を結論として示されたと言うよりもむしろ）そうして直面することになるさらなる課題の入口へと誘われたに過ぎないということについては、強く銘記されるべきであろう(35)」と述べる論文を公表し、これらの問題点をいち早く指摘していたことは注目されてよい。

曰く、「『民法（債権関係）の改正に関する中間試案』の中で、様々な規定において多用されている『契約の趣旨』の語は、新たな債権法の体系における核心的な特質を示唆するその鍵概念の一つである」。「すなわち、ここでは、契約の目的のように当事者の具体的な合意内容に比較的近いものだけでなく、取引通念のように具体的な契約から相当程度離れた考慮要素をも踏まえた上で、当該契約に関する『契約の趣旨』が導かれるものとされており」、「中間試案における『契約の趣旨』の概念が、契約の目的や社会通念など多岐にわたる考慮要素に基づく不透明な概念であることは否めない」として、「『契約の趣旨』の概念の曖昧さや不透明性」を指摘していた。そのうえで、「『契約の趣旨』の概念……が一旦作動するとそれによって契約法秩序における様々な制度や規範の構造が全面的に塗り替えられてしまう大きな危険性を孕んでおり」、「このような『理論体系は、その判断の不透明さとそれに対する統御の困難性を不可避的に生み出してしまうのであり、それにより、合意からは基礎付けられ得ないような契約内容が――しかも、『合意』という抗い難い力を振り翳しつつ――融通無碍に導かれることになれば、契約法における諸制度をその基盤から瓦解させてしまう結果にもなりかねない」[36]。

このような分析と批判を念頭においてのことか、法務省民事局の民法部会事務局は、「要綱仮案」作成の最後の段階で、もっとも目立つ資料である条文改正提案の一覧では、この「契約の趣旨」という文言を「契約その他の当該債務の発生原因及び取引上の社会通念」という文言等に差し替えてきた[37]。これによって、一見、「契約の趣旨」という文言がなくなったかのような外観が与えられている。しかしながら、その付属資料である「補充説明」には、次のように記されている。「『契約の趣旨に照らして』との文言からは取引通念が考慮されるべきであることが読み取りにくいとの問題があった。そこで、……『取引上の社会通念に照らして定まる』との表現を加えることとした」。ただ、「『契約の趣旨に照らして定まる』から『契約及び取引上の社会通念に照らして定まる』に変更されることになるが、規律の内容を変更する趣旨ではない」[38]。

ここでも、債権法改正事務局は、提示する条文案のなかでは批判の対象となった「契約の趣旨」の文言を「契約及び取引上の社会通念」に変更したうえで、別文書である「補充説明」において「規律の内容を変更する趣旨ではない」と解説する、再度の迂回路線を採用したのである。小手先の文言変更路線の踏襲であった。

要するに、債権法改正事務局は、「契約の趣旨」に対する批判を受けて、今度は、次の図式を提示してきたことになる。

「契約その他の当該債務の発生原因及び取引上の社会通念」＋帰責事由＝無過失責任

この「契約その他の当該債務の発生原因及び取引上の社会通念」という文言は、要綱仮案でも維持されており[39]、要綱では「当該」の文言が削除されただけで、その趣旨はそのまま維持され[40]、債権法改正法案四一五条に承継された。なお、債権法改正事務局は、要綱仮案以降、その「解説」等を公表していないが、『補足説明』や「補充説明」において、文言変更はしても、当初の趣旨は変更されていないとしてきたことは撤回されていないので、事務当局としては、当初からの過失責任否定論の立場を——迂回路線をとりながら——維持しているつもりなのであろう。

六　法定債権の債務不履行

二に紹介した『債権法改正の基本方針』が公表された後、債権法改正事務局は、それを基礎に民法部会において「『契約により引き受けていない事由』を免責事由として規制する考え方」を推奨しながら民法部会の議論を進めてきた[41]。また、民法（債権法）改正検討委員会は、債権総論と契約総論の区別をなくし、両者を融合させる案を提示し[42]、民法部会もその前提で議論を進めてきた。そのうえで——履行請求権との関係で議論された「契約の趣旨」との関連性に留意しつつ——債務不履行による損害賠償を考えるという方向性を「更に検討してはどうか」ということが、第一回のパブリック・コメントに付された[43]。

このパブリック・コメントが開始される直前に公刊された本のなかで、著者は次のように批判した。

「債務不履行としては、事務管理者が『最も本人の利益に適合する方法』（民法六九七条一項）ではない方法で事務管理を行えば、事務管理の債務不履行が問題となりうるし、不当利得返還義務者が返還義務を履行しなければ不当利得の債務不履行が問題となりえ、不法行為者が賠償義務を履行しなければ不法行為の債務不履行が問題となりうるところである。しかし、民法（債権法）改正検討委員会の案では、債権各論に対応する債権総論は廃止されたので、これらの法定債権の債務不履行の根拠規定はどこにも存在しないことになる。

また、提案されている条文案をこれらの法定債権に準用することも不可能である。なぜなら、これらの法定債権においては、債務者が『契約により引き受けていた事由』か『いない事由』かを判断する余地はないからである。

このようにみると、上記の民法（債権法）改正検討委員会の案は、契約債権のみを射程において提案されたものにすぎず、契約以外の法定債権等の存在が視野の外に置かれていることがわかる。債権総論を廃止し、すべてを契約総論に集約しようとする事務局の立場は、契約法独善主義的なものであり、民法全体を考えた場合には、再考が必要であることがここからもわかる[44]」。

実は、民法（債権法）改正検討委員会の案、そしてそれを基礎に論じられていた当初の民法部会の議論は、かくもずさんなものであった。

さすがに、法定債権についての債務不履行根拠規定がなくなるという批判を受けて、担当者もこれではいけないと考えたのであろう。中間試案の段階では、債務不履行による損害賠償についての提案は、次のように改められた。

「債務不履行による損害賠償

1　債務不履行による損害賠償とその免責事由（民法第四一五条前段関係）

民法第四一五条前段の規律を次のように改めるものとする。

(1)　債務者がその債務の履行をしないときは、債権者は、債務者に対し、その不履行によって生じた損害の賠償を請求することができるものとする。

(2)　契約による債務の不履行が、当該契約の趣旨に照らして債務者の責めに帰することのできない事由によるものであるときは、債務者は、その不履行によって生じた損害を賠償する責任を負わないものとする。

(3)　契約以外による債務の不履行が、その債務が生じた原因その他の事情に照らして債務者の責めに帰することのできない事由によるものであるときは、債務者は、その不履行によって生じた損害を賠償する責任を負わないものとする」。[45]

中間試案の段階では、法務大臣の「契約に関する規定を中心に見直しを行う」という当初の諮問範囲を超えて(3)の規律をおくことによってつじつまをあわせたのである。

ただ、要綱では、中間試案の(2)と(3)がひとつにまとめられ、免責事由は、「ただし、その債務の不履行が契約その他の債務の発生原因及び取引上の社会通念に照らして債務者の責めに帰することができない事由によるものであるときは、この限りでない」とされたので、契約以外の規定をおくことが、それほど突出したかたちにはならないことになった。

しかし、それは別の問題を引き起こした。「契約の発生原因及び取引上の社会通念に照らして」責めに帰することができないという部分は、——「過失責任主義の否定」という問題の是非を別にすれば——文章として意味が通る。しかしながら、「その他の債務の発生原因及び取引上の社会通念に照らして」責めに帰することができないという部分は、事務管理、契約の無効・取消しを原因とする以外の不当利得、不法行為は、「取引上の社会通念」と関係しようがないので、意味不明の条文案となってしまうのである。

そして、債権法改正法案四一五条は、「ただし、その債務の不履行が契約その他の債務の発生原因及び取引上の社会通念に照らして債務者の責めに帰することができない事由によるものであるときは、この限りでない」というただし書をおいており、上記の問題を受け継いでいる。

今回の債権法改正につき、当初から、「今回、実質的にみて検討委員会の最も強い基本理念といえるのは、……『契約』を中心として民法債権法の再構成を図ろうとするものである」[46]ことが指摘されていた。そして、それは、民法（債権法）改正検討委員会のなかでも、「契約法はよくなったけれども、あとは野となれ山となれというところがないではない」という評価を受けていたのである。[47]

われわれは、民法がいまや改正されようという段階にいたってなお、まずは、「契約法はよくなったけれども、あとは野となれ山となれ」という改正が行われようとしていることをどのように受け止めるべきなのであろうか。さらにいえば、以下に述べるように、本当に「契約法はよくなった」といえるか否かも実は大いに検討する必要があるのである。

七　法体系の分裂を押しての改正提案

六では契約債務不履行と法定債権の債務不履行の問題をとりあげた。しかし、問題は民法典という枠組を超えて発生する。債権法改正事務局は、「補充説明」その他で、民法の債務不履行責任が無過失責任となることを再三説いている。しかし、債権法改正事務局は、これまでに提起されてきた深刻な問題——かりに、民法の債務不履行を無過失責任にすると、民法の債務不履行責任と商法その他の法律の債務不履行との間で分裂をきたすのではないか、という問題——には頬被りしたまま無過失責任論を説いていることに留意する必要がある。

商法学者の山下友信委員は、法制審議会・民法部会の審議の過程において、次の疑問を提示している。「商法特有の分野として運送の規定などがございまして、ここを見ると、これは故意・過失という主観的要件を債務不履行責任の発生要件としているわけですね。これは民法の一般原則に対してそれほど特別のことを定めてきたとは考えてこなかったのではないかと思います。例えば、これを、部会資料５－２の三〇ページにある、文言的にいろいろな案が出ていて、その中の不可抗力的な概念で言い換えたりすると、相当今の責任の発生要件が変わってくるだろうということでございますし、運送あるいはそれに付随するような補完的な取引を考えると、やはり過失という基準で責任の有無を考える、一つこれはあり得る基準です。最近できる運送関係の条約でもやはりそれに相当する言葉が使われているものがありまず。それに加えてまた不可抗力とか、天災その他いろいろまた別の免責事由を具体的に挙げるということはあると思うのですけれども、故意又は過失というものが全く無意味な概念でもないようなので、先ほどからの過失責任主義の放棄というふうに一般的に言われるその意味がどこにあるのか。過失的な要素というのは全く問題でなくなってしまうのか、いや、やはりどこかそこへ一つ責任の発生要件として意味が残るのかどうか、そこら辺が必ずしも議論を聞いていてよく分からないところなので、いろいろな機会にまた御説明をいただければと思います(48)」。

また、商法学者の江頭憲治郎教授は、次のように述べる。「民法の債務不履行が仮に厳格責任になっても、商法のほうは、商法の条文が残っている限り過失責任のままで」いくから「大丈夫だと」考えている。「二〇〇七年頃でしょうか、民法（債権法）改正検討委員会の側から、どうしても商行為法にかかわってくる事項がある。……こうした点につき商法側はどう考えるかというご諮問が商法学者に対してありました。／そこで、商行為法につき論文を書いているような商法学者が集まり、商事法務研究会のバックアップで商行為法研究会という組織を立ち上げ、商行為法の条文を逐条的に洗ったうえで、『民法改正でやってください』という部分と、『民法改正で手をつけてもらっては困る』という部分との切り分けをしたのです。……ここの部分は民法改正でお願いする、ここから先は手をつけてもらっては困るというそのときの仕切りは、現在の法制審議会にも受け継がれていると、商法学者は考えています」。かりに民法が無過失責任となっても、「先ほど申しましたように、『ここから先は手を付けてくれるな』と言ってあるので、そう影響はないと私は楽観しているのです……商法の運送の規定は、例えば五七七条によれば、『注意ヲ怠ラサリシコトヲ証明スルニ非サレハ』責任を免れないということで、厳格責任ではなく過失責任です。商法の運送契約の規定には民法改正では『手を付けてくれるな』と商法側から言ってあるので、過失責任がそのまま残る」。「運送とか保険の分野には、商法学者にも専門家がたくさんいて、『これは民法学者に渡さない』という分野です(49)」。

債務不履行の条文に帰責事由に相当する文言が存在していても、「契約その他の当該債務の発生原因及び取引上の社会通念」という文言が付加されることによって無過失責任となるという、債権法改正事務局が説く考え方がかりに改正後の裁判実務で採用された場合には、「取引上の社会通念」というような文言をもたない商法その他の法律に規定されている債務不履行規定と民法の債務不履行規定とは、過失責任と無過失責任とに分裂することになる。さきのような疑問が商法学者から提示されているなかで、債権法改正事務局は、民法が私法の一般法であることをも忘れ、無理を承知で〝民法モンロー主義〟を振り回しているとしか著者には思われない。

法体系の分裂を前提としながら、無理筋の無過失責任化を説くのは立法担当者として無責任でしかない。法務省民事局元参与が法定債権の存在についても法体系の分裂についても気にするそぶりもなく債務不履行の無過失責任化を執拗に推し進めようとすることに、当初の段階から著者は唖然たる思いを禁じえなかったが、それでも法体系分裂の問題等に最初のパブリック・コメントの前から警鐘を鳴らしてきた(50)。ただ、この法体系の分裂の責任は、法務省民事局元参与個人を超えて、組織としての法務省民事局に対して問われなければならない。後に本書二六五頁以下に述べるように、著者は、債権法改正に着手した段階で、官僚組織としての法務省民事局が債務不履行の無過失責任化を企図していたと考えているわけではない。しかし、外部から招聘した立法担当者が、学説の次元ではなく立法の次元で、法体系の分裂をも厭わず学者的な夢を振り回すのを、諌めるどころか組織として支えてきたのが法務省民事局である。それも、任期付職員法四条の「五年を超えない範囲内」という任期を超えた雇用をしながらのことであった。民法も商法も法務省民事局の管轄下にあるが、法務省民事局が山下友信委員や江頭憲治郎教授の問題提起に頬被りをしたまま、法体系の分裂を推進しようとして、民法の一般法的性格を省みようともしないのは立法担当官庁としての責任感を欠いているとしか思われないところである。

八　結　語――異説の立法による実現か、混乱惹起の改正か

（一）アメリカ法の無過失責任主義への追随

法務省民事局参与を中心とする債権法改正事務局は、改正作業の当初の段階から、債務不履行の無過失責任化に非常にこだわっていた(51)。それは、改正したばかりのドイツ民法も、その二七六条で過失責任主義を維持し、フランスも司法省事務局草案が帰責事由を維持――しており、そして、その後、本二〇一五年二月に公にされ、パブリック・コメントに付された契約法の改正に関するオルドナンス草案一二三一―一条も現行フランス民法を維持――しているなかで、日本が大陸法的な過失責任主義からアメリカ法的な無過失責任主義(52)へと舵を切ることは、世界の法律家を驚かせることになるので、無過失化にこだわったのではないかと、個人的には推測している。

前述したように、債権法改正が浮上してくる以前、今回債権法改正事務局が主張しているように、全面的なかたちで過失責任主義を否定する説は学界では主張されていなかった。この提案は、このような状況のもとでの、法の大転換であった。動物実験なしの新薬投与のようなもので、東京弁護士会の法制委員会の委員長が「わが国の市民・企業を民法研究の新たな実験台とするつもりなのか(53)」と懸念するのもむべなるかな、というべきであろう。

（二）法曹実務家の声

この種の改正は、日本社会の改正需要と関わりなく、比較法的興味からアメリカ法的な民法改正を考える者には面白いのかもしれないが、日本社会のことを考えたうえで、民法改正に取り組もうと思う者には、とんでもない改正でしかない。それだからこそ、現実の実務を司る法律家たちからは、このような改正をめぐる姿勢に対して強い反対が巻き起

こった。

ある裁判官は次のように言う。

「民法典の改正は、国の統治の根幹にかかわる。改正にさいしては、徹底して『公益』に資するという姿勢が重要である。／しかしながら、今回の改正は、その改正の内容も、改正の進め方も、どちらも『公益』という姿勢に反しているのではないか。／『公益』という姿勢が欠けているので、自分の学説を法律の条文にしようとするような姿勢が生まれてくるように思われる。もっと公益を重視しなければならない(54)」。

弁護士らの言葉は、もっと辛辣である。若干のものを紹介すれば、今回の改正は「国民不在の議論」、民法改正を「一部の学者のおもちゃにさせてはならない」、「一部の学者の個人的野心による改正」、ある学者が「ボアソナードになりたがっているだけではないか」、「改正は学者のエゴではないか」、「学者の国家権力を借りた自己満足的自説の強制には憤りすら感じる」、「実務をあまり知らない一部の学者が、功名心から、必要性の乏しい債権法の改正を強行しようとしている」、「一部の学者の学説を民法化することは、〃改正〃ではなく〃改悪〃であり、強く反対する」、「学者の、学者による、学者のための改正になっている気がします」、「ある特定の学者と官僚の思惑だけで改正を進めるなどもってのほかである」、「生兵法は怪我の元」、「謙虚な改正を望む」、「必要性のないブランド競争は有害」・「短絡的な発想」、「悪しき欧米追随主義」、「英米法的スタンダードに変更する必要性は全くない。なぜ債権法のみ改正するのか、全く不可解」、「日本の現状に合わなくなるのは本末転倒」、「法務省は行き過ぎている」等の意見が述べられた(55)。

(三)　立法担当者の暴挙

このような学者・弁護士・裁判官経験者らがこぞっての反対を、債権法改正事務局は、小手先の文言変更を繰り返しながら、目立ちにくい『補足説明』や「補充説明」において「規律の内容を変更する趣旨ではない」と表明するという迂回路線をもってすり抜けながら、「過失責任主義の否定」という姿勢を貫こうとしたのである。また、それは、事務管理・不当利得・不法行為等の法定債権をめぐっては、「あとは野となれ山となれ」という姿勢を示すのみならず、契約債務不履行につき、民法では無過失責任、商法では過失責任という分裂状況をきたし、「民法は私法の一般法である」という性格を破壊しかねないものでもあった。

このようにして日本社会に意味がない「無過失責任化」を貫こうとする姿勢に対しては、「立法担当者の横暴と短慮」、あるいは「暴挙と愚行」という評価がもっともふさわしいと思われる。

（四）〝立法者意思〟はいずこに

債権法改正事務局が、文言変更を繰返しながら、『補足説明』や「補充説明」においてこれまでの趣旨を変更する趣旨ではないという意思を表明し続けたのは、〝立法者意思〟は過失責任主義の否定にある、という印象を世の中にあたえたかったからではないかと思われる。

しかし、『補足説明』の「はしがき」によれば、これは「法務省民事局参事官室の文責」によるもので、文責は『中間試案』を――最後には『要綱案』を――作成した民法部会や法制審議会にあるわけではない。かりに、民法部会が正真正銘の「過失責任主義の否定」をする意図であるならば、判例、通説が従来から「故意・過失または信義則上これと同視すべき事由」と解してきた〝帰責事由〟の文言を削除することこそが無過失責任主義の本来的な立法の定式なのである。このような定式が確立されているにもかかわらず、それをあえて避けて枕詞付きの帰責事由という文言を導入したのは、民法部会が従来からの「過失責任主義の継続」かそれとも「過失責任主義の否定」かにつき〝紛れ（まぎれ）〟を求めることによって、学界、実務からの反発を回避しようとしたからにほかならない。そして、法制審議会はそれを引きついだのである。

いくら、法務省民事局参事官室が『補足説明』等によって「過失責任主義の否定」を強調しようと、肝心の要綱案作成の任務を負っている民法部会や法制審議会が〝紛れ〟を求めた文言とする姿勢を貫く以上、〝立法者意思〟は過失責任主義の否定にある、ということはできないであろう。

もっとも、民法部会の委員の一人は、法務省が要綱仮案公表以降なんらの解説も発表していない状況のなかで、要綱仮案についての解説書を公表した。その「はしがき」には、「本書は、要綱仮案について、理論面からの掘り下げた分析・検討をすることや議論の構図を細密に示すことを意図的に排し、また、著者自身の考え方に照らしての評価を加えることもできるだけ避けて、要綱仮案全体の概要を、部会での審議や資料に沿い、できるだけ客観的かつ簡明に叙述することを目的として執筆したものである」と記されている。そのうえで、債務不履行については次のように述べる。債務不履行による損害賠償の条文に付された「ただし書は、損害賠償責任の免責事由を――その主張・立証責任が債務者にあることを示すとともに――定めたものである。現民法四一五条に関する『債務者の責めに帰することのできない事由』に、『契約その他の当該債務の発生原因及び取引上の社会通念に照らして』という修飾語を明示的に付加することで、ここでの免責事由が債務発生原因、契約の場合には免責の可否が契約の趣旨に照らして判断されるべきものであって、『帰責事由＝過失』を意味するものではないことを明らかにしたものである（過失責任原則の否定。……）」。[56]

これだけをみると、民法部会が「過失責任原則の否定」という立場をとったと理解する者もいるであろう。しかし、民法部会の弁護士委員を単位弁護士会においてサポートする立場にいる弁護士が著者に語ったところによれば、その弁護士委員が、この債務不履行の提案は、「玉虫色の解決をはかったものだ」といっているという。[57] これを聞くと、民法部会委員の間でも、「過失責任主義の否定」という見方と、そうではない見方の双方があり、評価が分裂していることがわかる。まさに、債権法改正法案四一五条が規定の内容を「玉虫色」にすることを提唱したというあたりが、もっとも公平・正確な見方ではないかと思われる。

これを例証するのが、国会に提出された債権法改正法案についての立法理由である。この立法理由は後に本書二六六頁で具体的に検討するが、そこで紹介するように、法務省は今回の債権法改正法案の立法理由として、消滅時効・法定利率・保証・約款についての改正をあげている。しかし、これまで法務省民事局参事官室が説いてきたように、債務不履行が本当に過失責任から無過失責任に変更されるのであれば、この過失責任は大陸法系の根幹ともいえるものなので、今回の改正の超大目玉となるべきものである。しかし、法務省民事局は、この点が国会審議の焦点となることがないよう、口を噤んだまま、債権法改正の立法理由としてあげていない。かりに国会審議では焦点とならないまま改正法案が国会で通過したとすれば、法務省民事局としては、それから、債務不履行の無過失責任化が実現したと、民事局元参与らに声高に叫んでもらおうというもくろみではないかと思われる。債権法改正事務局は、これまで、『補足説明』や「補充説明」という影の場を利用して、国民やこの問題にそれほど関心をもたない一部の民法部会委員の目から逃れようとしてきたのと同様に、国会に提出された債権法改正法案の立法理由から無過失責任の問題をあえてはずし、国会議員の目から逃れようとしているのである。次の（五）に紹介する、裁判官経験者がいう「端的にいってしまえば、改正目的を明示することなく、ごまかしが入っているから、説明がわかりにくい」文言を利用したうえでの法案の国会審議である。「由らしむべし知らしむべからず」の官僚精神を国民に対しても国会に対しても遺憾なく発揮し続ける法務省民事局、とりわけ債権法改正事務局の担当官に対して、猛省を求めたいと考える。

（五）　債務不履行法の混乱を惹起する改正

中間試案や要綱が、従来どおりの帰責事由に相当する文言を維持しながら、枕詞をかぶせたのは、ストレートな過失責任主義の否定には学界からも実務家からも猛反発が起きたので、それを回避するために、〝紛れ〟を求めたからであったことは前に述べた。そうであるとすれば、要綱どおり文言を承継した債権法改正法案が現実の法律となれば、意図した〝紛れ〟に対応する混乱が巻き起こるのは必定である。

法務省民事局参事官室がいくら『補足説明』等において当初の過失責任主義の否定を変更する趣旨ではないという意思を表明しても、民法部会委員の見解が分裂しているという現実と、債権法改正事務局の当初の「無過失化提案」に対して、学界・法曹界からの全面的反対を受けて〝帰責事由〟の文言を入れる改正提案に回帰せざるをえなかったという現実、さらに、この〝帰責事由〟について「故意・過失または信義則上これと同視すべき事由」と解してきた通説がながらく判例実務に受け入れられてきたという現実、さらには日本語の文章として、「契約その他の当該債務の発生原因及び取引上の社会通念に照らして」＋帰責事由＝無過失責任、と理解するのが自然とはいえず、参事官室や関係者が自己の意図を通すための詭弁を述べているとしか思われないという現実、そのうえ、民法が無過失責任で商法が過失責任になると私法体系が分裂しかねないという現実、なによりも、肝心の国会への債権法改正法案の「提出理由」には債務不履行の「無過失責任化」はあげられていないという現実がある以上、帰責事由を意味する文言に枕詞を付したので「過失責任主義の否定」が導かれるという、さきの説明がそのまま裁判所、そして社会に受け入れられるとも思われない。

私自身、提案された文言だけをみた段階では、この提案内容は過失責任であると理解したことは、前述したとおりである。それは、条文に帰責事由に相当する文言を入れるのが過失責任の立法の定式であり、その文言を省略するのが無過失責任の立法の定式であるという法学界の常識に従って解釈したからである。私も民法学者の一人であり、別段、法解釈学を苦手としているとは自分では思っていない。私が見誤ったのは、条文の解釈についてではなく、次に紹介するある裁判官経験者が「ごまかしが入っている」と評したような立法担当者の手法と品格についてであると思われてならない。

この点はともかくとして、帰責事由に相当する文言に「契約その他の債務の発生原因及び取引上の社会通念に照らして」という枕詞を付した改正がなされてしまうと、債務不履行による損害賠償をめぐる裁判実務と学説が、過失責任なのか無過失責任なのかをめぐって長い混乱の時期を迎えるであろうことは必定である。債務不履行の改正について、裁判官経験者がいう、「端的にいってしまえば、改正目的を明示することなく、ごまかしが入っているから、説明がわかりにくいのではないか[58]」という言葉が、まさに実務で、そして世の中で、現実化していくと思われる。同じ裁判官経験者がいう「きわめてわかりにくいが、遊びのような改正はよくない」という言葉、また別の裁判官がいう「帰責事由の言葉を残したうえで、内容を変えようとしているようであるが、無過失責任化の必要があるなどということは聞いたことがない。新規な提案ではあるが、何の根拠があっての改正かわからないような改正はやめたほうがよい。民訴までの改正はよかったが、民法改正は問題だといわれるようなことは、絶対にやめてほしい」という言葉[59]を、債権法改正事務局は噛みしめる必要がある。

現在の民法四一五条は、それなりに安定的に運用されている。それを、過失責任主義か無過失責任主義か、もっとも根源的な原則論の次元で、条文が「玉虫色」となり、双方の解釈が可能となるような法改正がなされると、法的安定性は大きく損なわれることになる。しかも、これは法体系の分裂含みの「解釈」なのである。これでは、「民法改正」ではなく、「民法改悪」といわねばならない。債権法改正事務局の、自己の意図するところの萌芽を残すために民法典を不安定にすることも厭わないこの横車的な立法提案による混乱を避けるのは、国会の責務であると考える。

繰返しとなるが、最後に付言しておきたい。債務不履行の無過失責任化を、債権法改正事務局は改正作業の当初の段階から推進してきたが、それは、債権法改正作業が始まる以前にはわが国には学説として存在していなかった、アメリカに倣った改正提案であった。そこで、学界からも法曹界からも反対意見が続出し、四面楚歌の状況となった。それを、債権法改正事務局は、自分が改正案を立案できるという立場を利用して、また、反対意見を小手先でごまかしながら、現在でも無過失責任を実現するという説明を――補足説明や補充説明で――繰り返しつつ、現在の債権法改正法案にいたり、現在では国会での議論を回避しようとしているのである。法務省の官僚という立場を利用し、世の中の意見に一切耳を貸さず、私案をごり押ししようとするのは、「すべて公務員は、全体の奉仕者であって、一部の奉仕者ではない」（憲法一五条二項）ことを大きく超えた、まさに、立法の私物化、民法の私物化にほかならない。国会の場にある選良たちが、このような一部の官僚の暴走を食い止めてこそ、三権分立の意味が果たされると考える次第である。

（六）　とりうる二つの選択肢

このような状況を前にして、今後とるべき途は、次の二つのいずれかであると思われる。第一は、不安定な民法になることを避けるために、債務不履行にかんする改正を見送り現行民法四一五条その他を維持するという途であり、第二は、平成一六年の民法の現代語化の段階での法務省の当初提案のように、帰責事由を債務不履行全体にかかる体裁に改める途である[60]。この提案は、後に九で紹介することにしよう。

（七）　危険負担・解除・売買の瑕疵担保責任・請負の瑕疵担保責任

以上に検討した債務不履行責任を過失責任と考えるか無過失責任と考えるかという問題は、危険負担・解除・瑕疵担保責任等のさまざまな問題と関連している。

この「契約の趣旨」、またその後継である「契約の発生原因及び取引上の社会通念に照らして」という文言を条文に導入することは、法務省民事局元参与の弟子にあたる東京大学の准教授のいうように、「契約の趣旨」やその後継文言が「不透明な概念」なので、「契約内容が……融通無碍」となり、「契約法における諸制度をその基盤から瓦解させてしまう結果にもなりかねない」[61]危険きわまりないものである。したがって、大本となる債務不履行の改正を見送らざるをえないとすれば、これらの法制度についての規定の改正も見送らざるをえない。

具体的に瑕疵担保責任について考えると、それは、現行民法の条文では無過失責任とされているところ、債権法改正法案は、それを契約責任的に構成した。すなわち、現行民法五七〇条の「瑕疵担保責任」を全面的に変更し、現行法の「瑕疵」概念を廃棄し、「瑕疵」という文言を排除したうえで、「契約の内容に適合しない目的物を買主に引き渡した場合」の責任としたのである。しかしながら、現行民法五七〇条の瑕疵担保責任の規定は、実は売買契約のみならず、共有分割がなされた場合の「分割における共有者の担保責任」（現行民法二六一条）、遺産分割がなされた場合の「共同相続人間の担保責任」（現行民法九一一条）においても、目的物に「瑕疵」があった場合に適用されるものであった。ところが、法務省は、これらの条文についての手当てをすることなく、現行民法五七〇条の条文から「瑕疵」概念を廃棄したので、物権法や相続法のこれらの規定が宙に浮くことになった。まさに、契約法以外は「野となれ山となれ」という改正提案を法務省民事局は行っているというべきであろう。

実は、問題は危険負担・解除・瑕疵担保責任等だけにとどまらない側面もあるが、その点の検討は追々行っていくことにしたい。

九　提　言

以上のように、債務不履行による損害賠償の要となるべき民法四一五条関係の規範状況とそれと関連する規定の不安定化が予測される現状を踏まえ、私としては、次の二点のいずれかを提案したい。

一　要綱の提言する「第一一　債務不履行による損害賠償」、「第一二　契約の解除」、「第一三　危険負担」、「売買の瑕疵担保責任」、「請負の瑕疵担保責任」関係の改正提案にもとづく、債権法改正法案の条文を今回の債権法改正からすべて削除する。

二　あるいは、一に述べた多くの規定を今回の改正提案から削除するものの、民法四一五条のみを——法務省民事局がかつて提案した改正案[62]に従い——次のように改正する。その理由は、債権法改正法案が提示している今回の債務不履行の改正案よりは、法務省民事局がかつて提案した改正案のほうが、判例として「条文の外に形成されている重要で基本的なルールを適切に条文化していくことを通じてルールが見えるように」していくという、本書一八六頁に紹介する改正の基本方針に忠実であると思われるからである。

（債務不履行による損害賠償）

債務者がその債務の本旨に従った履行をしないとき、又はその履行をすることができなくなったときは、債権者は、これによって生じた損害の賠償を請求することができる。ただし、その債務の不履行が債務者の責めに帰することができない事由によるものであるときは、この限りでない。

（1）内田貴『民法Ⅲ　債権総論・担保物権　第三版』（東京大学出版会、平成一七年）一四〇頁。
（2）ただ、結果債務・手段債務論に対しては、その主唱者を交えた鼎談で、著者自身は、結果債務・手段債務という概念枠組はトートロジーにすぎないと批判している（森田宏樹＝加藤新太郎＝加藤雅信「瑕疵担保とは何か」加藤雅信＝加藤新太郎編著・現代民法学と実務（下）〔判例タイムズ社、平成二〇年〕三一頁以下）。
（3）加藤雅信『新民法大系Ⅲ　債権総論』（有斐閣、平成一七年）一五一頁。
（4）内田・注（1）引用『民法Ⅲ　債権総論・担保物権　第三版』一四一頁。
（5）この点については、後掲注（51）参照。

（6）『債権法改正の基本方針』は、民法（債権法）改正検討委員会によって作成されたが、その「委員会規程」では、原案作成は「準備会」の任務とされていた。民法（債権法）改正検討委員会には五つの準備会が置かれたが、法務省民事局元参事官が五つのすべての準備会に参加し、学者で複数の準備会に参加したものはいなかった。また、法務省民事局の局付きが「準備会幹事」として準備会に参加することが認められていた（民法（債権法）改正検討委員会編『債権法改正の基本方針』別冊NBL一二六号〔平成二一年〕七頁）。法務省民事局関係者は、この民法（債権法）改正検討委員会を「学者有志による自発的な研究組織」、「学界有志のグループ」等であると公表しているが（本書二五六頁以下参照）、このように『債権法改正の基本方針』の原案作成は完全に法務省民事局のコントロールのもとにあった。

（7）前注引用『債権法改正の基本方針』一三六頁。

（8）以上の二段落における引用は、前注引用書二四四頁。

（9）民法（債権法）改正検討委員会編『詳解　債権法改正の基本方針Ⅱ』（商事法務、平成二一年）二四五頁。

（10）加藤雅信『民法（債権法）改正　民法典はどこにいくのか』（日本評論社、平成二三年）三七頁以下。

（11）川井健「債権法改正のあり方について」椿寿夫＝新美育文＝平野裕之＝河野玄逸編・民法改正を考える（法律時報増刊）（平成二〇年）九頁。

（12）河上正二「『法典論争』に学ぶ――民法（債権法）改正の動きの中で」法律時報八二巻一〇号（平成二二年）二一頁以下。

（13）吉田克己「民法改正と民法の基本原理――民法（債権法）改正検討委員会『債権法改正の基本方針』をめぐって」法律時報八二巻一〇号（平成二二年）八頁。

（14）池田真朗『債権譲渡と電子化・国際化　債権譲渡の研究　第四巻』（弘文堂、平成二二年）四〇〇頁。

（15）滝沢聿代「シンポジウム『債権法改正の基本方針』とその後」法政法科大学院紀要六巻一号（平成二二年）一〇二頁。

（16）江頭憲治郎発言・「座談会：債権法改正と日本民法の将来」法律時報八三巻四号（平成二三年）八五頁以下。

（17）木庭顕「『債権法改正の基本方針』に対するロマニスト・リヴュー、速報版」東京大学法科大学院ローレビュー第五巻（平成二二年）二〇一頁以下（http://www.sllr.j.u-tokyo.ac.jp）。

（18）小川浩三「幾度もサヴィニーの名を――法学と法典」法律時報八二巻一〇号（平成二二年）二五頁以下。

（19）大阪弁護士会『実務家からみた民法改正――「債権法改正の基本方針」に対する意見書』別冊NBL一三一号（平成二一年）九二頁以下。

（20）東京弁護士会「民法（債権法）改正に関する意見書」（平成二二年三月九日）（http://www.toben.or.jp/news/opinion/2010/20100309

_2.html)。

(21) 司法制度調査委員会「民法（債権法）改正の動向に対する問題提起（一）」第一東京弁護士会会報四三九号（平成二一年）二頁以下。

(22) 前注引用論稿一〇頁以下。

(23) 弁護士の声を民法改正に反映させる会・事務局「民法（債権法）改正全国・弁護士二〇〇〇人の声：債権法改正に、反対一四六八名、賛成一九〇名」(http://minpoukaisei.cocolog-nifty.com/blog/)。

(24)『民法（債権関係）の改正に関する中間的な論点整理の補足説明』（商事法務、平成二三年）二七頁。

(25)『民法（債権関係）の改正に関する中間試案の補足説明』（商事法務、平成二五年）一一〇頁。

(26) 加藤雅信「民法（債権法）改正の『中間試案』下」法律時報八五巻五号（平成二五年）九一頁以下。

(27) 注(25)引用『民法（債権関係）の改正に関する中間試案の補足説明』一一一頁。

(28) 注(25)引用『民法（債権関係）の改正に関する中間試案の補足説明』一一二頁。

(29) この調査は三か月にわたって行われたが、本文に述べた設問にかぎらず、最初の二か月はすべて債権法改正ないし中間試案に否定的な意見が寄せられた。回答された元裁判官のなかには、「裁判官はほぼ全員、今回の民法改正に反対といっても過言ではないように思う」と発言した方もいらっしゃったのが、そのまま現実であるような状況であった。ただ、「調査の最終段階となった最後の一月には、反対の立場を表明した方も若干はいらっしゃったが、『中間試案』の全面的擁護論を表明された方のほか、はっきりとした意見表明をなさらなかった方、設問ごとに是々非々の回答をなさった方等がおられた結果、それ以前とは逆に、全面的反対論はむしろ少数に終わった」（引用順に、遠藤賢治＝加藤雅信＝大原寛史「インタビュー調査報告書：債権法改正――元裁判官は、こう考える」名古屋学院大学論集社会科学篇五〇巻三号（平成二六年）一四三頁、一二六頁）。
　中間試案を肯定した二名のご意見、中立的な二名のご意見は、すべてこの最後の一月に集中している。個人的には、インタビュー対象予定者表をあらかじめ関係者に配布し、インタビュー予定者をオープンにしたことの影響があったのではないかと推測している。

(30) 前注引用論稿一三二頁以下。

(31) 前々注引用論稿一三四頁以下。

(32) 内田貴『契約の時代――日本社会と契約法』（岩波書店、平成一二年）六八頁。なお、（　）内の文言は筆者が補ったものである。

(33) 加藤雅信「規制改革会議ヒアリング：民法（債権法）改正をめぐって」消費者法ニュース一〇二号（平成二七年）一五〇頁（本書四一頁以下）、同「自由市場（「合意による契約」）を破壊する債権法改正」MS&AD基礎研Review　二〇一四年August　第一六号（平成二六年）八六頁（本書一一二頁以下）（なお、後者の論稿の公刊に先立って、著者は、奥野信亮法務副大臣〔当時〕にその原稿の草稿を渡しており、それは著者の目の前で法務省の債権法改正事務局の手に渡された）。

(34) 鈴木仁志「債権法改正における契約概念――『契約の趣旨』の概念とその変遷」消費者法ニュース一〇二号（平成二七年）一三七頁以下。

(35) 石川博康「『契約の趣旨』と『本旨』」法律時報八六巻一号（平成二六年）二九頁。

(36) 引用順に、石川・前注引用論稿二二頁、二三頁、二四頁、二九頁。

(37) 法制審議会民法（債権関係）部会――以下、「民法部会」と略称する――第九〇回会議（平成二六年六月一〇日）配付資料「民法（債権関係）の改正に関する要綱仮案の原案（その1）」（民法（債権関係）部会資料79－1）八頁。

(38) 前注引用民法部会第九〇回会議（平成二六年六月一〇日）配付資料「民法（債権関係）の改正に関する要綱仮案の原案（その1）補充説明」（民法（債権関係）部会資料79－3）七頁。

(39) 要綱仮案一一頁。

(40) 要綱一一頁。

(41) この点については、民法部会第三回会議（平成二二年一月二六日）配付資料「検討事項（1）詳細版」二九頁、三一頁。

(42) 初期に提案された案では、債権編は三部構成となっており、「第1部　契約及び債権」、「第2部　各種の契約」、「第3部　法律に基づく債権」に分かれている（注(6)引用注(9)引用『債権法改正の基本方針』別冊NBL一二六号目次iv頁以下、『詳解　債権法改正の基本方針Ⅱ』目次viii頁、民法（債権法）改正検討委員会編『詳解Ⅲ』（商事法務、平成二一年）目次viii頁。

(43) 注(24)引用『民法（債権関係）の改正に関する中間的な論点整理の補足説明』二〇頁、二三頁。

(44) 加藤・注(10)引用『民法（債権法）改正　民法典はどこにいくのか』一四〇頁以下。

(45) 注(25)引用『民法（債権関係）の改正に関する中間試案の補足説明』一一〇頁。

(46) 池田・注(14)引用『債権譲渡と電子化・国際化　債権譲渡の研究　第四巻』三九八頁。

(47) 安永正昭発言・民法（債権法）改正検討委員会第八回全体会議議事録三一頁（http://www.shojihomu.or.jp/saikenhou/Japanese/index_j.html）。

(48) 民法部会第三回会議（平成二二年一月二六日）議事録三四頁（http://www.moj.go.jp/content/000047261.pdf）。

(49) 以上引用順に、江頭憲治郎発言「座談会：債権法改正と日本民法の将来」法律時報八三巻（平成二三年）四号八五頁、七六頁、八四頁、八五頁。

(50)　加藤・注(10)引用『民法（債権法）改正　民法典はどこにいくのか』六〇頁以下。

(51)　なお、債務不履行にかんする改正提案は、「無過失責任主義」の提案ではないという発言が関係者からときになされることがあるが、著者は、この種の発言も「無過失責任化」提案に対する強い反対をかわすための〝迂回路線〟であると評価している。過失責任立法かそれとも無過失責任立法かの分水嶺は、条文上に「故意、過失」ないしそれに相当する帰責事由等の文言があるか否かによって決まるものだからである（加藤雅信『新民法大系Ⅴ　事務管理・不当利得・不法行為　第二版』〔有斐閣、平成一七年〕一一八頁）。したがって、関係者のこの種の発言とかかわりなく、本書の分析を進めていくこととしたい。

(52)　アメリカが無過失責任主義をとることにつき、ギルモア教授は、ピューリタン倫理が関係していると評価している（この点も含め、加藤・注(10)引用『民法（債権法）改正　民法典はどこにいくのか』一二三頁以下の叙述参照）。

(53)　東京弁護士会編著『「民法（債権関係）の改正に関する中間的な論点整理」に対する意見書』（信山社、平成二三年）五二九頁。

(54)　遠藤＝加藤＝大原・注(29)引用「インタビュー調査報告書：債権法改正――元裁判官は、こう考える」名古屋学院大学論集社会科学篇五〇巻三号一四三頁。

(55)　弁護士の声を民法改正に反映させる会・事務局「民法（債権法）改正――全国・弁護士一九〇〇人の声」法律時報八五巻三号（平成二〇年）七三頁。

(56)　潮見佳男『民法（債権関係）の改正に関する要綱仮案の概要』（金融財政事情研究会、平成二六年）一頁、四五頁以下。

(57)　この内容を著者に語ってくださった方は、本書にこの言葉を紹介することを同意してくださったが、発言者名を明らかにすると、関係する弁護士委員が特定されるので、個人名をここに出さないことを希望されたので、この点を了としていただければ幸いである。

(58)　遠藤＝加藤＝大原・注(29)引用「インタビュー調査報告書：債権法改正――元裁判官は、こう考える」名古屋学院大学論集社会科学篇五〇巻三号一三三頁。

(59)　ともに、前注引用論稿同頁。

(60)　われわれは、民法改正について、われわれ自身の独自の改正案を有しており、個人としてはその改正内容が優れていると信じているからこそ、それを提案している（『民法改正　国民・法曹・学界有志案』（法律時報増刊）（平成二一年）一六二頁参照）。なお、この改正案のうち総則編については、その全面改正案を基本的な改正方針および詳細な改正理由を付したうえで近々公刊する予定である（民法改正研究会〔代表・加藤雅信〕編『日本民法典改正案　第一編　総則』〔信山社、近刊〕）。

しかしながら、「債権法改正要綱案の総合的検討」と題するこの論稿のなかでわれわれの改正提案の内容にそくして改正することを推奨することは我田引水のきらいを免れないので、この場では対比をする必要上引用することはしても、改正案としての提案は避けることとした。

(61)　石川・注(35)引用「『契約の趣旨』と『本旨』」法律時報八六巻一号二四頁、二九頁。

(62)　この案は、民法の現代語化のために、平成一六年に公布された民法改正案のパブリック・コメントに付されたものである(『現代語化　民法新旧対照条文』別冊NBL九九号(平成一七年)一四七頁)。この案は、現在の債権法改正を推進している学者たちの反対があったため、採用されなかったと聞く。

第三節　執拗にはかられる「合意の弱体化」

一　はじめに

前節では、末尾で債務不履行関連の提言をする前に、問題は危険負担・解除・瑕疵担保責任にとどまらない側面もあるが、その点の検討は追々行っていくことにしたい、と述べた。すでに述べたように、今回、債権法改正事務局は、改正を推進した法務省民事局元参与の主張する「関係的契約理論」を民法典に導入するために、各所でさまざまな改正提案を行っている。日本のみならず世界の常識である「合意にもとづく契約」という観念を、「社会関係にもとづく契約」に代置するために、「合意の弱体化」が随所ではかられているのである。

ここでも、前節末尾で言及した債務不履行、危険負担、解除、瑕疵担保責任以外のいくつかの点につき、問題の所在を指摘しておくことにしよう。

二　履行請求権

「合意は守られるべし」を意味するローマ法の格言〝パクタ・スント・セルヴァンダ〟は、契約法の基本中の基本である。この一環として、わが国では、契約合意があれば、その合意にもとづく履行請求が当然可能であると考えられてきた。そして、その履行請求については、裁判所による履行強制が認められることが原則であった。

これに対し、英米法では、契約不履行があった場合の救済は金銭賠償が原則であり、約束されたかたちでの履行をそのまま求めることができるのは例外である、と考えられてきた(1)。

今回の債権法改正にさいし、債権法改正事務局は日本法を英米法的に変容することを試みたかったのであろう。債権法改正作業の初期の段階で、次のような提案を行った(2)。

「債権者は債務者に対し、債務の履行を求めることができる。」

「履行が不可能な場合その他の履行をすることが契約の趣旨に照らして債務者に合理的に期待できない場合、債権者は、債務者に対して履行を請求することができない。」

わが国でも、履行が不可能な場合に履行請求ができないことは当然とされていたが、それに加えて、「履行をすることが契約の趣旨に照らして債務者に合理的に期待できない場合」にも履行請求ができないとすることによって、改正後の日本民法を、現行民法と英米法の中間的な状況に置こうとしたのである。このような改正をすることに対する経済界や法曹実務からの要請はまったく存在しなかったので、法務省民事局元参与の比較法的な趣味による改正提案であったと、著者は理解している。

このような改正方向の模索は、『中間的な論点整理(3)』、『中間試案(4)』の段階においても「履行請求権の限界」等のかたちで維持されており、『要綱』にいたっても「債務の履行が契約その他の債務の発生原因及び取引上の社会通念に照らして不能であるときは、債権者は、その債務の履行を請求することができない(5)」として維持された。その結果、債権法改正法案では、新設規定として次の一条を加えることが提案されている。

（履行不能）

第四百十二条の二　債務の履行が契約その他の債務の発生原因及び取引上の社会通念に照らして不能であるときは、債権者は、その債務の履行を請求することができない。

法務省民事局元参与の「関係的契約理論」を、中間試案では「契約の趣旨」の文言を使って、要綱や債権法改正法案では「取引上の社会通念」等の文言を使って、現行民法に導入し、契約を当事者間の合意ではなく、社会関係という実体が曖昧なものによって規律することが企図されている。経済界、法曹界からの改正需要とは無関係の、もっぱら改正担当者の個人的関心による「合意の弱体化」が実現されかねない状況にある。すでに何度か紹介したように、法務省民事局元参与の弟子にあたる東京大学の准教授が、中間試案の段階で、「中間試案における『契約の趣旨』の概念が、契約の目的や社会通念など多岐にわたる考慮要素に基づく不透明な概念であることは否めない」と論評していたが、この曖昧さや「不透明性」は要綱や債権法改正法案の「取引上の社会通念」という文言に変更しても変わるところはない。そうであれば、その弟子がいみじくも指摘したように、このような概念によって、「合意からは基礎付けられ得ないような契約内容が……融通無碍に導かれることになれば、契約法における諸制度をその基盤から瓦解させてしまう結果にもなりかねない(6)」ことにわれわれは留意するべきであろう。穏やかな言葉によってであるが、裁判官経験者も、「『履行請求権の限界』等の問題は、これまでの議論からはなじみがないもので、わかりにくい(7)」と懸念を示しているのは、「わかりにくい」ことに対する懸念というよりは、その「融通無碍」性に対する懸念なのかもしれない。このように考えると、この点についての今回の立法提案は、民法「改正」というよりは民法「改悪」というほうがより適切な評価であろうかと思われる。

では、いかにすべきであろうか。法務省民事局が今回の債権法改正を行う意義として規制改革会議提出資料で説いたところでは、「多数の判例や解釈論が実務に定着（基本的ルールが見えない状況）。基本的ルールの明文化が必要」[8]と謳われていた。しかし、前述の「履行不能」の条文案は、現在の判例を無視して英米法流の法理を導入しようとするものにすぎない。そこで、上記の資料が説くように、現在の判例、通説に従ってこの条文を書き改めれば、次のようになると思われる。

「債権者は、債務者に対して、その債権の内容に従った給付を請求することができる。

② 債権は、債務の履行が不能になったときは消滅する。ただし、債務者の責に帰すべき事由によって不能になったときはこの限りでない。」

提案された条文をこのように書き改めたうえで、本書一五九頁に提示したような「債務不履行による損害賠償」の規定と連動させれば、法務省民事局が標榜したように、判例法となっている「基本的ルールの明文化」が実現できると思われる[9]。

三　損害賠償の予定合意に対する裁判所の干渉

現行民法四二〇条一項は、次のように規定している。「当事者は、債務の不履行について損害賠償の額を予定することができる。この場合において、裁判所は、その額を増減することができない」。ところが、この条文をめぐって、国会に上程された債権法改正法案では、「第四百二十条第一項後段を削る」とされている。

これまで、ビジネスでは、債務不履行があった場合の取り決めを当事者間であらかじめ定めておくことは、私的自治の一環として当然に認められてきた。この点は、ビジネスの自由にこれまで委ねられてきており、法律学においても次のように語られていた。「債務不履行について損害賠償の予定をすることは、契約自由の原則からみて、当然許されるはずであるが、『民事罰の自由』として、利息の自由とともに、近世取引法の獲得した契約自由の原則の具体的な一内容であって、歴史的な意義がある。フランス民法及びわが民法が、裁判所は損害賠償として予定された額を増減しえない旨を定めたのは、かような意味をもつ」[10]。

もちろん、「利息の自由」が「高利貸しの自由」をもたらさないよう利息制限法が制定されたように、「民事罰の自由」が「苛酷な民事罰の自由」によって債務者の過重な負担を招く危険を避ける必要があることは、当然である。したがって、この点を制限する立法例も存在するが、わが国の現行民法のもとでも、「苛酷な民事罰」となるような損害賠償額の予定は、民法九〇条の公序良俗違反として全部無効とすることも可能であったはずである（なお、裁判所の政策的な関与ではなく、当事者間の合意の内容に合理的な線引きをすることも可能なような場合には、一部無効として苛酷にいたらない限度まで減縮することも可能であった）。

このような、現行法制を前提とすれば、損害賠償額の予定は、原則として当事者自治に委ねられ、裁判所の関与がないのが原則ではあるが、例外的に民法九〇条による規制がある、という法的枠組が存在してきたといえるであろう。現在の条文のもとでは、裁判所の関与は、「契約の有効・無効」という枠組を通じてのみ可能であった。ところが、今回の債権法改正法案が実現すれば、従来存在していた裁判所不関与原則が削除されたことの心理的効果は大きく、「契約の有効・無効」という判断を介することがない、裁判所の政策的関与の途が開かれかねず、ビジネスの自由が減縮していくことが懸念されるところである。

以上のように考えると、今回の改正法案のうち、「第四百二十条第一項後段を削る」は削除し、現行法を維持すべきである。

四　履行期前の履行拒絶による契約の解除

債権法改正法案五四二条の「催告によらない解除」には、一項二号に「債務者がその債務の全部の履行を拒絶する意思を明確に表示したとき」に契約の解除が、二項二号に「債務者がその債務の一部の履行を拒絶する意思を明確に表示したとき」に「契約の一部解除」ができることを規定した。要綱の「第一二　契約の解除」にあった提言をそのまま条文化したものであり、英米法で認められている、いわゆる「履行期前の履行拒絶」による解除を日本民法に導入したものである。

前にも述べたように、法務省民事局元参与の指導生であった研究者がこの問題についてモノグラフィを公刊しているが、そこでは、わが国の学説状況としては、かなり古い時期から「履行期前の履行拒絶……それ自体としてはなんらの不履行にもあたらない」とされており、それが「日本の通説的見解」となり、我妻説等が「履行期前の履行拒絶がある場合においても、契約解除に際し、催告を要求されるかという問題につき、これを肯定する」というものであることが紹介されている(11)。また、実務の状況をみても、「概して裁判例においては、事案からは履行期到来前に履行拒絶があったと思われるものであっても、そのことを特に問題にしないことが一般的である。これは、例えば代金支払義務の場合には、しばしば再三の支払日延期要請がなされることにも因るものと思われる(12)」、とこの論者は評価する。

しかし、今回の改正法案が通れば、債務者が債務の支払いの延期要請等に対して、債権者が契約債務どおりの履行を拒絶する意思が明確に表示されたと主張し、無催告で契約の解除をする等の紛争が発生しやすい。通説が、履行期前の履行拒絶による解除を否定するのは、契約成立後に当事者間で履行にかんする交渉があるのはごく普通のことだからである。したがって、この法理の母法国であるイギリスでも、契約成立後に履行にかんする交渉があった場合に、「契約の要素となっていないことをこちらに課そうとした」、「こちらが不快に思うような権利を主張した」、「当事者間では契約になっていないようなことをいってきた」、「契約文言の変更を試みた」(13)等の主張がなされると、それが「履行期前の履行拒絶」であると主張されることが多く、しかも契約の双方当事者が、他方に「履行期前の履行拒絶」があったと主張し、泥仕合の様相を示す例も少なくない、といわれていることを日本の実務家も指摘している(14)。

「合意」否定的な立場を示す研究者の個人的な関心から取引実務を混乱させるような法改正をしようとする提案に、法務省民事局が組織として荷担するのは、著者には責任ある行政官庁の姿勢とは思われない。「履行期前の履行拒絶」

の導入は、文字通りの民法「改悪」である、と著者は評価している。

以上のように考えると、今回の改正法案のうち、五百四十二条一項二号、二項二号は削除すべきである。

（1）エクイティ上の救済としての特定履行（スペシフィック・パフォーマンス）は例外であるという考え方である。
（2）民法（債権法）改正検討委員会編『債権法改正の基本方針』別冊NBL一二六号（平成二一年）一二九頁、一三一頁。
（3）『民法（債権関係）の改正に関する中間的な論点整理の補足説明』（商事法務、平成二三年）二〇頁。
（4）『民法（債権関係）の改正に関する中間試案の補足説明』（商事法務、平成二五年）一〇六頁。
（5）「民法（債権関係）の改正に関する要綱」第一〇の一。
（6）引用順に、石川博康「『契約の趣旨』と『本旨』」法律時報八六巻一号（平成二六年）二四頁、二九頁。
（7）遠藤賢治＝加藤雅信＝大原寛史「インタビュー調査報告書：債権法改正——元裁判官は、こう考える」名古屋学院大学論集社会科学篇五〇巻三号（平成二六年）一三四頁。
（8）内閣府・規制改革会議・第二七回創業・IT等ワーキング・グループ（平成二六年七月二三日）法務省提出資料「民法（債権関係）の見直し」（http://www8.cao.go.jp/kisei-kaikaku/kaigi/meeting/2013/wg3/sogyo/140723/item1.pdf）。
（9）ただ、本文に述べたような内容の条文案にすると、第四一二条の二では据わりが悪いので、本文に述べた条文を第四一二条としたうえで、現行民法の第四一二条を第四一二条の二とする必要があるであろう。
（10）我妻栄『新訂　債権総論（民法講義Ⅳ）』（岩波書店、昭和二八年）一三二頁。
（11）吉川吉樹『履行請求権と損害軽減義務——履行期前の履行拒絶に関する考察』（東京大学出版会、平成二二年）三三三頁、三三七頁。
（12）吉川・前注引用書三五八頁。
（13）以上の引用は、具体的な裁判で問題となった主張として、イギリスの最近の著作に紹介されているものである（J.W.CARTER,CARTER'S BREACH OF CONTRACT HART EDITION 377（2012））。
（14）平田大器「履行前の履行拒絶と民法改正メモ」（平成二四年）。なお、このメモは未公刊であるが、メモ作成者の許可を得て、ここに紹介するものである。記して謝意を表したい。

第四節　「無効」の規定と「給付利得」の分断——新奇な学説による立法

一　債権法改正法案の内容

最初に、この問題についての債権法改正法案一二一条の二第一項の内容を紹介しておこう。次のような規定を新設することが提案されている。

（原状回復の義務）
第百二十一条の二　無効な行為に基づく債務の履行として給付を受けた者は、相手方を原状に復させる義務を負う。

二　無効の二つの効果

上記の提案を離れ、無効の効果を一般的に述べれば、無効には二つの効果が認められている（取消しについては、注(1)参照）。それは、法律行為が無効であれば、第一は、未履行の場合に、その法律行為にもとづく履行請求が認められないことであり、第二は、既履行の場合に、給付の返還請求が認められることである。

債権法改正法案は、無効の効果と題しながら、未履行の場合の効果については規定することなく、既履行の場合の効果についてのみ規定した。この既履行の場合の効果は、現行民法では、物権編の物権的返還請求権と（ただし、現行民法には条文は存在していない）、債権編の不当利得返還請求権に委ねられていた。

その結果、債権法改正法案の提案は、無効の効果の半面を規定し、残りの半面を規定していない。それのみならず、規定した半面についても、この一二一条の二の原状回復義務の規定と物権的返還請求権と不当利得返還請求権との関係が明確でないという体系的不透明感を残すことになった。

ここで、比較のために民法改正研究会の改正提案を示すと、次のようになっている。

第四章　権利の変動
　第一節　総則
　　第二節　法律行為
　　　第四款　無効及び取消し
　　　　第一目　無効

（無効）
第七十三条　法律行為が無効であるときは、その法律行為に基づく履行を請求することができない。
2　無効な法律行為により給付が既になされているときは、第N条（所有権に基づく物権的請求権）又は第N条（不当利得）の規定に従い、その給付されたものの返還を請求することができる。
3　法律行為の一部が無効であるときは、その無効な部分についてのみ前二項の規定を適用する。

ここでは、無効の二つの効果がともに規定されているのみならず、物権的返還請求権および不当利得返還請求権との体系的関係も明示されている。

この案は、民法部会の審議が開始される以前に公表された、国民有志案七九条をさらに精査したものであるが、実は、この国民有志案七九条の段階でも、無効の二つの効果、物権的請求権および不当利得返還請求権との体系的関係の明示はすでになされていたところである(2)。そのような先行例が存在するなかで、要綱がなにゆえにこのような偏頗な改正案を提示したのか、理解に苦しむところがある。

三　給付利得の分断提案――主張者がいない新奇な学説の立法による実現

なお、現在、著者はとっていないが、不当利得の類型論という学説がかなり有力に主張されており、そこでは、基本的に、給付利得と侵害利得とが対置されている。前者の給付利得は、法律上の原因を欠いた債権給付を回復するものをさす。具体的には、契約が無効であるにもかかわらず給付した、事務管理による費用償還義務がないにもかかわらず費用償還をした、不当利得返還義務がないにもかかわらず返還をした、不法行為による損害賠償責任がないにもかかわらず賠償金を支払った等の場合に、給付したものの返還を求めるのが給付利得と呼ばれる。

ところが、要綱の提案は、このうちの、契約が無効、取消しの場合だけを民法総則編のこの箇所に規定し、それ以外の給付利得を債権編の不当利得の箇所に規定しようという提案となる。要するに、この要綱は、給付利得の分断を提案していることになる。給付利得を契約と法定債権について分断しようとする学説はこれまで存在していない(3)。ここでは、これまで誰も主張していない学説を立法によって実現しようという提案がなされているのである。思いつきの法改正もここに極まれり、との感がある。

平成二一（二〇〇九）年の一〇月に早稲田大学において、「ヨーロッパ民法典構想の現在――不当利得法に関するＤＣＦＲ第Ⅷ編を素材として」と題する講演が松岡久和教授によって行われ、それに著者がコメンテーターとして発言したことがある。

そのさい、不当利得の一部である給付利得のみを民法総則に規定しようとする――今回の要綱の先駆となったわが国の――改正提案を批判し(4)、立法では、固定化を避け、抽象的な規定を置くべきであるとするツィンマーマン教授の次の言葉を引用したことがある。「抽象的な規定の中で、裁判官・学者が協働して規定を発展させていく方が望ましいのです。ドイツの民法の息が長いのは、抽象的な規定に留めて、その発展は、判例・学説に任せ、そういう形で時代に合った補充を許しているからです。ある時代の立法が、判例・学説の発展を閉ざしてはなりません。したがって、規定は慎重に作っていかなければならないのです[5]」。

この松岡報告と私のコメントに対し、この点の債権法改正をめぐる「議論の仕方が、学理上の重要な問題を看過した立法へ導く危険性もはらんでいるということを意識させたという点で、今回の松岡教授のご報告および加藤教授のコメントは大変貴重なものであったと考える[6]」という鎌田薫教授（現総長）の言葉で当日の講演会は幕を閉じたが、その後、債権法改正事務局はこの「学理上の重要な問題を看過した立法」案であるという鎌田発言の重みを顧慮することはなかったようである。

さらに、平成二三（二〇一一）年の日本私法学会において、「不当利得法の現状と展望」というシンポジウムが開催された。そのさい、その報告に対するコメントとともに、この債権法改正法案一二一条の二の先駆となったわが国の改正提案について、ローマ法以来の「法律上の原因なく」という要件を削除した給付利得を規定しようとしていることにつき、「ローマ法以来の二〇〇〇年以上にわたる先人たちの叡智の背景に何があるのかを理解しないで、短期の思いつきであまり安易な立法提案はしないほうがいい[7]」と評した。「法律上の原因なく」の文言を含む条文が、「無効により契約がなく」、「事務管理による費用償還義務がなく」、「不当利得返還義務がなく」、「不法行為による損害賠償責任がなく」なされた給付の返還をカバーするという一般性をもった規範だからである。それのみならず、「所有権がなく」、「用益物権がなく」なされた他人の物の利用、「担保物権がない」、「扶養請求権がない」、「相続権がない」にもかかわらず受領した金員や財貨を、不当利得として返還させる根拠になるのが「法律上の原因なく」という文言であった。それにもかかわらず、今回の改正が、不当利得のローマ法以来の長い歴史をじゅうぶん吟味することなく、債権法の不当利得の規定の「法律上の原因なく」のなかから、「無効により契約がなく」の場合を分離し、かつ、「法律上の原因なく」の文言を回避するようなぶち壊し的な新設規定の提案をわざわざすることは短慮としかいいようがなく、学理の理解を欠く改正提案が行われようとしていることに、唖然たる思いを禁じえない。

四　提言

この要綱の「第五　無効及び取消し」を受けた債権法改正案第百二十一条の二の規定については、以下のような提言をしたい。

今回の改正提案は、無効の効果の半面しか規定していない偏頗なものであり、物権編の物権的返還請求権、債権編の不当利得との関係も不明確となるので、削除して現行民法を維持する。

（1）民法改正研究会の改正提案では、無効と取消しとを二つの目に分けて規定したが、要綱は双方を一緒に規定した結果、無効と取消しの効果が同じ箇所に規定されている。このこと自体は、規定の体裁の問題にすぎないので、ここでとりあげるつもりはない。ただ、要綱ではこのような体裁をとった結果、現行民法一二一条ただし書――制限行為能力者の返還義務の軽減――がこの一二一条の二第二項に移行されていることに留意されたい。

なお、債権法改正法案一二一条の二第三項後段は、「行為の時に制限行為能力者であった者についても、同様とする。」となっているが、「行為の時に制限行為能力者であった者についてその法律行為が取り消されたときも、同様とする。」としなければ、改正法案としては不完全である。法律になるまでに補正されることを望む次第である。

（2）『民法改正　国民・法曹・学界有志案』（法律時報増刊）（日本評論社、平成二一年）一二九頁。

（3）なお、給付利得を分断することを提唱するものか否かは明確ではないが、契約と法定債権ではなく、契約の内部で双務契約ないし有償契約と片務契約ないし無償契約との取扱いの差異に着眼する説は存在していたが（その詳細は、加藤雅信『財産法の体系と不当利得法の構造』〔有斐閣、昭和六一年〕一二〇〇頁以下の紹介に譲る）、要綱の提案とは別段関係しないと思われる。

（4）加藤雅信「ヨーロッパ民法典構想の現在　ＤＣＦＲ不当利得規定」戒能通厚＝石田眞＝上村達男編・法創造の比較法学（日本評論社、平成二二年）二一五頁以下。

（5）瀧久範＝松岡久和「ツィンマーマン教授との研究会における議論の概要」民商法雑誌一四〇巻四＝五号（平成二一年）四九七頁。

（6）鎌田薫「ヨーロッパ民法典構想の現在　ＤＣＦＲ不当利得規定」戒能通厚＝石田眞＝上村達男編・法創造の比較法学（日本評論社、

平成二二年）二二〇頁。

（7）　加藤雅信発言・「シンポジウム　不当利得法の現状と展望」私法七四号（平成二四年）五七頁。

第五節　時効法の改正提案——時効法の分断と、民法の一般法的性格の放棄

一　はじめに

債権法改正法案は、「消滅時効」にかんして、いくつかの改正提案を行っているが、そこには「時効法の分断的改正」という問題、消滅時効の起算点をめぐる「民法の一般法的性格の放棄」という問題、さらに、「時効期間の統一」につき更なる改良を必要とするという問題が存在している。それを以下で順次検討することとしよう。

二　時効法の分断的改正の提案

債権法改正法案一四五条以下の改正のもととなった要綱の標題は、「第七　消滅時効」であった。この標題からわかるように、要綱およびそれを受けた債権法改正法案は「消滅時効」の改正を提案し、「取得時効」については手つかずにするという方向を打ち出している。そのうえ、現行民法総則編の「第七章　時効」は、「第一節　総則」、「第二節　取得時効」、「第三節　消滅時効」という構成になっており、債権法改正法案は、「第一節　総則」の規定のうち一四四条、一四六条、一五八条から一六〇条までについては現行法を維持し、他の規定については改正提案をしている。この「第一節　総則」の改正規定が取得時効との関係でどのように取り扱われるのか、債権法改正法案のもととなった「要

綱」それ自体はなにも語っていない。

なぜこのように、現行民法では一つの章を形成しているものの一部のみを改正し、全体の改正はしないという方向を打ち出し、しかも、双方に共通して適用されるはずの「総則」の条文の一部を改正するという、奇妙な方向が打ち出されたのだろうか。

その理由は、ここにいたるまでの改正の経緯にあった。法務省民事局元参与その他の法務官僚が中心となって原案を作成した『債権法改正の基本方針』を作成するさいに、事務局は、法律行為の規定の大部分と消滅時効の規定を民法総則編から切り離し、契約法のなかに位置付けようと試みた（なお、債権総論も廃止し、契約法のなかに位置付けることを試みた）。まさに、さきに本書一四八頁に紹介した、契約法を中心に民法典を再構成し、「契約法はよくなったけれども、あとは野となれ山となれ」と評価されるような姿勢が露骨にみられたのである。消滅時効は――用益物権等の債権以外の権利も時効消滅するという事実を無視することを厭わないのであれば――債権法に取り込むことができると債権法改正事務局は考えたようであるが、取得時効を債権法に取り込むことは不可能である。そこで、時効法を分断的に改正しよう、というのが債権法改正事務局の意図であったと思われる。民法（債権法）改正検討委員会での議論は、――時効の問題よりは、むしろ――法律行為の規定を総則編から契約の箇所に移すという提案に焦点を当てて行われたが、このような方向での提案に対しては、委員会の内部でも異論が多く、採決の結果、この方向の債権法改正事務局の提案は少数意見に終わった。そこで、法務省民事局関係者は、この事務局提案に反対した者全員を法制審議会の民法部会の委員から外すことによって、民法部会の審議のさい、この方向のかつての少数意見の復活を試みた。そして、法制審・民法部会の第一クールでは、この案を通過させることに成功したのである[1]。

ただ、その後は、総則編にある法律行為の規定の大部分と消滅時効の規定を契約法の箇所に吸収するという方向は放棄されたようである。平成二五年春に『中間試案』がパブリック・コメントに付された。その中間試案では、民法典の体系変更についてはとくに語られていない。したがって、体系変更の問題についてはパブリック・コメントの対象外となっていた。

このような状況を確保したうえで、債権法改正事務局は、平成二五（二〇一三）年四月一六日にパブリック・コメントが開始されてから一月以上たった五月二八日に「規定の配置」という議題を民法部会でとりあげ、「債権総則と契約総則をどのように再編するかについて」の議論を行った。債権法改正事務局の作戦は、「体系変更の問題」をパブリック・コメントの対象となる『中間試案』では触れることなく、パブリック・コメントが開始された後に民法部会で議論し、社会の目に触れにくい裏面において決めてしまおうというものであった。

当日の民法部会でも、弁護士委員が「中間試案にもこの編成の問題については全く論点として提示もせず、パブリックコメントの対象にもしていない」ことを問題としたが、債権法改正事務局は、「民法における規定の配置は個々の規定の実質に大きく関わる……こと自体は全くそのとおりであ」るとしながら、これは「法制上の問題」でもあるという要領を得ない返答をすることによって、「パブリックコメントの対象にもしていない」ことについては、うやむやな返答に終始したのである。しかしながら、そのようにとりあげられた議題のなかでも、「債権総則と契約総則を一体化するという方法」その他は論じられたものの、総則編の規定を債権編に移動させるという案についてはもはや論じられていない(2)。この平成二五（二〇一三）年五月二八日の段階では、債権法改正事務局は債権総論と契約総論の統合は依然あきらめていないものの、総則編の規定を債権編に移動させることはあきらめていたと思われる。

しかしながら、このような議論の経緯の残滓が、今回の債権法改正法案における時効の改正提案が、「消滅時効の改正」と「取得時効法の不改正」、さらに「時効総則」の規定の改正が取得時効法にどのように及ぶかが不透明であるという問題を生むにいたったのである。債権法改正事務局の当初からの『編』を超えた体系変更」の意図を引きずった結果である、このような偏頗な改正をする正当性には大きな疑問があるというべきであろう。

三　消滅時効の起算点――民法の一般法的性格の放棄

債権法改正法案は、「債権の消滅時効における原則的な時効期間と起算点」につき、次のような修正提案を行っている。

第百六十六条の見出しを「（債権等の消滅時効）」に改め、同条第一項を次のように改める。

債権は、次に掲げる場合には、時効によって消滅する。

一　債権者が権利を行使することができることを知った時から五年間行使しないとき。

二　権利を行使することができる時から十年間行使しないとき。

一号が時効の主観的起算点、二号が時効の客観的起算点といわれるものである。

この提案にともなって、商法五二二条を削除することが考えられているようであるが、時効は、商法五二二条以外にも多くの法律で規定されている。それらの規定は、これまで時効の客観的起算点と呼ばれる考え方によって運用されてきた。それを前提とすると、時効をめぐる法体系全体のなかで、民法のみが主観的起算点と客観的起算点の二本立てという突出した法制度を規定することになる。

環境規制をめぐっては、国の法律による規制水準が地方自治体の条例によって変更される、いわゆる「横出し条例」や「上乗せ条例」が少なからずみられた。今回の債権法改正法案は、時効法をめぐって基本法である民法が「横出し法規」となる構造を実現させることになるであろう。今回の債務不履行の無過失責任化の箇所でも述べたが、今回の債権法改正は、民法が私法の一般法としての性格を有していることを忘れ、多くの特別法にみられる規範とは別の規範を、大した意味もないのに民法にのみ導入しようとしているように思われる。

著者には、このように法体系を乱してまで、「主観的起算点」を導入するメリットがあるとは思われない。時効期間の短縮は世界的な傾向であり、それは、ビジネスを含む社会の変化が短期間のスパンで行われるようになったことの反映だと思われる。そうであれば、一号と二号とを合体して、「債権者が権利を行使することができる時から五年間行使しないとき」に消滅時効を認めるとするほうが適切ではないかと考える。

四　時効期間の統一

債権法改正法案のもととなった要綱は、「職業別の短期消滅時効等の廃止」として、「民法第一七〇条から第一七四条までを削除する」ことを提案しており、現に、債権法改正法案はこれらの規定を削除している。著者はこのような改正の方向を支持したい（ただし、現行民法の一〇年の時効期間が短縮され、時効期間が五年となることを前提としてのことである）。

ただ、短期消滅時効の廃止にさいしては、留意すべきことがある。今回廃止が予定されている民法一七四条の一年の短期消滅時効にかかる債権を例に検討してみよう。

> 第一七四条　（一年の短期消滅時効）
> 一項　次に掲げる債権は、一年間行使しないときは、消滅する。
> 一号　月又はこれより短い時期によって定めた使用人の給料に係る債権
> 二号　自己の労力の提供又は演芸を業とする者の報酬又はその供給した物の代価に係る債権
> 三号　運送賃に係る債権
> 四号　旅館、料理店、飲食店、貸席又は娯楽場の宿泊料、飲食料、席料、入場料、消費物の代価又は立替金に係る債権
> 五号　動産の損料に係る債権

これらの規定は、債権の属性を規定しているにとどまり、債権額を規定しているわけではない。したがって、例外がありうることは否定しないが、これらの債権は少額債権に留まることが比較的多いとはいえるであろう。

債権の消滅時効の規定は、領収書の保全等の債権消滅の証拠保全の問題と深くかかわる。今回提案されているような

改正がなされれば、消費者であれビジネスに携わる者であれ、少額債権を弁済したときの領収書を保全しておく必要が一〇年間必要となるであろう（主観的起算点にもとづく「債権者が権利を行使することができることを知った時」の立証には不確定性がともなうため、客観的起算点にもとづく証拠保全が必要となるからである）。

そうであるとすると、短期消滅時効を廃止し、統一的時効期間制度を採用するのであれば、少額債権についての例外規定を設けることが必要であると思われる（個人的には、一〇万円未満の少額債権につき、二年程度の時効期間とすることが望ましいと考えている）。債権法改正法案にはこのようなきめ細かな配慮がなされていない。より熟慮を凝らした改正提案にする必要があるように思われる。

五　提　言

以上検討したように、債権法改正法案の時効制度には、かなり問題を含むものが存在しているうえに、短期消滅時効の廃止等、それ自体望ましい改正にも熟慮を欠いた点がある。そこで、次のいずれかを提案したい。

一　債権法改正法案の「消滅時効」の改正条文案を今回の改正からすべて削除する。

二　あるいは、一に述べた多くの規定を今回の改正提案から削除するものの、時効期間の短縮提案と短期消滅時効の削除を活かし、民法一六七条第一項を次のように改正し、第二項を付加したうえで現第二項を第三項とする。そのうえで、民法一六九条から一七四条を削除する。

> 民法一六七条　債権は、五年間行使しないときは、消滅する。
> 2　前項の規定にかかわらず、一〇万円未満の額の債権は、二年間行使しないときは消滅する。

（1）加藤雅信『民法（債権法）改正　民法典はどこにいくのか』（日本評論社、平成二三年）二一二頁以下、二五三頁。

（2）以上、法制審議会民法（債権関係）部会第七二回会議（平成二五年五月二八日開催）議事録三頁以下。

第八章　債権法改正法案・民法総則編の検討

一　はじめに

本来は、第二章および第七章に記したような検討内容を——時間の制約さえなければ、逐条的、かつ詳細に——債権法改正法案のすべての改正提案に対して施していくべきであろう。しかし、それでは検討内容を公にする前に国会審議が行われ、改正が実現してしまうおそれなしとしない。そこで、以下では、要綱に記された第一から第四〇までの項目の区分にしたがい、総則編と関係する第一から第七までを第八章で、債権編と関係する第八から第四〇までを第一〇章で順次検討することとする。また、物権編については、要綱には改正提案がなかったが、債権法改正法案には総則編や債権編の改正点との関係での改正提案が少数ながら存在している。しかし、基本的には物権編の改正は手つかずとなるので、その問題を第九章で検討することとする。

第二章および第七章において検討した問題については、私は現在の改正提案のままの法改正がされることを絶対に防がなければならないと考えている。以下に検討する第八章から第一〇章において検討する項目には、改正提案の方向性に、首肯すべき点・否定すべき点・さらなる熟慮を必要とする点の三つが混在しているし、詐害行為取消権のように提案どおりの改正を絶対に防ぐべきであると考えるものも存在している。第八章以下では、紙幅を過度に費やすことがないよう留意しつつ、それぞれの項目のなかで目に付いた問題を中心に検討することとする。

二「第一　公序良俗違反」――「強行規定」との関係の未整序という問題

債権法改正法案は、現行民法九〇条の公序良俗規定の文言を修正している。この文言修正自体には問題があるとは考えない。しかし、現行民法九〇条および九一条には、ともに「公の秩序」という文言が存在しており、そのため公序良俗を規定した現行民法九〇条と九一条の反対解釈から導かれうる「強行規定」の関係が不明確となっている。そのため、「強行規定」の根拠を現行民法九〇条に求めようとする学説と、現行民法九一条の反対解釈に求める学説の双方が存在しており、学理的な混乱を招いていた。

この学理的な混乱を解消するために、民法改正研究会の改正提案では、本書三四九頁に紹介したように、「公序良俗・強行規定」を四〇条一項に、「任意規定」を同条二項に規定することによって、概念の整序を行っている。ところが、債権法改正法案は、現行民法九〇条の微細な文言修正だけをして、現行民法九一条を改正しなかったため、従来の学理的な混乱をそのまま承継している。民法部会発足以前に公表された『国民有志案』がこの点にすでに対処していたにもかかわらず[1]、債権法改正事務局が、改正にあたってもう一工夫を試みなかったことが惜しまれる。

三「第二　意思能力」――改正提案が不十分であるという問題

(一)　要綱の提案と債権法改正法案の提案

要綱は、意思能力の規定を設けることを提案し、「法律行為の当事者が意思表示をした時に意思能力を有しなかったときは、その法律行為は、無効とする」との条文案を提唱し、債権法改正法案はその文言どおりに規定した[2]。現行民法には規定されていない意思能力の欠如の規定を、今回の改正にさいして規定しようとという発想そのものは首肯しうるところである。

（二）　体系的位置づけ

要綱においては、「意思能力」の問題は、法律行為の章の「公序良俗」の後、「意思表示」の前におかれていた。ただ、そこに「(第三条の二関係)」という記載も存在しており、その体系的な位置付けが必ずしも明確ではなかった。かりに、「行為能力」が「第二章　人」に規定され、「意思能力」が「第五章　法律行為」に規定されるようであると、連続的な法制度が分断的に規定されることになってしまうが、債権法改正法案は、連続的な法制度として二つを規定したので、特段の問題は生じないこととなった。

（三）　取り残された問題

しかし、内容的に、要綱の提案および債権法改正法案の提案がじゅうぶん吟味されたものであるか否かについては若干の疑問がある。民法改正研究会の改正提案では、いわゆる意思無能力を規定するさいに、自らの意思によって意思能力を欠くにいたった、いわゆる「原因において自由な行為」や、「相手方の催告権[3]」等のきめ細かな規定がおかれている。これに対して、債権法改正法案にはこのようなきめ細かな規定がおかれていないが、制限行為能力については相手方に認められる催告権を意思能力の欠如については認めないでよいのか等については、慎重な考慮が必要であろう。この問題は、意思能力欠如の効果を無効とするか取消しとするかという問題ともかかわるが、さらなるきめ細かな規定をおくことが必要であるように思われる。

四　「第三　意思表示」――手つかずの「外観法理」・透視性の悪い第三者効

（一）　外観法理

意思表示関連規定については、いくつかの修正が施されてはいるが、現行民法九四条の虚偽表示の規定がそのまま維持されている。

しかしながら、現在の判例は、現行民法九四条の適用範囲を大きく拡大しており、いわゆる「外観法理」の根拠規定として現行民法九四条を用いている。そして、その判例法理が必ずしも整序されたかたちで学界、実務に受け入れられているともいえない状況にあるのに、債権法改正法案はこの問題を放置したままにした。

今回の債権法改正につき、自ら「この改正作業が始まった当初から現場の責任者を務めてきた」とおっしゃる法務省元参事官（現民事法制管理官）は、規制改革会議において、今回の改正目的を次のように説明した。民法制定後の一二〇年間、民法はほとんど改正されず、解釈論と判例法理により「社会の変化に対応してきた」。これは、プロの法律家にとっては問題ではないが、そのような「実務上の重要で基本的なルールが条文に書かれていない」のは専門家以外には問題である。そこで、「条文の外に形成されている重要で基本的なルールを適切に条文化していくことを通じてルールが見えるように」していく必要がある。[4] 立派な言葉である。このような方針ならば、みえない判例法理を支えてきた条文の代表例ともいえる現行民法九四条の外観法理についての判例法を条文化する必要があるはずである。民法部会が設置される以前に公表された国民有志案六〇条、現在の民法改正研究会の改正提案五〇条でも外観法理の条文がおかれており、規定すること自体は少しも困難ではないはずである。意思表示関連の規定の改正として最重要なものが債権法改正法案からは抜け落ちているように思われる。

（二）　対第三者効

現行民法は、善意ないし善意無過失の第三者に対抗することができるか否かについては、九四条の虚偽表示と九六条の詐欺についてのみ規定しており、他の無効・取消規定については規定していない。債権法改正法案は、心裡留保、錯誤についてもこの点を規定し、現行民法の空白を補った。この点は改良であると評価する。

ただ、この第三者に対抗できるか否かという問題は、①善意の第三者に対抗可能、②善意・無過失の第三者に対抗可能、③すべての者に対抗可能の三段階に分かれている。そこで、国民有志案五九条はこれを表のようにまとめた規定としたが、民法改正研究会の改正提案もそれを受けつぎ、「意思表示」の規定の最後のほうに次のように規定している。

（第三者の保護）
第四十九条　次に掲げる法律行為の無効又は取消しは、これをもってその無効又は取消しの原因につき善意の第三者に対抗することができない。
一　第四十三条（真意留保）ただし書の規定による無効
二　第四十四条（虚偽表示）本文の規定による無効
三　第四十五条（錯誤）第一項及び第二項の規定による取消し
2　次に掲げる法律行為の取消しは、その取消しの原因につき善意で過失がない第三者に対抗することができない。
一　第四十六条（不実表示及び情報の不提供）第一項及び第二項の規定による取消し
二　第四十七条（詐欺）の規定による取消し
3　前条の規定による取消しは、これをもって第三者に対抗することができる。

この第三項にいう「前条」は、強迫についての規定であるが、このような規定の仕方によって、意思表示の規定全体にわたる第三者の保護の問題を一覧することができ、債権法改正にあたっての法務大臣の諮問にある「国民一般に分かりやすいものにする(5)」ことができると思われる。

債権法改正法案の方向性には賛意を表するが、この点の改正案にはより工夫を凝らす余地があったように思われる。

(三)　その他

これ以外にもいくつか問題があるが、ここでは若干の指摘にとどめておくこととする。

錯誤にかんする債権法改正法案の提案内容は、いわゆる「動機の錯誤」を「表意者が法律行為の基礎とした事情」についての錯誤と置き換えたものであるが、現行民法では七五文字の条文が三六六文字の条文となっており、条文全体が冗漫にすぎ、わかりにくいものになってしまった。後に本書二八一頁以下に紹介するように、今回の債権法改正については「条文の詳細化」によって改正される民法典がわかりにくくなることが裁判官や弁護士たちから問題視されていたが、債権法改正法案の「錯誤」の規定にはその残滓がかなり濃厚に残っているように思われる。

また、「公示による意思表示」の条文も改正されていないが、現行民法九八条二項以下には手続的な規範内容が規定されており、実体規範を規定している民法にはそぐわない内容である。この点も改良の余地があると思われる。

五　「第四　代理」――構成にもう一工夫を

代理については、現行民法の二〇か条の規定のうち、一二か条が改正されず、七か条が改正され、一か条が削除、一か条が新設されている。

ただ、個別条文についての手当てはあっても、代理法の構成には手が加えられていない。代理法は、有権代理・無権代理・表見代理を分けて規定したほうが透視性を増すと思われる。

また、「制限行為能力者が他の制限行為能力者の法定代理人としてした行為」の取消しが認められること自体はよいとしても、親族編に「他の制限行為能力者」についての法定代理の規定をおかないと、配慮の行き届いた改正にはならないであろう。本書三五九頁に示したように、民法改正研究会が提示した日本民法改正条文案五六条三項は、同意権・代理権・取消権をパラレルに規定することによって、この問題に対処している。

さらに、ルールを適切に条文化していくという観点からは、名義貸与の問題も規定する必要があるであろう。

六　「第五　無効及び取消し」――給付利得の分断提案

この箇所の提案につき、もっとも重要な問題については、本書一七一頁以下に述べたところに譲る。

これ以外にも、現行民法一二〇条の「取消権者」の規定は、若干の文言の追加・変更はあるものの、基本枠組はそのまま維持されている。その結果、取消原因を規定した各条文には取消権者が規定されておらず、取消原因の規定と民法一二〇条の双方の条文をみることによって、取消権者を含めた取消条文の総体がはじめて理解できるという現行民法の透視性の悪さは——国民有志案公表以前の平成二〇（二〇〇八）年の私法学会提出案の段階からこの点の手当がなされていたにもかかわらず——解消されていない。「国民一般に分かりやすい」という法務大臣の諮問にあった方針にそくした配慮が必要であろう。

七　「第六　条件及び期限」——規定の「透視性」を高める必要

条件、期限の規定の多くは現行民法の規定が維持されている。ただ、判例が認めた「不正な条件成就」があったときに条件を成就しなかったものとみなすという規定が新設された。この新設規定については評価したい。

なお、現行民法の条件および期限の規定は、既成条件・不法条件・不能条件・随意条件等が羅列的に規定されているため、透視性が悪い感があるが、債権法改正法案では、これらがそのまま維持されているので、改正による透視性の改善はみられない。我田引水の議論を避けたいとは考えるが、本書三七五頁以下に紹介した民法改正研究会の改正案が、号を活用することによって透視性を高めようとしているのとは対照的である。

八　「第七　消滅時効」——時効法の分断と、民法の一般法的性格の放棄

この箇所の問題性については、本書一七六頁以下に述べたところに譲る。

（1）　国民有志案五〇条は、「任意規定・強行規定・公序良俗違反」の順に規定しており、現在の日本民法典改正条文案と同一ではない

が、本文に述べた「学理的な混乱」の解消はすでになされていた（『民法改正　国民・法曹・学界有志案』（法律時報増刊）（日本評論社、平成二一年）一二四頁）。

（2）　本文でも簡単には述べるが、意思能力を欠如した場合に、その法律行為を無効とするか、取消しとするかについては双方の見解がありうる。なぜなら、無効とした場合もその無効を相手方が主張することを認めることはできず、「取消的無効」と考えざるをえないので、「取消し」という効果を与えた方が概念と機能が一致するのではないかという問題があるからである。ただ、講学上、いわゆる意思無能力の効果は無効と考えられてきたので、この点は両論がありうるところであろう。そこで、この問題を詳細に検討することはしないが、この問題が（三）で検討する法律行為ないし意思表示の相手方の催告権にかんする規定の導入の問題にもかかわってくることに留意されたい。

（3）　この点は、民法改正研究会の改正提案が「意思能力の欠如」の効果を「取消し」としたこととも関係している。

（4）　筒井民事法制管理官説明・内閣府規制改革会議　第二七回創業・ＩＴワーキング・グループ議事概要（平成二六年七月二三日）二頁（http://www8.cao.go.jp/kisei-kaikaku/kaigi/meeting/meeting.html）。

（5）　平成二一年一〇月二八日付法務大臣諮問第八八号。

第九章　物権編・不改正の正当性

債権法改正法案は、物権編については、総則編・債権編の改正にともない必要最小限の改正条文案を提示した。債権法改正にかんするこれまでの経緯を前提とすれば、当然のことであろう。ただ、その前提であるこれまでの経緯を当然視してよいか否かは、別問題である。

第一回のパブリック・コメントが『民法（債権関係）の改正に関する中間的な論点整理』をめぐって行われたさい、兵庫県弁護士会は次のような意見を提出した。

「債権法のみを切り出して優先的に改正するとの方針には、説得的な理由や説明がないため、弁護士の間に疑義や違和感が発生しており、そのことによる弊害すらも懸念される」。「債権法だけを切り出して他よりも先に改正する必要がある」という点について、「未だ説得的な根拠を聞いたことがない。また、民法の他の領域も順次見直しがなされる予定になるのかどうかも決まっていない」。「つまみ食い的な改正をして制度間の不整合を惹起させるくらいなら、一定の論点については手直しを差し控えて将来の検討に委ねるというような謙抑的な態度決定があってもよい(1)」。

民法典が時代の変化とともに現代社会にそぐわなくなってきたときに、もっとも改正の必要性が高いのは、任意規定である債権法ではなく、強行規定である物権法である。現に、現行民法の「永小作権」の章、相隣関係の規定の一部等、現代日本社会に不適合な規範が存在しており、改正の必要性は高い。

また、債権法が任意規定であるといっても、契約法は当事者間での合意による時代に合わせた変更が容易であるのに対し、不法行為による損害賠償等は、当事者間で合意による時代適合的な変更をするのは困難なので、多くの特別法が制定されている状況にある。

このような状況を考えると、「今、なぜ、債権法改正か」という問題が当然浮かびあがってくる。この問題につき、民法部会は、第一回、第二回の部会において議論をすることはしたが、部会長である鎌田薫教授の第一回会議での「債権法改正の必要性につきましては、なおしっかりした議論が必要だという御要望もあると思いますが、今日の議論を聞いていても、具体的に詰めていこうと思うと、ある程度、具体的論点に踏み込まないと議論が深まらない(2)」という発言から窺えるように、抽象的に法改正の必要性について議論することを回避し、この最初の二回の会期は、各委員の言いっ放し、という状況に終始した。

さらに、前述した第一回のパブリック・コメントにおいても、「改正の必要性自体に関しても、疑問を提起するものなど賛否両論の様々な意見が表明され(3)」ていたが、本書六八頁以下に述べたように、債権法改正事務局は、これらの表明された意見を無視するという方策を採用した(4)。

結局のところ、強行規定である物権法の改正には手をつけないということの正当性は、議論されることなく終わったのである。では、なぜ債権法改正事務局がこのような手法をとったのかは、後に本書二九三頁以下で示すこととする。

（1）兵庫県弁護士会「『民法（債権関係）の改正に関する中間的な論点整理』についての意見」（二〇一一年（平成二三年）一〇月二七日）（http://www.hyogoben.or.jp/topics/iken/pdf/111027iken.pdf）。
（2）民法部会第二回会議（平成二一年一一月二四日）三五頁（http://www.moj.go.jp/content/000046716.pdf）。
（3）内田貴「佳境に入った債権法改正」NBL九六八号（平成二四年）四頁。
（4）具体的にどのような手法をとることによって、パブリック・コメントの意見を無視したかについては、加藤雅信「民法改正　法務省への質問状：債権法改正立法手続きの問題性について」消費者法ニュース一〇二号（平成二七年）一六五頁以下参照［本書六八頁以下参照］。

第一〇章　債権法改正法案・債権編の検討

一　はじめに

債権法改正法案の検討に入る前に、まず、その前段階となった要綱について検討したい。

要綱の債権編についての改正提案のうち、まず目に付くものは構成の変更であった。要綱では、現行民法の債権総則の冒頭に規定されている「債権の目的」、「債権の効力」の規定の「債務不履行による損害賠償」に続き、「契約の解除」および「危険負担」の改正提案が記されていた。

かりに、改正民法の規定の順序がこのようになり、民法の「第三編　債権」の構成が「第一章　総則」・「第二章　契約」・「第三章　事務管理」・「第四章　不当利得」・「第五章　不法行為」という現在の構成を踏襲するのであれば、「第一章　総則」のなかに、「契約」のみに関係する規定が配置されるのは、概念の体系の逸脱となったと思われる。民法部会の議論のなかでは、「債権総則と契約総則に関しては現在のパンデクテン・システムを墨守する必要はない」、「パンデクテン方式をどのぐらい崩すのか」という発言もあったが、[1]法の全体改正ではない部分改正のなかで、民法全体を貫いている体系を、改正担当部分についてだけ壊していくことには大きな問題があった。

本書第七章において、現行民法四一五条の「債務不履行による損害賠償とその免責事由」の規定が、法定債権にかんしていびつなものとなっていることを指摘した。そのさい、本書一四八頁に紹介したような「契約法はよくなったけれども、あとは野となれ山となれというところがないではない」という債権法改正案の初期の段階で民法（債権法）改正検討委員会の内部でくだされた評価が、要綱になっても依然払拭されていないことも指摘した。今回の要綱の「契約の解除」および「危険負担」の改正提案の位置づけにはそれと同様の、契約法との連続性――債務不履行による損害賠償・契約の解除・危険負担――さえ確保できれば、「あとは野となれ山となれ」という姿勢が見受けられ、大きな危惧の念を抱かざるをえなかったのである。実は、本書四頁以下の「幻の書簡」に記した、本年三月三一日に印刷に付し、その後廃棄した要綱をめぐる〝幻の論稿〟には、この問題との関連で次の一文があった。「今回の要綱の提案がどのようなスタンスをとるものであろうとも、内閣法制局の審査にさいしてこの点が是正されることを期待したい。かりに内閣法制局によるチェックが機能しないのであれば、あとは国会に期待するしかない」。この期待に、内閣法制局は見事に応えてくれた。民法部会での「現在のパンデクテン・システムを墨守する必要はない」との発言の示す方向とは逆に、債権法改正法案は、危険負担の規定も、契約の解除の規定も現行民法と基本的には同じく契約の章に規定し、問題を解消したのである。要綱から債権法改正法案にいたる段階で内閣法制局の果たした役割を多としたい。

構成の変更の問題をおくと、債権法改正法案は、「債務引受」、「契約上の地位の移転」、「約款」、「有価証券」の規定を新設している。このうち、「債務引受」および「契約上の地位の移転」の規定を新設しようとする姿勢は正当であると評価したい。「約款」についても、本来民法典に規定すべきであると考えるが、第二章で検討したように、債権法改正法案の改正提案の内容には大きな問題がある。残念ながら、これでは「無いほうがマシ」という改正でしかないので、この点には反対したい。なお、「有価証券」については、これを市民法としての民法で規定するより、商取引法としての商法で規定すべきであろう。規定の内容というより、法体系全体を通じた規定の位置づけという視点から反対したい。

では、以下では要綱の債権編の改正提案第八から第四〇までの構成にそくして、債権法改正法案の内容を順次検討していくこととしたい。

二　「第八　債権の目的（法定利率を除く。）」――「善管注意義務」の非総則的位置づけ

債権法改正法案は、現行民法の「債権の目的」の規定にかんして、三に述べるように利息債権については法定利率の

変更をはかったが、種類債権・金銭債権・選択債権の規定の大部分につき、現行法を維持するという方針を採用した。

ただ、特定物債権については文言を修正し、そのなかに「契約その他の債権の発生原因及び取引上の社会通念に照らして定まる善良な管理者の注意」という文言を滑りこませた。すでに指摘されているように、この「取引上の社会通念」というような「不透明な概念」の導入によって、「合意からは基礎付けられ得ないような契約内容が……融通無碍に導かれることになれば」、「契約法における諸制度をその基盤から瓦解させてしまう結果にもなりかねない」[2]。これは、法務省民事局元参与の「関係的契約理論」を債権法改正に反映させることによって、規範内容の不確定性をもたらす結果となる有害な修正というべきである。

この点に加えて、要綱は、特定物債権についての個別規定である現行民法四〇〇条におかれた「善良な管理者の注意」という文言をそのまま踏襲している。しかしながら、「善管注意義務」と「自己のためにするのと同一の注意義務」は、すぐれて債権総論的・契約総論的規定である。単に、債権の一種類でしかない特定物債権の条文にこの文言をおけばよいというものではないと思われる。

そこで、国民有志案では、契約総論の箇所に――有償契約であれば「善管注意義務」が、無償契約であれば「自己のためにするのと同一の注意義務」が課せられるという考え方のもとに――注意義務を規定するとともに（国民有志案四七〇条一項・二項）、事務管理の章の六四二条、不当利得の章の六五三条にも注意義務の規定をおいた（ただし、不法行為の章には、不法行為による損害賠償請求権は金銭債権となるので、不可抗力ですら抗弁とならないので〔現行民法四一九条二項、国民有志案三四七条三項〕、注意義務についての規定はおいていない）。そのうえで、現行民法四一五条に対応する債権総論の債務不履行による損害賠償の原則規定となる国民有志案三四二条ただし書で帰責事由の不存在が抗弁となることを明記し、前述した注意義務規定の総論的な位置づけを与えている（以上、修正案原案も同様であるが、不当利得の規定の条件は六五四条であり、三四二条ただし書きには文言変更がある）。

債権法改正法案は、このような善管注意義務等の債権総論的・契約総論的性格を顧慮することなく、また有償・無償関係の差異をも顧慮することなく、漫然と現行民法を踏襲し、単に「関係的契約理論」との親和性に含みをもたせる文言修正で満足しており、熟慮にもとづく改正提案とはいいがたい。

三　「第九　法定利率」――成功した「法定利率」変動性の導入

債権法改正法案は、法定利率につき次のような提案を行っている。

（法定利率）
第四百四条　利息を生ずべき債権について別段の意思表示がないときは、その利率は、その利息が生じた最初の時点における法定利率による。
2　法定利率は、年三パーセントとする。
3　前項の規定にかかわらず、法定利率は、法務省令で定めるところにより、三年を一期とし、一期ごとに、次項の規定により変動するものとする。
4　各期における法定利率は、この項の規定により法定利率に変動があった期のうち直近のもの（以下この項において「直近変動期」という。）における基準割合と当期における基準割合との差に相当する割合（その割合に一パーセント未満の端数があるときは、これを切り捨てる。）を直近変動期における法定利率に加算し、又は減算した割合とする。
5　前項に規定する「基準割合」とは、法務省令で定めるところにより、各期の初日の属する年の六年前の年の一月から前々年の十二月までの各月における短期貸付けの平均利率（当該各月において銀行が新たに行った貸付け（貸付期間が一年未満のものに限る。）に係る利率の平均をいう。）の合計を六十で除して計算した割合（その割合に〇・一パーセント未満の端数があるときは、これを切り捨てる。）として法務大臣が告示するものをいう。

現行法の法定利率は、市場利率と無関係に、民事五パーセント、商事六パーセントと一律に定められている。この法定利率は、市場利率を、近時は大きく上回っており、高度成長時代には大きく下回っていた。この法定利率と市場利率の乖離は、債務者の資力に不安がない場合には、一方当事者の訴訟遅延戦術を招くことになりやすい。また、この乖離により不利益を受ける当事者は、たとえその結論が自己の信ずる真実とは異なっていても、訴訟の早期妥結をはかり、訴訟の結果が真実から遠ざかるという結果を招くことにもなりやすい。

民法改正研究会は、このような点を考慮し、法制審議会民法部会が審議を開始する以前に公表した国民有志案において、次のような条文を提案していた。

（利息債権）

第三百五十四条　利息を生ずべき債権（以下「利息債権」という。）の利率は、別段の意思表示がないときは、基準利率による。

2　基準利率は、政令で定めるところによる。

3　利息の支払いが一年分以上延滞した場合において、債権者が催告をしても、債務者がその利息を支払わないときは、債権者は、これを元本に組み入れることができる。

この提案は、修正案原案では右の条文案に若干の文言変更が加えられるとともに、生命侵害等にともなう逸失利益の賠償のさいの中間利息控除のさいの利率を――安全資産として運用する必要性が高いことを考慮して――一般の基準利率とは別建てで考えるという条項が付加されている。ただ、法定利率を市場利率と連動させるべきであるという発想は変わっていない。

著者としては、債権法改正法案が法定利率の規定を――固定利率から変動利率に――変更したことを全面的に支持したい。国民有志案と債権法改正法案とは、後者が「三パーセント」という法定利率を明示している点で異なるが、それは国民有志案でも政令が当初の法定利率を「三パーセント」と定めれば同じことであり、この点の違いには拘泥するつもりはない。

日本銀行金融機構局が本年三月三日に公表した二〇一五年一月分の貸出約定平均金利は、短期長期を合わせた総合でみると、国内銀行（都市銀行、地方銀行、第二地方銀行）で〇・九一七パーセント、信用金庫で一・九七八パーセントなので、(3) 三パーセントより低いが、金融機関の与信対象とはならず、これより高金利で与信を受けている当事者も多いことを考えると、現在の経済状況からは妥当な数字ではないかと考える。

なお、債権法改正法案では、損害賠償の中間利息控除もこの法定利率によることとなる。これについては、債権法改正法案に対して、不法行為被害者の取得する損害賠償額が——中間利息控除総額が減少することにともない——増大するので、交通事故の損害賠償保険等の保険料率が上がり、無保険車両が増大する、という反対意見もある。しかしながら、この反対意見にのっとって現行民法と同様、実勢と離れた利率での中間利息控除を行うことは、不法行為の原則である「原状回復」という原則に反し、被害者が取得する賠償金を不当に低くすることでしかない。この点では、中間利息控除にも変動性の法定利率を適用しようとする債権法改正法案の考え方のほうが基本的に正当であると、著者は評価する。

ただ問題は、交通事故の被害者等を念頭において考えると、賠償金を取得した被害者は、一定のリスクをとって資産運用をすれば格別、銀行預金その他の安全資産として運用する場合には、それを三パーセントの利回りで運用することができないという現実がある。この点からは、生命・身体被害についての不法行為の損害賠償の中間利息控除のための法定利率は、安全資産として運用できる変動性の法定利率——具体的には、長期定期預金利率に対応するもの——とする特則の規定をおくことが望ましいと著者自身は考えている。

ただ、一般の法定利率と生命・身体被害の損害賠償の中間利息控除の法定利率を二本立てで考えるという提案をすると、現段階では、損害保険の保険料率の上昇をふせぐために、一般の法定利率より高いものにすべきであるという議論が出てきかねない状況である。そこで、現段階では、二本立ての法定利率にすべきであるという修正案原案で示したような提案（本書四七五頁参照）は諦め、債権法改正法案の「第九　法定利率」の改正提案については全面的に支持することとしたい。

四　「第一〇　履行請求権等」——〝契約法の基盤からの瓦解〟、また、「履行の強制」は、債権法の規定か

債権法改正法案四一二条の二は、「履行の不能」についても、「債務の履行が契約その他の債務の発生原因及び取引上の社会通念に照らして不能であるときは、債権者は、その債務の履行を請求することができない」という、石川論稿にいう「不透明な概念」を滑りこませた。このような文言の導入によって、「履行不能」であるか否かの認定が融通無碍になされることになれば、契約にもとづく履行請求が、思わぬ事由によって認められない可能性が生じ、法的不安定性という問題が発生して「契約法における諸制度をその基盤から瓦解させてしまう」[4]一例となりかねないことはすでに述べた。契約の履行を請求しうるか否かは、契約当事者にとってもっとも肝要なものである。ここで不安定性が生じるとすれば、契約を締結する意味は半減しかねず、ビジネスの予測可能性は大きく害されるであろう。きわめて問題の大きい改正提案であって、この改正提案には強く反対するが、詳細は本書一六五頁以下に譲る。

また、次の「履行の強制（民法第四一四条関係）」についての提案にも、強い異議を述べておきたい。現行民法は、民法四一四条という債権編の条文で「履行の強制」を規定しているので、債権法改正法案も、それに従い、「履行の強制」を債権編に規定したのであろう。

しかしながら、権利の実現に裁判所の強制が必要なのは、債権に限られるわけではない。物権的請求権にも、親族法、相続法の権利にも、その権利の性格が履行の強制を許すのであれば、裁判による強制が必要となる。この点については、ふるく石坂音四郎が指摘していたところであり、次のようにいう。「強制執行は、債権のみに適用あるものにあらず、物権的請求権、其他一般の請求権の実行に適用あり。然るに今之を債権実行の方法として債権法に規定せるは、其当を得ず」[5]。この石坂の考え方が正当であると考え、民法改正研究会の改正案は、総則編の末尾に「権利の実現」という章をおき、「義務者または第三者による義務の履行・履行の強制・自力救済」の三点を規定した。しかし、債権法改正法案ではこの点についての考慮がなされていない。より深く熟慮を重ねる必要があったと思われる。

五　「第一一　債務不履行による損害賠償」――懸念される〝契約法の基盤からの瓦解〟

ここでは、もっとも要となる損害賠償の原則規定につき、債権法改正事務局は、これまでも『補足説明』や「補充説明」で、改正提案にある帰責事由に相当する文言に、「『契約の趣旨に照らして』といった判断基準を付加することにより、当該契約の具体的事情を離れた抽象的な故意過失等を意味するなどといった解釈を封ずることができる(6)」等と繰り返し述べてきている。その結果、債権法改正法案に従った改正がなされた場合には、債務不履行による損害賠償をめぐり、民法四一五条の規範の内容が過失責任か無過失責任かに争いが生じ、契約法の中核を司る規範が不安定な状況に陥ることが予想され、また民事契約と商事契約である運送契約等との間での分裂状況も生じかねない。改正を推進した法務省民事局元参与の弟子である研究者の言葉を借りれば、まさに〝契約法の基盤からの瓦解〟が懸念されるので、このような改正は絶対に避けなければならない。詳細は、すでに本書一三六頁以下に述べた。

六　「第一二　契約の解除」および「第一三　危険負担」――懸念される〝契約法の基盤からの瓦解〟と、提案内容の検討不足

この改正提案に無過失責任と過失責任の不透明性という問題があることは本書一五五頁にすでに述べたので、そこの叙述を参照されたい。

なお、国民有志案は、解除の箇所に、「約定解除の特則」として現行民法では売買の箇所に規定されている「手付け」について規定するとともに、「継続的契約の特則」として「解約告知」についても規定している。「手付け」の規定を移動した理由については、「第三〇　売買」について解説するさいに本書二三〇頁以下で再度述べるが、解約手付けは基本的に解除に関係する規定だからである。また、「解約告知」についてここに規定した理由は、解除の法制度全体にかかわる民法典の透視性をよくし、「国民一般に分かりやすいものにする」ためである。以下の国

民有志案修正案原案の規定を参照されたい。

第五款　契約の解除

（約定解除の特則）

第四百八十二条　有償契約の当事者のいずれかが他方に手付を交付したときは、相手方が契約の履行に着手するまでは、手付を交付した者はその手付を放棄し、手付を受領した者はその倍額を償還して、契約を解除することができる。

2　第四百八十五条（解除の効果）第四項の規定は、前項の場合には適用しない。

第五款　契約の解除

（継続的契約の特則）

第四百八十八条　第四百八十六条（解除の効果）第一項の規定にかかわらず、賃貸借契約、使用貸借契約、雇用契約、委任契約、寄託契約、消費貸借契約、組合契約その他の継続的契約の債務の履行が開始された後にその債務の不履行があった場合において、債権者は債務者に対し以後本旨に従った債務の履行をすることを催告し、その催告後一定の期間内に本旨に従った債務の履行がないときは、将来に向かって当該契約の効力を消滅させる旨の意思表示（以下「解約告知」という。）をすることができる。この場合において、当該契約の効力は、解約告知の時から将来に向かって消滅する。

2　前項の解約告知は、同項の債務の不履行が当事者間の信頼関係を破壊するものでないときは、その効力を生じない。

3　第一項の債務の不履行があった場合において、当該債務の不履行が契約当事者間の信頼関係を著しく破壊するものであるときは、債権者は同項に規定する催告をすることなく解約告知をすることができる。
4　第四百八十五条（解除の効果）第四項は、本条の場合に準用する。

さらに、国民有志案は、現行民法の条文について批判が多い「危険負担」については、現行民法の構成も、条文内容も大幅に変更している。その具体的な内容については〔完全版〕五七九頁以下に紹介した国民有志案四七六条以下を参照されたい（修正案原案による変更はない）。

七　「第一四　受領遅滞」

現行民法は、四一二条で「履行遅滞」を、四一三条で「受領遅滞」を規定し、――四一四条の「履行の強制」の規定を挟んで――四一五条で「債務不履行による損害賠償」を規定している。この構造からは、受領遅滞の債務不履行構成が非常に導きやすいと考えるが、債権法改正法案四一三条は、現在の民法四一三条の文言からは可能な債務不履行責任という解釈を封ずる条文案を提案している。現実に、受領拒絶をめぐるトラブルが多いなか、このような改正をすることには賛成できない。

さらに、債権法改正法案は、「履行遅滞中の履行不能」について新たな規定を設けることを提案している。しかし、この問題につき、学界では次のようにいわれている。「遅滞がなければ履行期に給付できたはずだから、不能のリスクは債務者が負うべきかが問題となるが、『履行遅滞』につき債務者に帰責事由があれば、『遅滞後の不能』については、不能となったことについて帰責事由がなくても、債務者は不能の結果を引き受けなければならないとの考え方で異論を見ない」(7)。このように論理的に簡単に導ける結論で、学界で異論をみない問題につきいちいち新設規定を設けることは、民法典が煩雑になりすぎるので賛成できない。

八　「第一五　債権者代位権」――不十分な「判例法の可視化」と、「制度の欠陥」の立法による固定

債権者代位をめぐって、判例として「条文の外に形成されている重要で基本的なルールを適切に条文化していくことを通じてルールが見えるように」していくためにもっとも重要なことは何か。現在では、判例法上、債権者代位権が二つの場合、すなわち、債務者が無資力な場合とそれ以外の場合に用いられていることである。

しかし、現行民法四二三条一項本文はこの点を明示しておらず、次のように規定している。

> **（債権者代位権）**
> 第四百二十三条　債権者は、自己の債権を保全するため、債務者に属する権利を行使することができる。ただし、債務者の一身に専属する権利は、この限りでない。

債権法改正法案の提案に従えば、債権者代位権の規定は次のようになる。

> **（債権者代位権の要件）**
> 第四百二十三条　債権者は、自己の債権を保全するため必要があるときは、債務者に属する権利（以下「被代位権利」という。）を行使することができる。ただし、債務者の一身に専属する権利及び差押えを禁じられた権利は、この限りでない。
> 2　債権者は、その債権の期限が到来しない間は、被代位権利を行使することができない。ただし、保存行為は、この限りでない。
> 3　債権者は、その債権が強制執行により実現することのできないものであるときは、被代位権利を行使することができない。

右の債権法改正提案自体からは、債務者が無資力なとき以外にも債権者代位権が認められるのか否かは依然明確とはいえない。この債権者代位権の基本原則を定めた規定のもとで、債権法改正法案四二三条の七は、「登記又は登録の請求権を被保全権利とする債権者代位権」について規定しようとしている。したがって、登記請求権の連鎖がある場合の債権者代位権については民法典に根拠ができたが、この規定が例示的なものか、それとも例外的に認められる特則かははっきりしない。その結果、物権的妨害排除請求権の債権者代位権の行使を認めた判例(8)、不動産の売買代金請求権を被保全権利とする登記請求権の代位行使を認めた判例等(9)が、債権法改正法案が規定する債権者代位の規定とどのような関係にあるのかが明らかではないという状況が生まれた。

「第三三　賃貸借」に後述するように、債権法改正法案六〇五条の四が「不動産の賃借人による妨害の停止の請求等」の新設を提言していることからすると、不動産賃貸借以外の場合には、物権的妨害排除請求権の債権者代位権の行使を認めた判例を否定する趣旨ではないかと推測されるが、このような状況では、債権法改正にさいして法務大臣の諮問にあった「国民一般に分かりやすいものにする」(10)ことに成功しているとは言いがたい。

そこで、さきに紹介したような判例を包含しつつ、近時の学説にみられる債権者代位権を債務者無資力の場合にのみ限定する必要はないという考え方を取り入れ、国民有志案三五六条は、次のような提案をしている（修正案原案による変更はない）。

（債権者代位権）

第三百五十六条　債権者は、次の各号に該当する場合には、自己の債権を保全するため債務者に属する権利を債務者に代位して行使することができる。

一　債務者が無資力であるとき。

二　保全される権利と代位行使される権利との間に関連性があるとき。

2　前項の規定にかかわらず、債権者は、債務者の一身に専属する権利について債権者代位権を行使することができない。

右のような条文案にすると、判例が認めている債権者代位権の諸場合を包含することができる。その反面、現在の判例よりも債権者代位権が認められる範囲が広くなるという問題もあることは事実である。ただ、前述したように、債権法改正法案は、不動産の賃借人につき、物権的請求権に対応する規定の新設を提言している。「不動産の賃借人」に特化してこのような規定をおくことへの疑問をその箇所で述べるが、このような問題を引き起こさないためには、一項二号に規定したような債権者代位権を認める必要があると考える。

以上に述べたように、現在の債権法改正法案が示す改正案では、判例法の可視化がじゅうぶんなされていない点に留意する必要があると思われる。

さらに、債権法改正法案には別の問題もある。債権法改正法案四二三条の三は、「金銭の支払又は動産の引渡し」を目的とする代位権の行使の場合には、代位債権者に直接の引渡しを求める規定を新設することを提案している。しかし、判例のなかには複数債権者による債権者代位権の競合行使を認めたものがあり[11]、それをうけて、債権者代位訴訟に代位債権者以外の債権者の当事者参加を許し、債権者代位権をミニ破産としての機能をもつ、債権者平等を実現する制度として構成すべきであるとする説が主張されている[12]。我妻説等が、代位債権者が金銭の引渡しをうけ事実上優先弁済をうける結果となることを「制度の欠陥[13]」と評価していたが、この「制度の欠陥」を是正しようとする立場である。ところが、債権法改正法案四二三条の三は、この「制度の欠陥」を条文化し、改正によって「欠陥」を固定化しようとするものであり、到底賛成することはできない。

九　「第一六　詐害行為取消権」――混乱した判例法の承継でよいのか

（一）　民法の規定と、判例法の問題点

現行民法は、詐害行為取消権の基本枠組を以下のように規定している。

> **（詐害行為取消権）**
> 第四百二十四条　債権者は、債務者が債権者を害することを知ってした法律行為の取消しを裁判所に請求することができる。ただし、その行為によって利益を受けた者又は転得者がその行為又は転得の時において債権者を害すべき事実を知らなかったときは、この限りでない。

このような基本枠組のもとで、学説は、形成権説・請求権説・折衷説・責任説等を主張しているところ、判例は、折衷説の立場を採用している。その結果、詐害行為取消権の目的は、①相対的無効を導く詐害行為の取消しと、②逸出財産の取戻しの双方であるとされる。また、判例がとる折衷説の立場では、詐害行為取消権が行使されても、相対的無効が生じるにすぎないので、債務者には判決の効力が及ばないことになる。ただ、この判例理論には大きな問題がいくつも存在している。

第一に、「現物返還の対象物が不動産の場合には相対的抹消登記というものを現行不動産登記法は認めていないから、絶対的な形で抹消登記がなされ、登記上は完全に債務者の所有に復帰してしまう。これでは、相対的取消と矛盾するばかりでなく、債務者が詐害的な法律行為をふたたび行うことが可能になってしまう(14)」。

第二に、詐害行為取消権の結果、目的物を取り戻された受益者、転得者が前主に求償権を行使しようとしても、相対的無効の結果、求償しようにも前主には判決の効力が及んでいない。その結果、求償を請求する裁判において詐害行為ではないと判示される可能性もあることになる。判例が採用している相対的無効論は、「取消訴訟の被告とされた受益

者または転得者を犠牲に供するところに問題点を残している[15]」のである。

第三に、「取り戻された財産に対する強制執行は、つねに、債権者と債務者との関係において追行されるのであるから、この関係に取消の効果が及ばないということは致命的な欠陥といわなければならない[16]」。

第四に、不動産の二重譲渡の場合、判例のとる折衷説を前提とすると、奇妙な結果が生ずる。たとえば、AがBに売却した不動産を、Bが未登記のうちにAがCに売却し、Cが登記したという二重譲渡の事例を考えてみよう。Aが債務超過で詐害の意思もあり、Cが悪意であれば、判例はBの詐害行為取消権の行使を認めている[17]。詐害行為取消権が行使されれば、Cの登記は抹消され、Aが名義人となる。この段階で、Bが第一売買契約にもとづき移転登記請求をした場合に、その請求は認められるのだろうか。判例は、詐害行為取消訴訟のなかで、移転登記請求をした場合には、その請求を認めていない[18]。しかし、Bに登記が戻った後に、別訴で売買契約にもとづく移転登記請求がなされたら、一体どのような理由にもとづきその請求を棄却できるのであろうか。

第五に、取消債権者の有する債権の債権額を超える価値をもつ目的物につき、詐害行為取消権の行使が可能か否かについては議論がある。そのようななかで、判例は一棟の家屋等の不可分な物については詐害行為取消権の行使が可能であるとしている[19]。しかし、被保全債権が少額債権の場合にも、常にこの結論を維持してよいのであろうか。

(二)　債権法改正法案の改正方向

現行法のもとでの判例の混乱状況を前に、債権法改正法案はその状況を固定するという途を選び、いくつかの提案を行っている。詐害行為取消権の改正の全体像は、〔完全版〕四八〇頁以下に示すので、ここでは、後の分析と関連するかぎりで改正条文を紹介することにしよう。

> **（詐害行為取消請求）**
> 第四百二十四条　債権者は、債務者が債権者を害することを知ってした行為の取消しを裁判所に請求することができる。ただし、その行為によって利益を受けた者（以下この款において「受益者」という。）がその行為の時にお

いて債権者を害することを知らなかったときは、この限りでない。

（財産の返還又は価額の償還の請求）
第四百二十四条の六　債権者は、受益者に対する詐害行為取消請求において、債務者がした行為の取消しとともに、その行為によって受益者に移転した財産の返還を請求することができる。受益者がその財産の返還をすることが困難であるときは、債権者は、その価額の償還を請求することができる。

要するに、債権法改正法案四二四条一項で、現行民法四二四条一項の基本枠組を受け継ぐことを明示し、債権法改正法案四二四条の六第一項で、「取消し」と「財産の返還」の請求を詐害行為取消権の内容であることを明示した。判例の折衷説を明文化し、形成権説・請求権説・責任説を主張する余地を封じたことになる。では、次に、後の検討と関連する債権法改正法案のいくつかの規定を紹介しておこう。

（被告及び訴訟告知）
第四百二十四条の七　詐害行為取消請求に係る訴えについては、次の各号に掲げる区分に応じ、それぞれ当該各号に定める者を被告とする。
一　受益者に対する詐害行為取消請求に係る訴え　受益者
二　転得者に対する詐害行為取消請求に係る訴え　その詐害行為取消請求の相手方である転得者
2　債権者は、詐害行為取消請求に係る訴えを提起したときは、遅滞なく、債務者に対し、訴訟告知をしなければならない。

（認容判決の効力が及ぶ者の範囲）
第四百二十五条　詐害行為取消請求を認容する確定判決は、債務者及びその全ての債権者に対してもその効力を有する。

（債権者への支払又は引渡し）
第四百二十四条の九　債権者は、第四百二十四条の六第一項前段又は第二項前段の規定により受益者又は転得者に対して財産の返還を請求する場合において、その返還の請求が金銭の支払又は動産の引渡しを求めるものであるときは、受益者に対してその支払又は引渡しを、転得者に対してその引渡しを、自己に対してすることを求めることができる。この場合において、受益者又は転得者は、債権者に対してその支払又は引渡しをしたときは、債務者に対してその支払又は引渡しをすることを要しない。

（詐害行為の取消しの範囲）
第四百二十四条の八　債権者は、詐害行為取消請求をする場合において、債務者がした行為の目的が可分であるときは、自己の債権の額の限度においてのみ、その行為の取消しを請求することができる。

債権法改正法案が以上のような規定をおくことによって、さきに紹介した現行判例の五つの問題は解消されたのであろうか。その点を次に検討してみよう。

第一の問題、すなわち詐害行為をした債務者のもとに登記名義が戻り、債務者が第二の詐害行為をなしうることになるという問題は、依然解消されていない。右に示したように、債権法改正法案が「直接の引渡し」を規定するのは「金銭の支払い又は動産の引渡し」だけなので、不動産ないしその登記は詐害行為をした債務者のもとに戻ることになるからである。

第二の問題については、債権法改正法案は、詐害行為取消請求を認容した判決の効力が債務者に及ぶという提案をしており、受益者の債務者に対する求償に限ってはこの問題は解消されている。しかしながら、転得者がさらに目的物件を譲渡し、再転得者がいる状態のもとで、再転得者に対する詐害行為取消請求がなされたとしよう。被告である再転得者が転得者に求償しようとしても、その転得者には当初の詐害行為取消請求の判決の確定効は及んでいない。したがって、その求償権訴訟において詐害行為がなかったと判示され、再転得者が泣く目をみるという可能性は解消されていない。要するに、第二の問題につき、債権法改正法案は中途半端な解決は提案したものの、全面的な解決は提案していないことになる。

第三の問題については、債権法改正法案はきわめて奇妙な事態を容認することになる案を提示した。動産を目的とする詐害行為取消訴訟が提起されたとしよう。債権法改正法案は、詐害行為取消権を行使した場合に、右に紹介したように、債権者が動産を直接自己に対して引渡しを求めることを認めている。しかし、詐害行為がなされる以前、動産が債務者のもとにあった状況下では、債権者が債務者に対する債務名義をもっていない以上、債権者は支払いを求めることも動産の引渡しを求めることもできなかったはずである。詐害行為取消権は被保全権利となる債権を保護するものであるが、債権法改正法案のように、詐害行為取消権の被告適格を「受益者」または「転得者」に限定する以上、詐害行為取消権者が債務者に対して債務名義を有している保証はなにもない。債務者に対しては、訴訟告知がなされるにとどまっているからである。当然のことながら、債務名義を規定している民事執行法二二条は、訴訟告知に債務名義を認めてはいない。要するに、債権法改正法案は、詐害行為取消権について絶対に検討しなければならなかったはずの債務者に対する債務名義という問題を視野に入れることなく、債務者を被告としない詐害行為取消訴訟において、債権者に債務名義以上のものを与えるという、思慮に欠ける提案を行っていることになる。

第四の二重譲渡にともなう問題も、債権法改正法案の提案は少しも解決するものではなく、現行民法と同じ問題を抱えている。

第五の被保全債権の債権額を超える価値をもつ目的物についての詐害行為取消権の行使についても、債権法改正法案はその四二八条の八に詐害行為の目的が可分な場合の規定をおくにとどまっており、民事執行法の超過差押えの問題との接合がはかられることはなかった。

(三)　責任説を立法で実現すると……

今回の債権法改正法案のめざす改正は、詐害行為取消権についての判例の方向、すなわち折衷説を法典上固定しようとするものであった。さすがに、折衷説のもとで混乱した状況の一部についてはその解消を試みたが、多くの問題は——これまでは、判例の混乱であったものが——法典の混乱として承継されることになって、混乱の場の次元があがることになったのである。

実は、このように幾つもの問題が発生する原因は、判例が詐害行為の取消しに与えている効果(=「法律行為の取消し」+「財産の取戻し」)が詐害行為取消権の法目的(=不当に減少した責任財産の確保)を大きく超えているからである。そうであれば、この現在の混乱した状況を解消するのは、単なる判例法理の文字化であってはならないはずである。債権法改正は、詐害行為取消権の法目的と法が与える法律効果を一致させる大きな機会であったにもかかわらず、債権法改正法案は、その機会をみすみす取り逃がすような改正提案をしていることになる。皮肉をいいたいわけではないが、判例の混乱が民法典の混乱に昇格するのでは、民法改悪といいたくなる。

詐害行為取消権は、債務者の詐害行為によって責任財産が不足した事態に対処するために与えられる。したがって、詐害行為によって債務者の責任財産から逸出した目的物を、依然として責任財産として扱うことができるという効果を付与すれば、詐害行為取消権の目的を達成するためには必要にして充分なのである。これを主張するのが、詐害行為取消権の効果を責任法的無効——すなわち、詐害行為取消権が認められれば、債務者の責任財産から逸出した目的物を依然として責任財産として扱うことができる――とする責任説であった。

責任説にもとづき、詐害行為制度を、①債務者に対する履行請求＋②受益者または転得者に対する責任財産の拡張として構成すれば、現在の判例の抱える五つの問題点はすべて解消する。次に具体的に検討してみよう。

第一の問題は、登記名義が債務者に戻ることがないので、発生しない。

第二の問題は、求償権の行使を考えている受益者または転得者に、求償対象となる前主に対する訴訟告知の機会を与えさえすれば、発生しない。

第三の問題は、詐害行為取消権者が中間債務者に対する債務名義を取得することを前提としたうえで、詐害行為による拡張された責任財産への強制執行が第三者による弁済としての効力を生じると考えれば、中間債務者はそれ以上の利害関係を有しないことになる。

第四の問題は、前述した事例で、第一譲受人Bは、第二譲受人Cのもとにある不動産に対する強制執行を行うだけなので、Aに登記名義が戻るという事態そのものが発生しない。

第五の問題は、民事執行法における超過差押えの一般原則のなかで解消される（目的物が不動産の場合には、超過差押えも認められ、買得金に剰余があればそれが不動産保有者に返還される〔少額債権による強制執行の場合には、不動産保有者は第三者の弁済をすることによって、競売を避けることも可能である〕）。また詐害行為の対象が動産、債権である場合には超過差押えの禁止の原則がそのまま適用される（民事執行法一二八条、一四六条二項）。

債権法改正法案が、取消債権者が「金銭の支払又は動産の引渡しを求める」場合において「直接の引渡し」を認めているところは、責任説にたてば他の債権者は配当要求をすることは可能なので、債権法改正法案のような問題が生じる余地はない。

実は、民法部会の検討が開始される前に、国民有志案は、責任説にもとづく次のような案を提示していた（なお、以下の条文案は修正案原案では微修正されている）。この提案によって、さきに述べた判例の混乱状況はすべて解消されるはずであったが、そのあらかじめの提案が活かされることはなかったようである。

（詐害行為責任拡張請求権）

第三百五十七条　債務者が、自己の無資力により債権者を害することを知りながら法律行為（以下「詐害行為」という。）をした場合には、債権者は、その詐害行為の相手方（以下「受益者」という。）に対し、受益者が取得した財産を詐害行為をした債務者（以下「詐害行為者」という。）の責任財産とみなすよう裁判所に請求することができる。

2　前項に規定する場合において、受益者が詐害行為によって取得した財産を他の者に譲渡したときは、債権者は、その財産の価値の限度において、詐害行為者に対する自己の債権に基づき、受益者の一般財産に対して強制執行をすることができるよう裁判所に請求することができる。

3　債権者は、詐害された債権につき、前二項に規定する訴訟の口頭弁論終結までに民事執行法第二十二条（債務名義）各号に掲げる債務名義を取得していないときには、その訴訟において詐害行為者に債務の履行を求めなければならない。

4　債権者は、受益者が取得した財産を転得した者又は転得した者からさらに財産を譲り受けた者（以下併せて「転得者」という。）に対しても、第一項又は第二項と同様の請求をすることができる。前項の規定は、この場合について準用する。

5　第一項及び第二項の規定は、受益者が詐害行為の時において債権者を害する事実を知らなかったときは、適用しない。第四項の規定は、転得者が債権者を害する事実を知らずにその財産を譲り受けたときは、適用しない。

6　債権者は、詐害行為をした者に対する債務名義及び第一項、第二項又は第三項の請求によって得た判決に基づき、民事執行法第二十六条（執行文の付与）及び第二十七条（標題なし）第二項に基づき受益者又は転得者に対する執行対象を限定した執行文の付与を得て、その財産に対し強制執行の申立てをすることができる。

7　本条第一項、第二項及び第四項の請求が認容された場合において、詐害行為者の債権者は、これらの請求を受けた者の債権者に優先する。

（詐害行為に基づく強制執行等と求償）

第三百五十七条の二　前条第六項の規定により強制執行がなされたときは、債権者の詐害行為者に対する債権につき、配当を受けた限度で、（新）第三百七十八条（弁済）第二項に規定する第三者の弁済がなされたものとみなす。

2　前条第六項の規定による強制執行を受け、又は強制執行に基づく換価に先立って第三者の弁済をした受益者若しくは転得者は、詐害行為者又は悪意の前主に対し、財産を失った限度で求償権を行使することができる。ただし、求償の額は受益者又は転得者が前主に対して支払った代価を上回ることができない。

3　前項の求償権を行使することができる受益者又は転得者は、詐害行為者又はその他の求償権を行使しようとする相手方に対し、その訴訟の告知をして前条第一項、第二項又は第四項の訴えに係る請求を認容する確定判決の効力を詐害行為者又は当該相手方に及ぼすことができる。

（責任拡張判決の第三者に対する効果）

第三百五十八条　（新）第三百五十七条（詐害行為責任拡張請求権）の規定による責任の拡張が認められた場合には、その詐害行為の時に詐害行為者に対し債権を有していたすべての債権者は、同条第六項の強制執行に配当加入することができる。

債権法改正法案は、詐害行為をめぐる現在の判例の混乱を是正する絶好の機会を逃しており、混乱を法典の次元で固定したので、このような提案には到底賛成することはできない。今回の債権法改正を評した裁判官の声のなかには、「詐害行為取消しの改正提案は、非常に問題で、『改悪』ではないかと思われる」[20]という評価もあったが、実務家から「改悪」と評されるような改正をしてはならないと考える。

一〇「第一七　多数当事者」――不可分債権・債務と連帯債権・債務の関係の不整備

債権法改正法案が、「第三節　多数当事者の債権及び債務」のなかに連帯債権の款を新設し、多数当事者の債権・債務関係を、分割債権・債務、不可分債権・債務、連帯債権・債務とシンメトリックにしようとしたことは、体系美という観点からは評価したい。

ただ、その実質をみると、債権法改正法案は、四三二条において「債務の目的がその性質上不可分である場合」に「法令の規定又は当事者の意思表示」があったときを連帯債務であるとしたうえで、さらに、四三〇条において「債務の目的がその性質上不可分である場合」を不可分債務として、かつ、「第四款（連帯債務）の規定（民法第四百四十条の規定を除く。）」を準用することを提案している。連帯債務と不可分債務の概念が基本的に重複しているうえ、民法四四〇条以外は連帯債務の規定が不可分債務にすべて準用されるので、二つの概念をおくことがほとんど無意味となっている。

また、連帯債権についても、四三二条で、「債権の目的がその性質上不可分である場合」に「法令の規定又は当事者の意思表示」があったときを連帯債権であるとしたうえで、さらに、四二八条で「債権の目的がその性質上不可分である場合」を不可分債権として、かつ、連帯債権の規定を準用することを提案している。ここでも、概念が重複しており、二つの概念をおくことがほとんど無意味となっている。

これらをみると、債権法改正法案の多数当事者の規定は、その概念にさかのぼって、徹底的に再検討する必要がある。著者がみるところ、連帯債権・連帯債務の発生は、当事者の合意か法令によればじゅうぶんであり、債権や債務の目的が「性質上不可分である」ことを要求する必要がないのに、それを要求したために、無用な混乱が生じたのではないかと思われる。

なお、債権法改正法案では、連帯債務の絶対的効力が極少化されている。連帯債務者間に一体的関係がないのであれば、これは望ましい方向であるが、連帯債務者間に一体的関係がある場合には、連帯債務の取扱いが社会的に煩瑣となることが予想される（債権法改正法案四四〇条ただし書の「別段の意思表示」を逐一行わなければならないことになる）。

さらに、連帯債務の活用される場は一様ではないので、絶対的効力を相対的効力に変更することの社会的、実務的影響を慎重に考慮していく必要があることを忘れてはならない。一例をあげれば、連帯債務者のひとりに対する免除が、その負担部分について絶対的効力を有すると現行民法四三七条は規定している。債権法改正法案はこの条文の削除を提案しているので、改正がなされれば、免除は相対効しかもたないことになり、免除を受けた債務者は、他の連帯債務者から求償されうるので、免除は実質的な意義を失うことになる。この点との関係で、会社法四二五条、四二六条、四二七条等の会社役員の株式会社に対する損害賠償責任の一部免除や責任限定契約が機能しなくなることを経済界は懸念している。これと同様、思わぬ波紋が各界に広まる可能性は否定できない。

著者自身、現行法のように絶対効を広く認めていくことが望ましいと必ずしも考えているわけではないが、制度変更を提案する以上、その影響については相当慎重な吟味が必要ではないかと考える次第である。

最後に、今回の債権法改正法案の多数当事者の債権債務についての改正提案は、個人的には、じゅうぶん練られたものではないと評価しているが、同時に、この問題に取り組んだ事務局を含む民法部会関係者に同情心を覚えていることを付言しておきたい。連帯債務は、かのイェーリングをして「読めば読むほど頭が混乱する」と言わしめ、現代からみると差別的な表現ではあるが、ドイツ普通法の時代には「法律学のアフリカ」と呼ばれるような論争を生んだ法分野である。[21] 著者自身は、ローマ法は法人概念を有していなかったので、それを補うべく、連帯債務や不可分債務等の概念が活用される場が多かったのではないかと推測しており、[22] それが、法人制度が確立した現代での多数当事者の債権債務をめぐる講学上の混乱と学問的な議論のレベルの低さを生んでいると考えている。

前段の推測が当たっているか否かはともかく、講学上じゅうぶんな解明がない法制度を改正するにあたっては、抜本的な改正を試みてはならない。抜本的な改正は、詐害行為取消権のように制度解明がなされた法制度についてなされるべきものである。多数当事者の債権債務のように解明度が低い法分野については、実務上問題となる点につき弥縫策的な改正をするにとどめ、今後の講学上の熟成をまつのが、改正にあたっての正当な態度であろう。

一一　「第一八　保証債務」――保証人を地獄に落としかねない改正提案

保証をめぐる債権法改正法案の提案は、金融庁の監督等が及ばない悪質金融業者が保証人から執行受諾文言つきの公正証書（いわゆる「執行証書」）をとりやすくするだけで、今後社会的悲劇を巻き起こす以外のなにものでもないと考える。この点については、すでに第二章で検討したので、そこの叙述に譲る。

一二　「第一九　債権譲渡」――不合理な銀行優遇の立法化

債権譲渡について、債権法改正法案は、次のような方向性を打ち出した。

> **（債権の譲渡性）**
>
> 第四百六十六条　第一項は、現行民法に同じ。
>
> 2　当事者が債権の譲渡を禁止し、又は制限する旨の意思表示（以下「譲渡制限の意思表示」という。）をしたときであっても、債権の譲渡は、その効力を妨げられない。
>
> 3　前項に規定する場合には、譲渡制限の意思表示がされたことを知り、又は重大な過失によって知らなかった譲受人その他の第三者に対しては、債務者は、その債務の履行を拒むことができ、かつ、譲渡人に対する弁済その他の債務を消滅させる事由をもってその第三者に対抗することができる。
>
> 4　《略》

この二項は、譲渡禁止特約つきの債権について、譲渡合意の有効性を認めているので、いわゆる物権的効力説を否定し、債権的効力説の立場を示したものといえるであろう。もちろん、三項によって、その譲渡禁止の効力は悪意・重過失の第三者には対抗することはできるが、全体として債権の譲渡性を肯定したことによって、債権の流通性が高まりつつある現在の社会状況に適合したものとなっていることを肯定的に評価したい。

しかしながら、債権法改正法案四六九条は、債権譲渡と相殺について、以下に示すように、いわゆる無制限説を前提とした改正を提案しており、これには大きな問題がある。

（債権の譲渡における相殺権）

第四百六十九条　債務者は、対抗要件具備時より前に取得した譲渡人に対する債権による相殺をもって譲受人に対抗することができる。

2　債務者が対抗要件具備時より後に取得した譲渡人に対する債権であっても、その債権が次に掲げるものであるときは、前項と同様とする。ただし、債務者が対抗要件具備時より後に他人の債権を取得したときは、この限りでない。

一　対抗要件具備時より前の原因に基づいて生じた債権

二　前号に掲げるもののほか、譲受人の取得した債権の発生原因である契約に基づいて生じた債権

3　第四百六十六条第四項の場合における前二項の規定の適用については、これらの規定中「対抗要件具備時」とあるのは、「第四百六十六条第四項の相当の期間を経過した時」とし、第四百六十六条の三の場合におけるこれらの規定の適用については、これらの規定中「対抗要件具備時」とあるのは、「第四百六十六条の三の規定により同条の譲受人から供託の請求を受けた時」とする。

問題を熟知している読者には釈迦に説法となるが、基本に立ち戻って考えてみよう。対立している債権がともに弁済期にあり、相殺適状にある場合に、相殺が可能なのは当然のことである。これは、銀行の貸金債権と、借主の銀行に対

する預金債権の間でも変わることはない。

では、対立する一方の債権の弁済期が到来していない場合にはどうなるのであろうか。銀行取引約定書がなく、何の特約のない状況を考えてみよう。銀行の貸金債権の弁済期が到来し、借主の預金債権の弁済期が到来していなくても、銀行は、民法一三六条二項にもとづき預金債務の期限の利益を放棄さえすれば、相殺することが可能である。

そうであるとすれば、双方の債権の弁済期が到来する以前の段階でも、銀行は、貸金債権の弁済期が借主の預金債権の弁済期より前であれば、さきざき貸金債権の弁済期が到来した段階で相殺することが可能であるという期待を有することは当然のことである。このような場合に、預金債権が第三者の差押え、第三者に対する譲渡の対象となり、銀行の期待が裏切られる事態が発生したときに、銀行が相殺することができるという特約を両当事者が結んだとしても、それは少しも不合理ではない。最高裁判所は、昭和三九年にこのような考え方にもとづく判決を下した[23]。この考え方は、弁済期先後考慮説と呼ばれている。

しかしながら、銀行の貸金債権の弁済期が自行に預けられている借り手の預金の弁済期より後であれば、貸金の弁済期の前にその預金が引き出されても、銀行としては文句のいえる立場ではない。したがって、この預金は、銀行としては、いわゆる相殺の担保的効力の対象になることを現実に期待できないものなのである。もしも、その銀行が、貸金債権の弁済期に貸金債権を自働債権とし、満期をすぎた預金債権を受働債権とする相殺の期待を有しているとしたら、それは、まったくもって「虫のいい期待」でしかない。そのような預金債権を第三者が差押えたり、あるいは第三者に譲渡したとしても、銀行としては諦めてしかるべきであろう。このような場合にも銀行は相殺することができるという特約を結んだとしたら、それはきわめて図々しい特約だといってしかるべきである。このような当事者間での約定の効力が——差押債権者や債権譲受人等の——第三者に及ぶと考えるのは、〝合意は第三者を害さない〟という、民法の基本原則に反する。

ところが最高裁判所は、昭和四五年に、このような場合にも銀行は相殺ができるという銀行取引約定書の条項を有効とする判決を下した[24]。銀行としては、銀行取引約定書に盛り込んだ「虫のいい期待」が認められたことになるが、著者としては、銀行の横車を認め、合意の相対効という民法の基本原理を無視した、思慮を欠く判例であると評価している。この考え方は、無制限説と呼ばれており、昭和四五年以降、判例は無制限説にたったことになる。

比較法的にみると、弁済期先後説が合理的なので、ドイツ民法三九二条はこの立場を明記している。

昭和四五年の大法廷判例は、実は、最高裁判事の意見は分かれ、八対七の僅差をもって判示されたものであった。著者としては、このような銀行の「虫のいい期待」を認めた判例が、さきざき合理的な線である弁済期先後考慮説のところまで立ち戻ることを期待していた。ところが、債権法改正法案は、上記のように無制限説を前提とした改正を提案しているのである。

民法部会の審議の状況を述べると、銀行出身の民法部会委員は、「私法学会では無制限説はあまり支持されていないと聞いておりましたので」、「無制限説支持の大演説をぶつつもりで原稿を用意していたのですけれども、……特段の議論もないまま、すんなりと無制限説に収斂したという印象を受けております。／むしろ私は、『債権譲渡と無制限説』のほうはもっと厳しい議論になるのかと思っていまして、そこも同じようにすんなりと決まったので、より驚いたぐらいでした(25)」という状況であった。

そして、債権法改正法案は、単に無制限説に立っているにはとどまらない。債権譲渡の対抗要件具備の時よりも後に取得した債権でも、発生原因が対抗要件具備の時より前である場合等であれば、相殺が可能であるとし、昭和四五年判例以上に、相殺可能な範囲を広げたのである。この点についても、銀行出身の民法部会委員は、「ここはもっと揉めると思っていましたので、非常に喜ばしい誤算だったと思っています」と述べている(26)。金融機関の相殺期待の保護は、債権法改正法案によって大きく広げられたのである(27)。

さきに紹介したように、ドイツ民法三九二条等が弁済期先後説の立場から合理的な規律を示しているなかで、このような内容の、合理的な範囲を超えて銀行を保護する債権法改正法案が提案された。金融界にとっては嬉しい誤算続きであったであろうが、法規範の合理性を期待する立場にある者としては、開いた口がふさがらない、との思いを禁じえない。今回の債権譲渡と相殺にかんする改正案に対しては、合意の相対効という民法の基本原理に反する改正として、強く反対したい。

一三　「第二〇　有価証券」——本来は、商法典にあるべき規定を民法に

手形法・小切手法、あるいは船荷証券、総合証券その他は、伝統的に商事法の分野に属すると考えられてきた。ところが、債権法改正法案は、「第七節　有価証券」を新設し、指図証券、記名式所持人払証券、記名証券等を民法に規定しようとする。民法を市民法と考えるのであれば、これらの規定は商取引法的性格を有しているので、民法にはなじまない規定で、一に述べたように商法に規定すべきであると考える。

一四　「第二一　債務引受」——「保証」との関係の不整備

債権法改正法案四七〇条一項は、併存的債務引受の効果として、原債務者と引受人と連帯になるとしている。しかし、併存的債務引受の態様は、一様ではない。原債務者と引受人とがほぼ対等の地位に立つものは連帯と考えてもよいが、引受人が原債務者に対して補充的な立場にたつときは、引受人は保証人的な立場にたつことになる。しかし、債権法改正法案は、後者のような形態がありうることを考慮に入れていない。

一五　「第二二　契約上の地位の移転」——無内容な立法提案

債権法改正法案は、契約上の地位の移転につき、次のような提案をしている。

第五百三十九条の二　契約の当事者の一方が第三者との間で契約上の地位を譲渡する旨の合意をした場合において、その契約の相手方がその譲渡を承諾したときは、契約上の地位は、その第三者に移転する。

ただ、上記のような内容では、この条項の規範的意義はほとんど存在しない。立法をしようとするのであれば、もっと意味のある改正内容を提案すべきである。

契約上の地位の移転は、事業譲渡にともなってなされる場合、賃貸目的物の譲渡にともなって賃貸借契約上の地位が移転される場合等、事案により意味合いが異なっているので、そのような事案性を考慮した具体的な改正提案が必要であると考える。債権法改正法案は、賃貸借の箇所に賃貸人たる地位の移転についての規定をおいているものの、一般枠組としてのこの規定がきわめて空疎となっている。

一六　「第二三　弁済」――整然さを欠く規定の配置

要綱は、「弁済」、「代物弁済」、「供託」等の改正提案を、次のような順序で提案した。

弁済
1　弁済の意義
2　第三者の弁済（民法第四七四条関係）
3　弁済として引き渡した物の取戻し（民法第四七六条関係）
4　債務の履行の相手方（民法第四七八条・第四八〇条関係）
(1)　受領権限のない者に対する弁済の効力（民法第四七八条関係）
(2)　民法第四八〇条を削除するものとする。

5　代物弁済（民法第四八二条関係）
6　弁済の方法（民法第四八三条から第四八七条まで関係）
（1）特定物の現状による引渡し（民法第四八三条関係）
（2）弁済の時間
（3）受取証書の交付請求（民法第四八六条関係）
（4）預貯金口座への振込みによる弁済
7　弁済の充当（民法第四八八条から第四九一条まで関係）
8　弁済の提供（民法第四九二条関係）
9　弁済の目的物の供託（民法第四九四条から第四九八条まで関係）
10　弁済による代位

この後に、相殺についての提案が続く。右の構成は、債権法改正法案にほぼ受け継がれている。(28) 提案された規定の順序等がやや雑然とした感があり、あまり整序されていない。

ほぼこれに対応する部分の国民有志案の条文案は次のような配置となっている（修正案原案でも――第四〇一条の標題が「競売代金の供託」と改められているもの――この配置が維持されている）。

第五節　債権の消滅
第一款　総則
第二款　弁済
第一目　総則
第三七八条　弁済（ここには、債務者による弁済と第三者に対する弁済が含まれる。）
第三七九条　弁済の場所

第三八〇条　弁済の時間
第三八一条　弁済の費用
第三八二条　弁済者の証書請求
第三八三条　弁済として引き渡した物の取戻し
第三八四条　弁済受領の権限の外観を有する者に対する弁済
第三八五条　受領する権限のない者に対する弁済
第三八六条　支払いの差止めを受けた第三債務者の弁済
第三八七条　弁済の充当
第三八八条　弁済の提供の効果
第三八九条　弁済の提供の方法

第二目　代物弁済

第三九〇条　代物弁済

第三目　特殊な弁済方法

第三九一条　終身定期金としての不確定量の弁済
第三九二条　終身定期金の支払いにおける日割り計算
第三九三条　条件成就の妨害があった場合の債権存続宣告

第四目　弁済による代位

第三九四条　弁済による代位
第三九五条　弁済による代位の効果
第三九六条　代位者間の調整
第三九七条　一部弁済による代位

第三九八条　債権者による債権証書の交付等
第三九九条　債権者の担保保存義務違反の効力
　第三款　弁済供託
第四〇〇条　弁済供託
第四〇一条　競売代金供託
第四〇二条　供託の方法
第四〇三条　供託物還付請求権
第四〇四条　供託物還付請求と反対給付の同時履行
第四〇五条　供託物の取戻し
第四〇六条　商事供託の特則
　第四款　相殺
（以下、略）

もちろん、この国民有志案の条文配置にも、「第三目　特殊な弁済方法」その他、異論がありうるとは思うが、債権法改正法案とくらべ、条文配置によりきめ細かな配慮がなされ、透視性が増していると思われる。

一七　「第二四　相殺」――不合理な銀行優遇の立法化

相殺について、現行民法五〇九条の「不法行為により生じた債権を受働債権とする相殺の禁止」から過失による場合を除く等の提案は、評価してよい。

しかし、差押えと相殺について、いわゆる無制限説を前提とした債権法改正法案の提案は、不合理な銀行優遇を立法により固定化し、合意の相対効という民法の基本原理に反した改正であると評価すべきであるが、この点はすでに「一二『第一九　債権譲渡』」で詳論したので繰り返さない。

一八　「第二五　更改」――「債権譲渡」等との関係の不整備

債権法改正法案は、更改について次のような改正を提言している。

> **（更改）**
> 第五百十三条　当事者が従前の債務に代えて、新たな債務であって次に掲げるものを発生させる契約をしたときは、従前の債務は、更改によって消滅する。
> 一　従前の給付の内容について重要な変更をするもの
> 二　従前の債務者が第三者と交替するもの
> 三　従前の債権者が第三者と交替するもの

条文が整序された感はあるが、それだけに、「二　従前の債務者が第三者と交替するもの」が「免責的債務引受」といかなる関係にたつのか、「三　従前の債権者が第三者と交替するもの」が「債権譲渡」といかなる関係にたつのかを明示しないと、法体系上の混乱が生じるように思われる。

一九　「第二六　契約に関する基本原則」――「契約の相手方選択の自由」は？

債権法改正法案五二一条および五二二条二項は、「契約自由の原則」を規定している。この点について異論はないが、債権法改正法案は、①契約を締結するか否かの自由、②契約内容の自由、③契約の方式の自由の三点をあげるが、このほかに契約の相手方選択の自由も規定されるべきである。

二〇　「第二七　契約の成立」——不十分な改正内容

債権法改正法案は、契約の成立について一定の改正を提案しているものの、判例で近時問題になることが多い「契約交渉」の問題についてなんら規定をおいておらず、この点について、判例として「条文の外に形成されている重要で基本的なルールを適切に条文化していくことを通じてルールが見えるように」なっていない。

この点についての国民有志案修正案原案の構成は次のようになっている。「契約の成立」以外の他の項目の説明の便宜も含め、契約の章の冒頭の構成を以下に示しておこう。

第二章　契約
　第一節　総則
　　第一款　契約の自由
　　第二款　契約の交渉と成立
　　　第一目　契約交渉における当事者の義務
第四五七条　契約交渉における誠実義務
第四五八条　契約交渉における説明義務と秘密保持義務
第四五九条　交渉補助者等の行為についての責任
　　　第二目　契約の成立
　　　第三目　約款による契約の成立
　　　第四目　懸賞広告

第三款　契約の効力
第四七〇条　契約の履行に際しての注意義務
第四七一条　契約締結の費用
第四七二条　契約の一方の予約
第四七三条　第三者のためにする契約
《第四七〇条〜第四七二条の条文の内容の紹介につき、二三二頁以下参照》
《中略》
第四款　契約の有効性
第五款　契約の解除
《規定の一部の紹介につき、二〇一頁以下参照》

債権法改正法案でも、右の国民有志案修正案原案「第一目　契約交渉における当事者の義務」におかれた三か条の内容についての提案が必要であったと考える。

また、提案されている「契約の成立」についても、債権法改正法案は「申込み」と「承諾」の合致による契約の成立、「意思実現」による契約の成立のみを規定しているにとどまり、国民有志案には存在している「交叉申込み」による契約の成立にかんする規定が存在していない。この点も補われる必要があると考える。

なお、債権法改正法案第五二九条の二第二項が懸賞広告の効力の失効にかんする規定をおいたことは評価されてよい。

二一　「第二八　定型約款」――「約款、事後改訂の自由」はいかに

民法典に「約款」にかんする規定をおいてしかるべきであるという考え方そのものについては、著者も同感である。

しかしながら、現行法体系においても、「約款」という文言を用いることは慎重に避けてはいるものの、消費者契約法一〇条は、実質的に約款規制の規定としての機能を有しているので、――債権法改正法案が、ここに規定される約款についての規定が事業者間ではほとんど適用されないことを予定していることを考慮すれば――規範内容に前進があったと評価することはできない。

それどころか、民法に約款の規定をおくことによって、約款にもとづく取引きを行うという枠組についての合意をしただけで個別の条項についての合意をしたものと「みなす」とされ、かつ、約款作成者に約款の事後改訂の自由を認め、現行法体系の内容から「後退」するのであれば、そのような改正提案は「無いほうがマシ」である。詳細は、第二章に譲るが、今回の「定型約款」についての提言は、「無いほうがマシ」であると考える。

二二九　「第三者のためにする契約」――権利能力制度の潜脱か?

債権法改正法案五三七条は、ここで次のような項を追加し、現在の第2項を第3項にする提言をしている。

> **(第三者のためにする契約)**
> 第五百三十七条　第一項は、現行民法に同じ。
> 2　前項の契約は、その成立の時に第三者が現に存しない場合又は第三者が特定していない場合であっても、そのためにその効力を妨げられない。

かりにこのような改正がなされると、自分の子どもないしその配偶者が現在妊娠していない段階であっても、「将来、生まれてくるかもしれない孫のために不動産を購入する等の、第三者のためにする契約」等を締結することも可能になる。

現行法のもとでは、権利能力は出生した自然人と、成立した法人に与えられており、例外的に胎児に権利能力が認められることがあるにとどまっている。このような権利能力の枠組を、この規定は壊す可能性を秘めている。胎児にもなっておらず、将来の存否が不確定な者に権利義務の主体たる地位を切り開くようなここまで茫漠とした規定を作ってはならない。権利義務関係の不安定化をもたらすからである。強く反対したい。

二三「第三〇　売買」
――懸念される〝契約法の基盤からの瓦解〟と、法の体系への顧慮不足

現行民法は、「第三節　売買」の冒頭を次のように規定している。

> 第三節　売買
> 第一款　総則
> 第五五五条　売買
> 第五五六条　売買の一方の予約
> 第五五七条　手付
> 第五五八条　売買契約に関する費用
> 第五五九条　有償契約への準用
> 第二款　売買の効力
> （以下、略）

冒頭規定の第五五五条に続く四つの規定の債権法改正法案での取扱いをみると、「売買の一方の予約」、「売買契約に関する費用」、「有償契約への準用」の規定はそのまま維持し、「手付け」の規定については文言の修正がある。債権法改正法案はこれらの規定のすべてを売買の箇所におくことを前提としている。

しかし、実は、「契約の予約」、「手付」、「契約に関する費用」は売買に特有のものではなく、契約一般に問題となり

うるものであり、ここに規定されている規範内容は有償契約にすべて共通するので、現行民法五五九条の準用規定がおかれているのである。そうであるならば、これらの規定は、有償契約に共通するものとして契約総論に規定されるべきものではあるまいか。

契約総論的な規定が、契約各論に配置されている例は売買契約にとどまるわけではない。契約法ないし債権法における「善管注意義務」と「自己のためにするのと同一の注意義務」すなわち、「抽象的過失」と「具体的過失」と呼ばれる問題は、すぐれて総則的な規定であるにもかかわらず、現行民法では契約各論に規定されている。善管注意義務は委任の六四四条（受任者の注意義務）等として規定されているし、具体的注意義務は寄託の六五九条（無償受寄者の注意義務）等として規定されている。そして債権法改正法案は、この構成をそのまま承継している。

しかし、売買の章の「第一款　総則」のこれらの規定に代表されるような、総則的規定を契約各論に規定するという方式は、改正にさいして改められるべきであろう。

このような観点から、国民有志案は、本書二二八頁に紹介したように、現行民法や債権法改正法案では売買に規定される諸条文の多くを「第一節　総則」の「第三款　契約の効力」に規定した。以下に紹介する国民有志案四七〇条は、「第三款　契約の効力」の最初に規定されているものである（「善管注意義務」は、債権各論の「事務管理」および「不当利得」でも問題となるので、国民有志案ではそれぞれの章に規定されているが、「不法行為」の章では、金銭債権が発生することになり帰責事由が問題とならないので〔現行民法四一九条三項参照〕、規定されていない）。

それに続き、「契約締結の費用」および「契約の一方の予約」についての条文が規定されている（ただし、「契約の一方の予約」は、修正案原案の紹介である）。

（契約の履行に際しての注意義務）

第四百七十条　有償契約において、債務者は、契約の本旨に従い、善良な管理者の注意をもって債務を履行する義務を負う。

2　無償契約において、債務者は、契約の本旨に従い、自己のためにするのと同一の注意をもって債務を履行する義務を負う。

（契約締結の費用）

第四百七十一条　有償契約の締結に要する費用は、当事者双方が等しい割合で負担する。

2　無償契約の締結に要する費用は、その契約の性質に反しない限り、申込みをした者が負担するものと推定する。

（契約の一方の予約）

第四百七十二条　有償契約の一方の予約は、予約権を有する者が相手方に対してその予約を完結する意思を表示したときから、契約の効力を生ずる。

2　前項の意思表示について期間を定めなかったときは、予約権を有する者に対し、相手方は、相当の期間を定めて、その期間内に予約を完結するかどうかを確答すべき旨の催告をすることができる。この場合において、予約権を有する者がその期間内に確答しないときは、有償契約の一方の予約は、その効力を失う。

3　無償契約の一方の予約は、契約書面によらなければ、その効力を生じない。この一方の予約は、予約完結権を有する者が相手方に対してその予約を完結する意思を書面によって表示したときから、契約の効力を生ずる。

4　第二項の規定は、前項の場合に準用する。
5　第三項の二種の書面は、電磁的記録によるものを含まない。

なお、債権法改正法案は、売主の担保責任の規定の相当部分に文言変更を加えている。たとえば、債権法改正法案は、現行民法五七〇条の「瑕疵担保責任」を全面的に変更し、現行法の「瑕疵」という文言と概念を廃棄したうえで、「契約の内容に適合しない目的物を買主に引き渡した場合」の責任とした。しかし、現行民法五七〇条における「瑕疵」という文言と概念は、実は、共有分割のさいの「分割における共有者の担保責任」（現行民法二六一条）、遺産分割のさいの「共同相続人間の担保責任」（現行民法九一一条）の前提でもあった。ところが、法務省は、これらの物権法や相続法上の法制度については顧慮することなく、契約の章の現行民法五七〇条の「瑕疵」概念を廃棄したのである。このような改正提案では、今回の改正担当者が、自己の関心事の改正にのみ終始し、民法典全体についての責任感を欠いているとしか評することができない。まさに、元裁判官が、「ご都合主義といいたくなってしまう。改正にあたる当局の好きな部分だけ改正するというのでは、国民の支持をえられないはずである[29]」と嘆くゆえんである。

次に、改正内容に目を向けると、現行民法の売主の担保責任の規定は、条文がいたずらに冗漫なきらいがある。債権法改正法案の文言修正ではこの冗漫さは克服されていない。これでは、債権法改正にさいして法務大臣の諮問にあった「国民一般に分かりやすいものにする[30]」ことが実現しているか否かは疑わしい。国民有志案は、現行民法五七〇条の「売主の瑕疵担保責任」を、売買の節の「第二目　売主の担保責任」の冒頭規定とし、その第一項を以下のように規定したうえで、他の瑕疵担保責任の規定もほぼこのスタイルを踏襲し、条文を簡明にするよう努めた（以下の規定の内容については、修正案原案による変更はない）。

（売主の瑕疵担保責任）
第四百九十九条　売買の目的物に隠れた瑕疵がある場合には、善意の買主は、次の各号に定める権利を有する。

一　瑕疵の修補請求権又は代物引渡請求権
二　契約をした目的を達することができないときは、契約解除権
三　契約の目的を達することができるときは、代金減額請求権
四　（新）第三百四十二条（債務不履行による損害賠償）に基づく損害賠償請求権。前三号に基づく権利の行使は、この損害賠償の請求を妨げない。

二四　「第三二　贈与」——契約成立の方式は、これでよいのか？

債権法改正法案は、現行民法の贈与の章の冒頭の二か条をほぼ踏襲しつつ、文言を次のように改めることを提案している。

（贈与）
第五百四十九条　贈与は、当事者の一方がある財産を無償で相手方に与える意思を表示し、相手方が受諾をすることによって、その効力を生ずる。

（書面によらない贈与の解除）
第五百五十条　書面によらない贈与は、各当事者が解除をすることができる。ただし、履行の終わった部分については、この限りでない。

これに対応する国民有志案修正案原案の条文案は、以下のようである。

（贈与）
第五百十四条　贈与は、契約書面をもって、贈与者がある物の所有権その他の財産権を無償で受贈者に与え、相手方がそれを承諾することによって、その効力を生ずる。契約書面が存在しない場合において、贈与者の意思表示が書面をもってなされたときも、同様とする。
2　前項の規定にかかわらず、贈与は、贈与者がある物を無償で受贈者に与える意思を表示し、受贈者がその物を受け取ることによって、その効力を生ずる。受贈者がその物の一部を受け取ったときは、受け取った限度で贈与契約の効力が生ずる。
3　第一項の書面は、電磁的記録によるものを含まない。

現行民法も債権法改正法案も、贈与を諾成契約としたうえで、書面によらない場合を取消しないし解除の対象としている。これに対し、国民有志案ないしその修正案原案は、贈与を書面[31]による要式契約と現実贈与の場合に法的効力を認め、諾成合意（＝口頭贈与）をジェントルマンズ・アグリーメントに留め、法的効力を認めていない。

贈与の問題を離れ、契約の成立一般について語れば、現行民法は諾成契約が主流であるが一部の契約を要物契約としているのに対し、債権法改正法案は、①基本的に諾成契約という枠組を採用したうえで、右に紹介したように、②書面がない場合の解除権の付与、③履行済の場合の例外という構成を採用している。すなわち、①原則、②例外、③例外の例外という、多少複雑な構成となっている。このような構成を採用したのは、諾成契約を契約法全体に通じる一般原則としたかったので①をすべての契約につき原則としたものの、それでは実務的に不都合が生じる場合があるので、②と③の例外を付したのであろう。

これに対し、国民有志案ないしその修正原案は有償契約を諾成契約、無償契約を書面契約ないし要物契約とする一般枠組を採用している。この構成のほうが簡明であると考えるからである。

このような考え方の背景について一言すると、イェーリングは、有償契約と無償契約の取扱いを異にするのは矛盾であるという者は、約束の抽象的概念に固執する法律的形式主義者であると評価し、両者の訴求可能性が異なっても差支えはないと説く(32)。また、著者自身も、有償契約と無償契約は、契約の成立に差異があるのみならず、要求される注意義務の程度も、有償契約は善管注意義務という抽象的過失であるのに対して無償契約は具体的過失となる等、差異をもった存在であると考えている(33)。このような観点から、イェーリングのいう〝法律的形式主義〟にもとづく一律的規律ではなく、実質的な相違に着眼したのが国民有志案以来の考え方である。

二五　「第三二　消費貸借」――契約成立の方式は、これでよいのか？

現行民法は、消費貸借契約を要物契約として規定している。債権法改正法案は、この規定を維持しつつ、書面による消費貸借の成立を認めている。

これに対し、国民有志案は、消費貸借を利子等がともなう有償消費貸借と無償消費貸借に二分し、前者を諾成契約、後者を書面契約ないし要物契約としている。贈与の箇所で述べた一般枠組を貫徹し、簡明さを求めた結果である。

二六　「第三三　賃貸借」
――賃借人に「物権的請求権」に対応する請求権を認めたことの波紋は？

債権法改正法案は、賃貸借の箇所に敷金についての規定をおくことを提案する。判例の可視化という観点からは意味があるであろう。もっとも、敷金は主として建物賃貸借をめぐって問題となるので、借地借家法に規定すべきではないかという考え方もありうるかもしれない。ただこの点については、賃貸借の規定である民法六一九条二項にも「敷金」の文言が現れており、他にも三一六条で用いられている民法上の概念であるので、民法に規定してさしつかえないと考える。

なお、債権法改正法案六〇五条の四は、不動産の賃借人による物権的請求権に対応する規定の新設を提案している。しかし、このような規定をおくと、動産の賃借人には物権的請求権に対応する請求権が認められないのか、不動産の受寄者には物権的請求権に対応する請求権は認められないのか等の余計な議論を引き起こすという問題がある。

本書二〇四頁以下で論じたように、債権者代位権の箇所の規定が、物権的請求権の代位行使を含むものであれば、右に述べたような問題はなにも発生しないであろう。

二七 「第三四　使用貸借」――回りくどい「契約の成立の方式」

使用貸借につき、現行民法は、要物契約であることを明らかにしている。

これに対し、債権法改正法案は、次のような提案をする。

> **（使用貸借）**
> 第五百九十三条　使用貸借は、当事者の一方がある物を引き渡すことを約し、相手方がその受け取った物について無償で使用及び収益をして契約が終了したときに返還をすることを約することによって、その効力を生ずる。
>
> **（借用物受取り前の貸主による使用貸借の解除）**
> 第五百九十三条の二　貸主は、借主が借用物を受け取るまで、契約の解除をすることができる。ただし、書面による使用貸借については、この限りでない。

贈与の箇所で述べたように、次の三つの原則の組合わせが、この規範の内容である。①第一原則：使用貸借契約は諾成契約である。②第二原則：ただし、要物性（目的物の受領）が実現するまでは、貸主は解除権を留保している。③第三原則：書面による使用貸借には第二原則を適用しない。前述したイェーリングが述べる〝法律形式主義〟的立場を堅持し、すべての契約が諾成契約であるという形式を維持し、贈与の箇所とパラレルに規定しようとしたために、きわめて回りくどい規定の仕方になってしまったと考える。対比のために、国民有志案修正案原案の規定を示しておくことにしよう。

（使用貸借）
第五百四十三条　使用貸借は、契約書面をもって、借主がある物を無償で使用及び収益をした後に貸主に返還する旨を当事者双方が約することによって、その効力を生ずる。契約書面が存在しない場合において、貸主の意思表示が書面をもってなされたときも同様とする。
2　前項の規定にかかわらず、使用貸借は、貸主が、ある物を借主が無償で使用及び収益した後に貸主に返還する旨の意思を表示し、借主がその物を受け取ることによって、その効力を生ずる。借主が物の一部を受け取ったときは、受け取った限度で使用貸借契約の効力が生ずる。
3　第一項の書面は、電磁的記録によるものを含まない。

二八　「第三五　請負」――懸念される担保責任の規定の変更

債務不履行の無過失化提案がなされたこととの関係もあり、債権法改正法案は、請負人の担保責任の規定を大幅に変更することを提案する。ここでも本書一四四頁に述べたように、〝契約法の基盤からの瓦解〟が懸念され、この変更の実務的影響についてはかなり慎重な考慮が必要とされるように思われる。

いくつかの問題があるが、まず、現行民法六三五条の削除提案の影響を考えてみたい。六三五条では、仕事の目的物に瑕疵があり、契約目的を達することができないときは、注文者に解除権が認められる。しかし、建物等の土地の工作物はこの例外とされている。

債権法改正法案の提案のように、現行民法の建物等の土地の工作物の例外を一律に否定してよいか否かは慎重に検討される必要がある。それは、居住不能のような極端な事例ばかりでなく、一般的な使用は可能であるが、契約をした特殊な目的を達することはできないような場合に、常にその建物の取壊しをきたしかねないような結果を導くことが必ずしも妥当とは思われないからである。

二九　「第三六　委任」――法の体系への顧慮不足という問題

委任については、現行民法六四四条が「善管注意義務」を、現行民法六五一条が「解約告知」を規定しており、債権法改正法案はそれらを改正することなく、継承しているが、国民有志案および修正案原案はそれらの規定を契約総論に移している。このことはすでに述べたところに譲る（本書一九五頁以下、二〇〇頁以下、二三二頁参照）。

三〇　「第三七　雇用」――「安全配慮義務」はいずこに

現行民法は労務提供契約につき、雇用・請負・委任・寄託の順に規定しているところ、要綱は委任と寄託の間に雇用を規定することを提案したが、債権法改正法案は現行法と同じ順序を維持することにした。

なお、雇用については、国民有志案は「安全配慮義務」を規定しているが（同五五〇条二項。修正案原案も同じ）、債権法改正法案は、雇用の箇所でも他でも規定していない。法務省元参事官（現民事法制管理官）のいう、「条文の外に形成されている重要で基本的なルールを適切に条文化していくことを通じてルールが見えるように」していく必要があるという観点からは問題であろう。

三一　「第三八　寄託」――回りくどい「契約の成立の方式」

現行民法六五七条は、寄託を要物契約としている。

この点、債権法改正法案は――使用貸借についての改正とパラレルに――次のように規定している。

> **（寄託）**
> 第六百五十七条　寄託は、当事者の一方がある物を保管することを相手方に委託し、相手方がこれを承諾することによって、その効力を生ずる。
>
> **（寄託物受取り前の寄託者による寄託の解除等）**
> 第六百五十七条の二　寄託者は、受寄者が寄託物を受け取るまで、契約の解除をすることができる。この場合において、受寄者は、その契約の解除によって損害を受けたときは、寄託者に対し、その賠償を請求することができる。
> 2　無報酬の受寄者は、寄託物を受け取るまで、契約の解除をすることができる。ただし、書面による寄託については、この限りでない。
> 3　受寄者（無報酬で寄託を受けた場合にあっては、書面による寄託の受寄者に限る。）は、寄託物を受け取るべき時期を経過したにもかかわらず、寄託者が寄託物を引き渡さない場合において、相当の期間を定めてその引渡しの催告をし、その期間内に引渡しがないときは、契約の解除をすることができる。

使用貸借について批判したのと同様、きわめて回りくどい規定のしかたであるとともに、有償受寄者に一般的に事前解除権を付与することの妥当性には疑問がある。

これに対し、国民有志案修正案原案は有償寄託と無償寄託とを「目」を分けて規定し、それぞれの成立を次のように規定している。

（有償寄託）
第五百九十一条　有償寄託は、受寄者が寄託者のためにある物を保管し、寄託者がこれに対して報酬を支払うことを当事者双方が約することによって、その効力を生ずる。

（無償寄託）
第六百条　無償寄託は、契約書面をもって、受寄者が寄託者のためにある物を無償で保管することを当事者双方が約することによって、その効力を生ずる。契約書面が存在しない場合において、受寄者の意思表示が書面をもってなされたときも同様とする。
2　前項の規定にかかわらず、無償寄託は、当事者の一方がある物を無償で相手方に保管させる意思を表示し、受寄者がその物を受け取ることによって、その効力を生ずる。受寄者が物の一部を受けとったときは、受け取った限度で無償寄託契約の効力が生ずる。
3　第一項の書面は、電磁的記録によるものは含まない。

この規定のしかたのほうが、簡明であろう。
ただ、債権法改正法案が混合寄託の規定を新設することを提案している点は評価したい。

三二　「第三九　組合」——一部の組合につき、運営の困難をきたさないか

民法上の組合には、近代的な事業形態としての組合（たとえば、建設業界にみられる「共同企業体[34]」や、投資事業有限責

任組合等）から、組合員間の明示的な契約を欠く、黙示で運営される家族経営の商店等まで、態様に非常に大きな幅がある。それだけに組合関係を一律に規律することにはかなりの困難がともなう。そうではあっても、組合契約について規定するにあたっては、右に述べた家族経営体、また『株式会社発生史論』の原型となったような、独立性が強い個別経営者の連合ともいうべき合名会社型の組織[36]をも規律するだけの幅の広さが必要である。

債権法改正法案は、組合代理について次のような新設規定をおくことを提案している。

（組合の代理）

第六百七十条の二　各組合員は、組合の業務を執行する場合において、組合員の過半数の同意を得たときは、他の組合員を代理することができる。

2　前項の規定にかかわらず、業務執行者があるときは、業務執行者のみが組合員を代理することができる。この場合において、業務執行者が数人あるときは、各業務執行者は、業務執行者の過半数の同意を得たときに限り、組合員を代理することができる。

3　前二項の規定にかかわらず、各組合員又は各業務執行者は、組合の常務を行うときは、単独で組合員を代理することができる。

通常のビジネスとして締結される組合契約については、この規定で問題があるわけではない。しかし、黙示で運営される家族経営の商店や独立性が強い個別経営者の連合ともいうべき合名会社型の組織につき、「組合の常務」以外は、「組合員の過半数の同意を得たとき」に代理権が付与されるという形態で、組合運営がスムーズになされうるか否かはかなり問題といわなければならない。

国民有志案は、組合を「一般組合契約」にもとづく「一般組合」と、「業務執行者付組合契約」にもとづく「業務執行者付組合」とに区別して規律している（この枠組は修正案原案に承継されている）。ただ、この枠組では「一般組合」に入ることになる、黙示で運営される家族経営の商店や独立性が強い個別経営者の連合組織の運営の問題を解決しきれるわけでもないので、ここに紹介した債権法改正法案の問題はわれわれの国民有志案の問題でもあるが、法的規律を明確化することによって、現実の社会運営の一部に困難をきたすことがあっては、その立法が本末転倒になることは、自戒、他戒を交えて留意しておきたい。

三三 「第四〇 その他」――行政官庁への白紙委任の答申か

要綱の末尾は、「その他所要の規定を整備するものとする」との言葉で結ばれていた。このような答申がなされれば、行政官庁は、審議会で審議されなかった事項についても、整備の必要を感じれば、いつでも整備しうることになるであろう。これでは、審議会を設けた意味が骨抜きとなる。

今回の債権法改正にあたっては、二回のパブリック・コメントが行われたが、そこには大きな問題が存在していた。第一回のパブリック・コメントには、「改正の必要性自体に関しても、疑問を提起するものなど賛否両論の様々な意見が表明され(37)」ていたにもかかわらず、それを参照することなく、パブリック・コメント終了前の平成二三(二〇一一)年七月二六日に民法部会を開催し、一年半後の平成二五年二月を目処に中間試案の取りまとめを行うという方針を決定した(38)。ここでは、パブリック・コメントの意見として述べられた〝改正の必要性に対する疑問〟は、完全に無視されたのである。

第二回のパブリック・コメントでは、パブリック・コメントの対象とされた『中間試案』の冒頭には「前注」が付され、そこには「現時点で改正が検討されている項目のみを取り上げており、特に言及していない規定は維持することが想定されている(39)」と書かれていた。これを読んだ著者は、『中間試案』にはこれまで論じられてきた「体系変更の問題」が記載されていなかったので、「体系変更」は断念されたのだと考えた。ところが、前にも述べたように、債権法改正事務局は、平成二五(二〇一三)年四月一六日にパブリック・コメントが開始されてから一月以上たった五月二八日に「規定の配置」という議題を民法部会でとりあげ(40)、「体系変更の問題」をパブリック・コメントの対象とすることなく、社会の目に触れにくい裏面において決めてしまおうとしたのである。民法部会は、この裏口的な方法で債権総論と契約総論についての「体系変更」を要綱仮案として決定し、その親委員会となる法制審議会は、総会でそれをそのまま受け入れて要綱としたが、内閣法制局はその「体系変更」を受け入れることなく、前述した裏口的な方法は不発に終わることとなった。内閣法制局の努力を多としたい。

なお、昨年夏の改正方針の急転回にともない、新たな――言葉を換えれば、過去二回のパブリック・コメントの対象とはならなかった――提案が数多くなされた。著者は、方針転換の方向性には賛同しているものの、パブリック・コメントを経ない立法提案が、そのまま国会で立法されることは、手続きとしては大変問題であると考えている[41]。それに加えて、要綱の第四〇のような行政庁に白紙委任することを認める答申が行われると、パブリック・コメントも審議会の審議をも経ることのない、行政庁の独断によって立法することが可能となってしまう。すでに債権法改正法案が国会に上程された段階ではあるが、要綱の第四〇の問題性を指摘しておきたい。

以上をもって、債権法改正法案の「提案部分」についてのコメントを終える。

（1）法制審議会民法（債権関係）部会第七二回会議（平成二五年五月二八日開催）議事録六頁以下（http://www.moj.go.jp/content/000114934.pdf）。

（2）石川博康「『契約の趣旨』と『本旨』」法律時報八六巻一号（平成二六年）二四、二九頁。

（3）日本銀行金融機構局「貸出約定平均金利の推移（二〇一五年一月分）」（二〇一五年三月三日公表）（https://www.boj.or.jp/statistics/dl/loan/yaku/yaku1501.pdf）。

（4）石川・注(2)引用「『契約の趣旨』と『本旨』」法律時報八六巻一号二九頁。

（5）石坂音四郎『日本民法　第三編債権第一巻』（有斐閣、明治四四年）七六頁（なお、引用にさいしては、原文のカタカナをひらがなに改めた）。

（6）『民法（債権関係）の改正に関する中間試案の補足説明』（商事法務、平成二五年）一一二頁。

(7) 奥田昌道編『新版　注釈民法（一〇）二』（有斐閣、平成一五年）四七〇頁（奥田昌道・潮見佳男執筆部分）。なお、我妻栄『新訂債権総論（民法講義Ⅳ）』（岩波書店、昭和三九年）一〇二頁も同旨。
(8) 大判昭和四年一二月六日民集八巻九四四頁。
(9) 最判昭和五〇年三月六日民集二九巻三号二〇三頁。
(10) 平成二一年一〇月二八日付法務大臣諮問第八八号。
(11) 最判昭和四五年六月二日民集二四巻六号四四七頁。
(12) 小林秀之＝角紀代恵『手続法からみた民法』（弘文堂、平成五年）一六七頁（小林秀之執筆）、加藤雅信『新民法大系Ⅲ　債権総論』（有斐閣、平成一七年）二〇一頁。
(13) 我妻・注(7)引用『新訂　債権総論（民法講義Ⅳ）』一六九頁。
(14) 小林＝角・注(12)引用『手続法からみた民法』一八四頁（小林秀之執筆）。
(15) 於保不二雄『債権総論　新版』（法律学全集二〇）（有斐閣、昭和四七年）二〇三頁。
(16) 中野貞一郎『訴訟関係と訴訟行為』（弘文堂、昭和三六年）一六六頁。
(17) 最大判昭和三六年七月一九日民集一五巻六号一六〇二頁。
(18) 最判昭和五三年一〇月五日民集三二巻七号一三三二頁。
(19) 最判昭和三〇年一〇月一一日民集九巻一一号一六二六頁。
(20) 遠藤賢治＝加藤雅信＝大原寛史「インタビュー調査報告書：債権法改正――元裁判官は、こう考える」名古屋学院大学論集社会科学篇五〇巻三号（平成二六年）一三〇頁。
(21) 椿寿夫『民法研究Ⅰ』（第一法規、昭和五八年）三頁以下。
(22) 淡路剛久『連帯債務の研究』（弘文堂、昭和五〇年）三〇頁以下の「家族・氏族・組合」の叙述参照。
(23) 最大判昭和三九年一二月二三日民集一八巻一〇号二二一七頁。
(24) 最大判昭和四五年六月二四日民集二四巻六号五八七頁。なお、この昭和四五年判例は差押えと相殺との関係につき判示したものであった。債権譲渡と相殺について無制限説の立場を判示したのは、最判昭和五〇年一二月八日民集二九巻一一号一八六四頁である。
(25) 岡本雅弘＝中原利明＝三上徹＝山野目章夫「債権法改正と金融実務への影響」金融法務事情二〇〇四号（平成二六年）三〇頁（発言者は、引用順に中原利明、三上徹）。
(26) 前注引用論稿三二頁（三上徹発言）。

(27)　もっとも、本文本段に述べた相殺範囲の拡大は、両刃の剣という側面もあり、次のような指摘もあることに留意されたい。「ＡＢＬなどの債権譲渡（ことに将来債権譲渡）を活用した資金調達取引にとっては、債務者の相殺可能な状況が後日拡大するのは、融資側（譲受人側）のリスクとなって資金調達の阻害要因になる」（池田真朗「民法（債権関係）改正要綱仮案になお残る問題提案―譲渡制限特約、債権譲渡と相殺、債務引受―」銀行法務二一第七八一号〔平成二七年〕四〇頁）。

(28)　債権法改正法案の「第一款　弁済」の条文を――非改正条文も含めて――並べると、以下のようになる。

第五節　債権の消滅

第一款　弁済

第一目　総則

四七三条　弁済

四七四条　第三者の弁済

四七五条　弁済として引き渡した物の取戻し

四七六条　弁済として引き渡した物の消費又は譲渡がされた場合の弁済の効力等

四七七条　預金又は貯金の口座に対する払込みによる弁済

四七八条　受領権者としての外観を有する者に対する弁済

四七九条　受領権者以外の者に対する弁済

四八〇条　削除

四八一条　差押えを受けた債権の第三債務者の弁済

四八二条　代物弁済

四八三条　特定物の現状による引渡し

四八四条　弁済の場所及び時間

四八五条　弁済の費用

四八六条　受取証書の交付請求

四八七条　債権証書の返還請求

四八八条　同種の給付を目的とする数個の債務がある場合の充当

四八九条　元本、利息及び費用を支払うべき場合の充当
四九〇条　合意による弁済の充当
四九一条　数個の給付をすべき場合の充当
四九二条　弁済の提供の効果
四九三条　弁済の提供の方法

第二目　弁済の目的物の供託
四九四条　供託
四九五条　供託の方法
四九六条　供託物の取戻し
四九七条　供託に適しない物等
四九八条　供託物の還付請求等

第三目　弁済による代位
四九九条　弁済による代位の要件
五〇〇条　法定代位
五〇一条　弁済による代位の効果
五〇二条　一部弁済による代位
五〇三条　債権者による債権証書の交付等
五〇四条　債権者による担保の喪失等

第二款　相殺

(29)　遠藤＝加藤＝大原・注(20)引用「インタビュー調査報告書：債権法改正——元裁判官は、こう考える」名古屋学院大学論集社会科学篇五〇巻三号一四一頁。

(30) 注(10)引用・平成二一年一〇月二八日付法務大臣諮問第八八号。
(31) メールによる約束等につては、軽い気持ちでなされることも少なくないので、国民有志案ないしその修正案原案は法的拘束力を認めていない。なお、「電磁的記録」については、二十七条（法人の設立）二項に定義がおかれている。
(32) イェーリング＝和田小次郎訳『「イエリング」法律目的論　上巻』早稲田法学別冊第二巻（早稲田法学会・巌松堂、昭和五年）一八四頁。
(33) 加藤雅信『新民法大系Ⅳ　契約法』（有斐閣、平成一九年）二一頁以下。
(34) 最判平成一〇年四月一四日民集五二巻三号八一三頁は、建設工事「共同企業体は、基本的には民法上の組合の性質を有する」と判示している。
(35) 投資事業有限責任組合契約法一条参照。
(36) 加藤雅信『新民法大系Ⅰ　民法総則　第二版』（有斐閣、平成一七年）一六〇頁以下の叙述参照。
(37) 内田貴「佳境に入った債権法改正」ＮＢＬ九六八号（平成二四年）四頁。
(38) 法制審議会民法（債権関係）部会第三〇回会議（平成二三年七月二六日開催）議事録二頁以下（http://www.moj.go.jp/content/000078908.pdf）。
(39) 注(6)引用『民法（債権関係）の改正に関する中間試案の補足説明』一頁。
(40) 法制審議会民法（債権関係）部会第七二回会議（平成二五年五月二八日開催）議事録三頁以下（http://www.moj.go.jp/content/000114934.pdf）。
(41) ここで、著者は、担当行政機関の立法手続上のモラル違背を問題としているのであって、行政手続法違反を問題としているのではないことをお断りしておきたい。

第一一章　『債権法改正の基本方針』から『債権法改正法案』へ

――変遷の経緯と、現在の課題

一　債権法改正法案年代記

「民法の一部を改正する法律案」――以下、「債権法改正法案」という――が、平成二七（二〇一五）年三月三一日に閣議決定され、同日付けで第一八九回国会に提出されており、現在、国会審議をまっている状況にある。この法案がいかにして策定されてきたのか、【債権法改正法案策定の経緯】を最初に簡単に年表にまとめてみよう。

この債権法改正法案策定の経緯を踏まえつつ、九年にわたる歳月のなかで、法務省民事局が当初意図していたところが、現段階の債権法改正法案においてどこまで実現されたか、あるいはそこにいたるまでにどのように変容してきたか、また、その変容してきた内容の妥当性を検討するのがこの一一章の目的である。

二　債権法改正の端緒――隠密裏に開始された債権法改正

債権法改正の公式発表は、平成一八（二〇〇六）年に、法務省民事局の「民事に関する法令の立案関係」というホームページに、「民法（債権法）の改正について」との標題のもとに、次の文書が公表された時が最初であった(1)。

「二〇〇六年一月掲載

民法（債権法）改正に関する論議がなされていますが、法務省では、民法の債権法部分について今日の社会経済情勢

【債権法改正法案策定の経緯】

平成18（2006）年２月	法務省・債権法を改正する方針を公表（法務省 web サイト）
10月	民法（債権法）改正検討委員会の設立
平成21（2009）年３月	民法（債権法）改正検討委員会解散
４月	シンポジウム「債権法改正の基本方針」開催
５月	『債権法改正の基本方針』公刊（別冊 NBL126号）
10月	法務大臣・法制審議会に債権法改正を諮問 ── 民法（債権関係）部会の立ち上げへ
平成23（2011）年５月	法務省民事局『民法（債権関係）の改正に関する中間的な論点整理』を公表（公表は５月10日。民法部会での決定は、４月12日）
６月	第１回パブリック・コメント開始（６月１日）
６月	『民法（債権関係）の改正に関する中間的な論点整理の補足説明』の公刊（６月20日）
７月	法務省民事局、パブコメ中に、１年半後に中間試案の取りまとめを行うことを決定（７月26日・第30回民法部会）
８月	第１回パブリック・コメント終了（８月１日）
平成25（2013）年３月	中間試案を公表（３月11日。民法部会での決定は２月26日） （４月１日から予定されていた第２回パブリック・コメントの20日前） ３月27日、法務省民事局・「準備作業の遅れ」を理由にパブコメの延期を発表
４月	法務省民事局『中間試案の補足説明』を公表（４月16日） 同日から、第２回パブリック・コメントが開始される。
６月	第２回パブリック・コメント終了（６月17日）
平成26（2014）年８月	法制審議会・民法部会、債権法改正要綱仮案を決定（26日）
平成27（2015）年２月	法制審議会、債権法改正要綱を決定
３月	債権法改正法案の国会提出

に適合させるための見直しを行うべきであるという指摘があることを踏まえて、抜本的な見直しを行うこととしました。民法の改正は、国民生活や経済活動に大きな影響を与えますから、改正内容は慎重に検討する必要があります。また、具体的な改正事項・法案提出までのスケジュールについては現時点では未定です。」

ただ、この公表は、きわめて目立たないかたちでなされたため、その当時は、著者を含め、多くの民法学者がそれを見逃すような状況であった。

たとえば、角紀代恵教授は、冒頭のホームページでの公表から四年後に、次のように述べる。「よくよく考えてみると、いったい、誰が、全面改正だと言っていたのか、少なくとも、国家機関である法務省が、正式にそのように言っていたわけではないようである(2)」。さらに、同教授は、この公表から五年後にある法律雑誌に公表された座談会において、次のようにもいう。「二〇〇五年あたりから、民法業界では債権法の全面改正が既定路線のように言われ出しました。ただ、よくよく考えると、誰が、いつ、国民に対して、正式に『債権法の全面改正をする』と言ったのか分からないのです。まさに『空気』として債権法の全面改正が既定路線になった気がいたします。そして、その既定路線を決定的にしたのが、検討委員会です(3)」。

また、池田真朗教授は、冒頭のホームページでの公表から四年後に公表された論稿で、債権法改正につき次のように述べる。「いまだに、その始まりが不明瞭であったと筆者は感じている。……法務省の『決定』なるものは、どのようになされたのか。少なくとも筆者は新聞の予測記事的なもので初めて動向を知った記憶がある……事実として、（あえて一部の関係者の意向によって、というべきか）民法（債権法）改正路線のきっかけは作られた(4)」。

著者自身も、冒頭のホームページでの法務省の公表を見逃しており、それを知ったのは、公表から六年後の平成二四（二〇一二）年に兵庫県弁護士会で講演を行ったさい、同弁護士会の村上公一弁護士からご教示を受けたときであった。

著者はともかくとして、角教授や池田教授のような学界の第一線で活躍している研究者も気づかないような、「隠密裏」の「公表」という二律背反的な発表方法を法務省民事局は採用したようにみえる。それは、改正目的につき法務省民事局に秘匿したいところがあったからであった。

三　平成一八(二〇〇六)年二月――人員削減を目前にして

標題に記した時期に、法務省が債権法の改正を公表したことの意味を考えてみよう。本書巻頭の【資料2】のグラフをご覧いただきたい。法務省の民事法立法スタッフ数は、時代をさかのぼれば八名程度であったところ、債権法改正が浮上してきた時期には、その四倍以上の三六名となっていた。昭和四四年に公布された総定員法によって、国家公務員の定員数は、昭和四七（一九七七）年当時には九〇万人を超えていたものが、本書執筆時の平成二七（二〇一五）年には三〇万人を切る状況のなかで、法務省の民事法立法スタッフは例外的な取扱いを受けていたのである。これは、平成一三（二〇〇一）年に経済関係民刑基本法設置本部が設置されたことにより、民事法立法スタッフが急増したことに負う側面もあった。この経済関係民刑基本法設置本部が設置されて以来、破産法、会社法等の公布がなされ、法整備が進んできたが、経済関係民刑基本法設置本部は時限的な組織であり、平成一八（二〇〇六）年三月に終了期限をむかえることが予定されていた。当然のことながら、この終了期限がくれば、急増してきた民事法立法スタッフの数が激減することが予想された。

まさにその一月前に、――社会的にはひろく知れ渡らないよう、隠密裏に――法務省民事局のホームページに「民法（債権法）の改正」が謳われたのである。この発表時期を考えれば、債権法改正が浮上してきた背景に、増大した人員を維持したいという法務省民事局の組織防衛があったのではないかということは、誰しも容易に推測できるところであった。現実に、本書巻頭の【資料2】のグラフをみれば一目瞭然であるが、債権法改正が開始されたことによって、法務省民事局は増大した人員の維持という組織防衛に成功したのである。

もちろん、この組織防衛とともに、社会的に意義のある法改正がなされるのであれば、それは国民にとっても意味のあることである。しかし、社会的には意味のない改正しかなされなかったとしたら、文字どおり、省益あって国益なしという債権法改正だったことになる。そのいずれであるかという評価は人によって異なりうるであろうが、著者自身がどのように評価しているかは、前章までの記述をみれば、結論を声高に述べなくても明らかであろう。

四　消費者契約法をめぐる権限争い

(一)　問題の所在

債権法改正が隠密裏に開始されたことは、別段、法務省民事局がさきに紹介した組織防衛意図を秘匿したかったからであるとは、著者自身も考えていない。債権法改正作業が肥大した組織の防衛機能をもつことは余りにもみえみえであって、――声高に話すことができないたぐいのものではあるものの――秘匿しようのない性質の目的であったからである。法務省民事局が本気で秘匿しようとしていたのは、実は、消費者契約法をめぐる権限を消費者庁から法務省へ奪還しようとする、省庁間の権限争いの問題であった。

消費者契約法は、平成一二(二〇〇〇)年に公布され、翌平成一三年から施行された。同法が制定される以前は、消費者契約も、――契約一般からとくに区別されることはなかったので――契約を含む民法を所管する法務省民事局の所轄のもとにあった。ただ、同法の制定により、消費者契約についての実質的権限は、法務省民事局ではなく他省庁に移り、現在は消費者庁に属している。(5)

債権法改正の発案者は、この改正にさいして、消費者契約の権限を法務省民事局に回復したいと考え、そのためにかなり周到な方策をめぐらした。

(二)　潜行していた問題の顕在化

民法(債権法)改正検討委員会が設立された後、著者もそのメンバーとして参加した。そこでの審議が二年近くも続いた後のある日、事務局から民法典に「消費者・事業者の定義規定を一対をなすものとして置く」という提案がなされた(6)。

当時、債権法改正の隠された意図をまったく察知していなかった著者は、民法（債権法）改正検討委員会で ―― 法務省の所轄外の ―― 消費者契約の問題が論じられることを不思議に思っていた。ある委員が、これは「所管官庁の問題かなという気もするところで、それをこんなところで議論してもしようがない」と発言したところ、法務省の高官が「所管省庁の問題があることはお含みおきいただいた上で、学者として考えるあるべき姿をご検討いただければと思います」とコメントしたさい(7)には、官僚が所轄外の問題を論じることの不可思議感は頂点に達した。

ただ、民法（債権法）改正検討委員会が『債権法改正の基本方針』を成果物として公表し、解散してから半年経った段階の平成二一（二〇〇九）年一〇月に、日本消費者法学会は「民法改正と消費者法」というシンポジウムを開催し、法務省民事局参与(8)と私とがコメンテーターとして招かれた。そこでのコメントにさいして、法務省民事局参与は、「もし民法の中に消費者契約法のルールを取り込むと、改正のプロセスが変わるのではないか。これは要するに所管の問題がかかわる……。／検討委員会の前提は、改正の手続きとか所管を全く変えないということではないと思います(9)」と発言した。この発言によって、法務省民事局が、今回の債権法改正を機に、消費者契約法をめぐる官庁の所轄変更を ―― 問題を赤裸々にすることを可及的に避けながら ―― 追求してきたことが著者にも明らかとなった。

この法務省民事局参与の発言は、それまでの過去三年にわたる私の数々の不透明感を払拭するものであった。

(三)　民法（債権法）改正検討委員会の役割

時系列をさかのぼることになるが、ここで、民法（債権法）改正検討委員会が果たした役割を考えてみることにしたい。

民法（債権法）改正検討委員会が発足した翌年の新年、法務省民事局参事官は、雑誌に次のような論稿を発表した。「法務省民事局では、近い将来に民法（債権法）の抜本的見直しを行うこととし、平成一八年からその基礎的な研究作業に着手した。これに関連する動きとして、……民法（債権法）改正を準備するための学界有志による自発的な研究組織として『民法（債権法）改正検討委員会』が創設されており、この改正検討委員会には、法務省からも担当官が参画している。この改正検討委員会は、平成二〇年度中に『改正の基本方針（改正試案）』を策定することを目標としている。法務省民事局としても、この改正検討委員会において今後の法制審議会における調査審議のたたき台となり得るような試案が策定されることを期待し、その議論に積極的に加わっていきたいと考えている」[10]。

右の発言中ここでとくにとりあげたいものは、①民法（債権法）改正検討委員会の策定する案が「法制審議会における……審議のたたき台」になりうることが期待されていること、②法務省民事局が審議に加わること、の二点である。

この①について述べると、民法（債権法）改正検討委員会の最終的な検討結果として公表された『債権法改正の基本方針』には、次のような記述が存在する。「消費者契約法から私法実体規定を削除する」、「消費者契約法を消費者団体訴訟を中心とする法律として再編する」[11]。

法務省民事局参事官のさきの論稿のもくろみどおり、この案が〝法制審議会の審議のたたき台〟となり、かりに法案として国会を通過すれば、法務省民事局は、密かに企図してきた消費者契約法をめぐる権限の奪回に成功することになる。おそらく、『債権法改正の基本方針』が公表された段階においては、関係者の内心の気持ちは、俗にいう「細工は流々仕上げを御覧じろ」という成句に近いものであったのではないかと想像されるところである。

（四）民法（債権法）改正検討委員会の二面的性格

ただ、「細工」には無理がともないがちである。この消費者契約法をめぐる権限争いについての法務省民事局の細工にも、さまざまな無理がともなった。

官庁間の権限争い問題として、法務省民事局が正面から消費者庁に権限の移管を申し入れたら、まず消費者庁から相手にされないであろうし、移管を強く主張し続ければ、官庁間で血を見るような権限争いとなることは必定である。そこで、法務省民事局は、「学者」にこのような主張をしてもらおうと考えた。そこで、民法（債権法）改正検討委員会の立ち上げがはかられることとなった。

民法（債権法）改正検討委員会の発起人は九名であったが、そのなかには法務省職員であった法務省民事局参与と法務省民事局参事官の二名が加わっていた。そして、「民法（債権法）改正検討委員会規程」を定め、改正試案とその理由書の原案の作成を準備会の任務とし、かつ、各準備会――実際には五つの準備会――のすべてに法務省民事局参与と民事局参事官の二名が加わることを、規程の条項に明記した（なお、学者出身者で二つ以上の準備会の委員となった者は一人もいなかった）。かつ、各準備会には、準備会幹事として、法務省民事局の局付き等の参加を認めることも規定した。学者が多数参加することとなる全体会議の任務は、規程上、準備会が作成した改正試案の原案を――幹事会を介して提案がなされた後――審議することにとどまっていた[12]。要するに、規程上、改正試案の原案の策定権限は、あくまで法務省職員が強く関与する準備会にあるとしたのである。

（三）に紹介した法務省民事局参事官の論稿のなかの②の「法務省民事局が審議に加わること」の内容は、具体的には右のようなものであった。おそらく、法務省ないし債権法改正事務局の内心の望むところとしては、自分たちが中心となって準備会で改正試案の原案を作り、全体会議がシャンシャン大会としてそれを承認するという筋書きだったのではないかと想像される。

しかし、以上に紹介した実態が赤裸々になれば、法務省の職員が――民法（債権法）改正検討委員会という組織を介在させながら――消費者庁から消費者契約についての権限を奪還しようとしているという図式が明確に浮かびあがってしまう。そこで、法務省民事局は、規程上は右に述べたような構図を確保しながら、多くの場において、極力、民法（債権法）改正検討委員会が学者の集団であることを強調しようとした。

さきの法務省民事局参事官の論稿のなかでも、民法（債権法）改正検討委員会は「学界有志による自発的な研究組織」であると述べられていて、法務省職員である自分が――別の職員である法務省民事局参与とともに――発起人としてこの委員会を立ちあげたことは伏せられていた。また、この参事官は、債権法改正にかんして、内閣府設置法三七条二項と内閣府本府組織令三九条を根拠とする規制改革会議の「重要事項を調査審議する」権限にもとづくヒアリングを二回ほど受けたことがある。そのさい、民法（債権法）改正検討委員会の議論の内容を尋ねられると、「私は情報収集のために参加している一メンバーに過ぎません[13]」と述べ、実質的に回答を拒絶した。さらに、「研究者による『民法（債権法）改正検討委員会』」がとりまとめた「研究者による指針も見させていただくことになる」[14]とも述べ、法務省職員としての自分が発起人兼すべての準備会の委員であるという能動的・中心的立場については伏せ続け、あくまでこの団体が外部の学者集団であるという位置づけを、ヒアリングの間維持し続けたのである。

このような姿勢は、この法務省民事局参事官に限られるわけではない。別の法務省高官も、「学者有志による『民法（債権法）改正検討委員会』」[15]との言葉を述べているし、民法（債権法）改正検討委員会の事務局長を務めた法務省民事局参与も、この組織が「実質は法務省の委員会ではないかという方がいるのですが、これは全くの誤解で」、「学者の自発的な活動です」と述べている[16]。また、民法（債権法）改正検討委員会の委員長（後の法制審議会・民法部会部会長）も、『債権法改正の基本方針』を公表したシンポジウムの基調報告において、「この検討委員会は、法務省関係者が委員に加わってはいますが、法務省の委託を受けて立法準備作業を行うものではなく、まったくの私的で自主的・自発的な委員会であ」ることを強調している[17]。

さらに法制審議会・民法部会の冒頭の審議においても、債権法改正事務局を務める民事局参事官は、——かつて、民法（債権法）改正検討委員会が法制審議会の審議のたたき台となりうるような試案を策定することを期待すると論文で発表したことについては口をつぐみながら——第一回会議では、民法（債権法）改正検討委員会が公表した『債権法改正の基本方針』も「あくまで学界有志のグループから公表された一つの案」にすぎないとして、民法（債権法）改正検討委員会の私的団体性を強調し、また第二回会議では、「前回の会議で、私は、この部会では一から議論を始めるという趣旨のことを申し上げました。ゼロからと申し上げたかもしれません（笑）」と述べ[18]、民法（債権法）改正検討委員会と法制審議会・民法部会との無関係性を装った。

しかし、関係者がどのように口をそろえて強弁しようとも、民法（債権法）改正検討委員会において改正試案の原案の作成が法務省関係者を中心になされたという事実は覆いがたい。

法務省民事局が本当に民法（債権法）改正検討委員会を研究者の私的団体にとどめたいのであれば、もともと大学に在籍していた研究者を法務省の職員にする必要はなかったはずである。また、純粋に「私的」な団体であるのならば、公的印象を与えるような「委員会」と名付けることにも疑問が生ずるところである。会社や公益法人は、名称に会社や公益法人であることを誤認させるような名称をつけることは法で禁じられており、罰則も規定されている（会社法七条、九七八条。公益法人認定法九条四項、六三条一号）。委員会についてはこの種の禁止規定も罰則規定も存在しないことを奇貨として、法務省民事局や関係者は、一方で、民法（債権法）改正検討委員会は私的団体だと言い募りつつ、他方で、法制審議会の原案策定団体としての印象を与えるように、公的イメージのある「委員会」という名称を詐称させ、また詐称したのであろう。しかし、これは、行政モラルとしても市民モラルとしてもきわめて問題の多い名称付与であった。

著者のみるところ、民法（債権法）改正検討委員会は、公的・私的という観点からは、ヌエ的存在であった。それは、法務省民事局が、学者集団からの提言というかたちをとって、消費者契約法についての権限奪回をはかろうとしたからこそ生じた、病理現象であるように思われる。

また、このような法務省民事局の進め方については、規制改革会議から、「失礼ながら、外部民間組織を何らかの隠れみのに使おうとされているかのごとき印象を持たざるを得ないのです。それは行政の在り方としておかしいと思います」[19]との、きわめて適切な批判を受けたところであった。

さらにいえば、ヌエ的存在は、民法（債権法）改正検討委員会が公的存在か私的存在かという問題だけにとどまるものではなかった。法務省民事局としては、以上に検討したような消費者契約法についての権限奪回の問題が議論の対象となることは極力避けたいところであったと思われる。そこで、奇妙な策謀がはかられたようである。

本書二五〇頁の債権法改正法案策定の経緯と題した年表をみればわかることであるが、民法（債権法）改正検討委員会の委員長が述べるように、同委員会は平成二一（二〇〇九）年三月三一日に「解散」[20]していた状況のもとで、同年四月二九日に「シンポジウム『債権法改正の基本方針』」を「民法（債権法）改正検討委員会の主催」[21]でとりおこなった。そして、民法（債権法）改正検討委員会の委員長は、その日のシンポジウムにおいて、実務家から『債権法改正の基本方針』をめぐる議論をすべきではないかとの要望に対して、次のように述べた。「われわれもこれから私たちの出した改正試案を素材にして、実務界の意見とのぶつけ合い、徹底した議論をやるべきだと思っております。……法制審議会の部会が設置される以前でも、いろいろな場を設けてこういう議論はすべきです。しかし、それを、この委員会の責任でやってくれといわれても困るということでございます[22]」と述べ、民法（債権法）改正検討委員会が「解散」してしまっていることを盾に、今後の議論を回避したのである。

要するに、平成二一年四月二九日に、民法（債権法）改正検討委員会は、シンポジウム開催主体としては存在するが、討議主体としては存在しないというアクロバットを演じたことになる。民法（債権法）改正検討委員会をヌエ的存在として、二面的に利用していきたいという債権法改正事務局の意図がここにも見え隠れしている。

（五）法制審議会・民法部会での審議状況

問題状況は、法制審議会・民法部会での審議が始まってからも続いた。

法制審議会の民法部会は、平成二二（二〇一〇）年末に、「消費者・事業者に関する規定」の検討を行ったが、そこで配布された部会資料の「総論」には、次のような一文がある[23]。

「1　総論（消費者・事業者に関する規定の可否等）

従来は、民法には全ての人に区別なく適用されるルールのみを規定すべきであるとの理解もあったが、民法の在り方についてこのような考え方を採る必然性はなく、むしろ、市民社会の構成員が多様化し、『人』という単一の概念で把握することが困難になった今日の社会において、民法が私法の一般法として社会を支える役割を適切に果たすためには、『人』概念を分節化し、消費者や事業者に関する規定を民法に設けるべきではないかという指摘がある」。

この一文をみれば、「消費者や事業者に関する規定を民法に設けるべきではないかという指摘」は、第三者からなされたものであり、法務省民事局在籍者からなされたものであると理解する者はまずいないと思われる。しかしながら、この指摘を前もってしたのは法務省民事局参与であった。具体的には、債権法改正作業開始後まもなく、そして法務省に移籍した翌年の平成二〇（二〇〇八）年に、参与は、その論文のなかで「伝統的な民法が想定していた『人』の概念が消費者をうまく包摂できないことを正面から認め、民法の中にも消費者という概念を使って消費者のための規定を置こう、という立場」がありうると述べた。(24) そして、その翌年の平成二一（二〇〇九）年にその方向で『民法（債権法）改正の基本方針』を公表した。さらにその翌年となる平成二二（二〇一〇）年に、参与はその自らの見解を、自己が出席している法制審議会・民法部会に、あたかも第三者の意見・外部意見であるかのように誤導しうる資料として提出したことになる。要するに、同一人物が、法務省所属の官僚と研究者という二つの顔をもち、それを使い分けながら、論文を発表し、さらに法制審議会の場では、同一人物の見解であることを秘匿したかたちで議論を誘導しているという図式が浮かびあがるであろう。

法務省の債権法改正事務局の手法は、民法（債権法）改正検討委員会を立ち上げたときから法制審議会・民法部会の審議にいたるまで、一貫して変わることなく、何かを二面的に用いながら、策謀的に消費者契約法の権限回復をはかってきたことになる。残念ながら、今回の債権法改正には立法モラルが欠けていると評価せざるをえないところである。

（六）その顚末は……

債権法改正事務局は、右に紹介した法制審議会・民法部会の審議をふまえ、平成二三（二〇一一）年に行われた第一回のパブリック・コメントにおいて、「民法に消費者・事業者に関する規定を設けることの当否」という標題のもとに、「民法に『消費者』や『事業者』の概念を取り入れるかどうかについて、設けるべき規定の具体的内容の検討も進めつつ、更に検討してはどうか」、「消費者や事業者の定義や、これらの概念を取り入れる場合の民法と特別法の役割分担について、更に検討してはどうか」という設問を設けた。(25) もちろん、このパブリック・コメントにおける他の設問と同様、「更に検討してはどうか」という次元ではあるが、「設けるべき規定の具体的内容の検討」、また、「民法と特別法の役割分担」にも踏み込んでおり、消費者契約法についての権限奪回に向けて、法務省民事局としては一歩、歩を進めた内容の設問であった。この段階までは、さきに紹介した「細工は流々……」という成句が現実化する可能性が徐々に強まりつつあったように思われる。

ただ、このパブリック・コメントの直前、著者は債権法改正の問題点を指摘する『民法（債権法）改正――民法典はどこにいくのか』[26]という本を著わした。そこでは、今回の債権法改正の背後に、消費者契約法をめぐる権限争いが存在するという指摘とともに、以上に紹介した法務省民事局の諸々の念の入った細工を具体的に述べた。私としても、法務省民事局がきわめて入念な細工を施したことを認めるにやぶさかではないが、これらは、所詮「小細工」にすぎない。小細工は、細工が見えないうちは有効であっても、明るみにさらされてしまえば、その効力は消失する。結果として、第二回パブリック・コメントが行われた平成二五（二〇一三）年には、第一回パブリック・コメントにあったような設問項目は消失し[27]、最終的な債権法改正法案にはもはやこの問題は残滓としても残っていない。

結局のところ、債権法改正事務局が入念に用意した、消費者契約法の権限を消費者庁から法務省に取り戻すという〝流々たる細工〟は、すべて水泡に帰し、この問題は、大山鳴動してねずみ一匹に終わったのである。

五　債権法改正の目的

(一)　はじめに

今回の法改正にあたっての法務省民事局の目的の一つは、以上に述べたように、人員減の回避、自局の権限の拡大という、組織的利害にあった。「人員減の回避」のためには大プロジェクトを行う必要があり、債権法改正はその目的に適合的である。また、もう一つの目的である法務省民事局の「権限の拡大」のために、消費者契約法の所管を取り戻そうと考えた場合、その問題に特化した法改正を試みれば、消費者庁とのクラッシュは必至である。特定の目的を隠すのにふさわしい方法として、〝木は森に隠せ〟という手法を実践すれば、多くの債権法改正項目のなかに、消費者契約という項目を紛れ込ませるのは、別段難しいことではない。

そうであるとしても、債権法の改正イメージを、世の中に具体的に示す必要がある。この点を問うたのが、さきにも述べた規制改革会議の法務省に対するヒアリングであった。法務省がそのホームページで債権法改正について目立たないかたちで公表してから一年余り、前述した法務省民事局参事官の雑誌の新年号での公表から三か月後の平成一九（二〇〇七）年四月六日、このヒアリングが開催された。若干長くなるが、債権法改正に着手した段階での法務省民事局の状況を浮き彫りにする内容なので、以下に議論の状況を紹介することとしたい(28)。

（二）「無責任」、「外部民間組織を何らかの隠れみのに使おうとされている」――規制改革会議の議論から

ヒアリング冒頭で、規制改革会議の主査は、法務省民事局参事官に対して、債権法改正に「一体いかなる御意図があるのか伺いたい」と切り出した。それに対する回答は、「債権総論の部分から契約の部分」と「民法総則に置かれております法律行為に関するような規定」を「見直しの対象に含めていこう」ということは決めたが、「一体何をやるんだといったことは、まだこれからということですので、せっかくのヒアリングの機会ですけれども、特に申し上げることはない」というものであった。

規制改革会議の委員との質疑が始まった。最初に、ある委員から、「例えば何を変えるんですか。何の腹案もなくて見直しをやるというのでしたら、それは行政庁として、あるまじきスタンスでしょう。そうではなくて、一定の腹案があるというのだったら、きちんと最初の段階で、例えばこれとこれは変える方向であるなどということを天下公知にして、批判を仰いでください。手続きの進め方がおかしいと思う。一切白紙なのか、想定しているものが一個でもあるのか、どちらですか」という質問がなされると、参事官は、「想定しているものはございません」と答えた。

委員は質問を続けた。「では、一体何をやるんですか。抜本的見直しといっても、普通、立法を行うときには理由があってやるわけです。例えばこの条文が現代のこういう課題に対応していないとか、あるいは判例が分かれていて、解決がつきにくいとか、そういうものとして想定しているはずです。今の民法の契約法の規定で、実務に対応できないような具体的な問題が一切ないのであれば、それは法を変えてはいけないということです。あるのだったら、それが何かを想定した上で立法過程の俎上にのせるというのが、立法を担当する行政庁関係者の当然のマナーのはずです。あるいは最低限のモラルといってもいいかもしれない。それをちゃんと聞かせていただきたいんです」。

参事官が、「私どもは具体的な立法作業に入る前の準備的な研究を、今、始めた」と答えると、委員は、「準備に当たって、行政庁として、完全に白紙だということはあり得ない話だと思います」と返す。そして、「例えばどの条文のどの判例の分かれ方が、規定の透明性を妨げているということなんですか」と聞くと、参事官は、「今、具体的にこれといって例示を挙げるようなことは、まだ考えていない」と答える。委員が、「それは理解できない。行政庁として着手するんだったら、例えばこの事項について何らかの解決が必要だということで、恐らく今おっしゃったすき間を埋めるということも、そういうことを念頭に置かれているんだと思いますが、何も仮説がなくてやるということはあり得ない。そんなことを本気で考えておられるのでしょうか。例えば何なのですか。判例で分かれているということ等について、この場で一つでも二つでも例を挙げられないようでは困ります」といっても、参事官は、「特に、今、例を挙げて説明するように、特定のものについて、ここの部分を直したいからという形で、今回、見直しの作業に着手しようとしたわけではありません」と答える。さらに委員が、見直しをしそうなものを「一つでも、二つでも、今この場で教えてください」と聞いても、参事官の回答は「特にそういう形はございません」というものでしかなかった。

結局、両者のやりとりの結果、何を改正するかは、民法（債権法）改正検討委員会の検討結果待ちという流れが浮かびあがった。

すると、委員はいう。「先ほどからお聞きしていると、その検討組織も、あるいは筒井さんなり民事局自身にも、具体的な腹案は何もないわけですね。だとしたら、中身を何も決めていない組織の結論結果に、特に重きを置いて、政府としての検討を始めようというのは、荒唐無稽な提案といわざるをえない。ちゃんと公的な根拠を持ってほしい。検討には政府のリソースを投入するわけです。貴重な人的資源や予算を投入するわけですから、『何かいいものが生まれるかもしれないから、何の当てもないけれどもやろう』ということに公金や公的組織を使わないでいただきたい。抜本的に検討体制や手続きの在り方を見直していただく必要があると思います。検討の仕組み自体が非常におかしな仕組みを前提として始まっていると、今お聞きした限りでは申し上げざるを得ない」。議論は続く。委員曰く、「私的な研究会として、私的というのは、先ほどからお聞きしているような法務省として何も位置づけていないような研究会としてではなく、法務省の民事局の責任における検討組織をつくられて、その中で検討されるのが筋でしょう」。「今日いただいた紙には、『民法について、抜本的な見直しを行う』とあるのは、法務省の公文書ですね。見直しを行うという結論を公文書において決めておられるわけです。結論を決めておられることについての準備段階がいつの間にか民間で始まっている。そんなことが正常な行政過程の在り方だと本気で思われているんですか」。

委員は続いていう。「自分には腹案はない。法務省にも腹案はない。民間組織のいろいろな議論の行方次第で、自分たちがどうするか決めるというのであれば、それは言わば自分たちが行うべき検討について、情報公開の制約を受けない民間に、脱法行為的に情報共有をしにくいようにわざわざ検討をさせて、水面下でコントロールされているというような、李下に冠を正す疑わしい振る舞いをされていると判断せざるを得なくなってしまうのです。／もしフェアに検討されるのであれば、やはり李下に冠を正されない方がよろしいのではないでしょうか。それが私どもの提案です。そうであれば、ちゃんと情報を共有できるようなところで、オープンにしていただけるような民法改正論議を、筒井さん御自身が参加されるのであれば広く情報も共有していただくのが筋のはずです。情報を隠す必要があるような組織の検討に、わざわざ公職者としての立場で参加される必然性があるのか。政策判断として本当に妥当でしょうかということを問いかけているわけです」。「法務省として抜本的な見直しの方針を決める前の全く白紙の段階で、何らかの情報収集ということであればともかく、少なくとも、『見直しを行う』ということについて、現時点で既に結論を決めていらっしゃるわけです。しかも、事実上、公的な検討と連動した私的な組織が外にあるというのは、きわめて問題のある検討体制なり、政策の進行の方法ではないかと強く疑問を持ちますので、追ってあり方について文書なりで御相談させていただきます」。

この委員は、最後に結論めいた評価を述べた。「失礼ながら、外部民間組織を何らかの隠れみのに使おうとされているかのごとき印象を持たざるを得ないのです。それは行政の在り方としておかしいと思います」。「無責任でもあります。政府として見直すんだと言いながら、具体例は一つも申し上げられる段階にないというそんなおかしな話は、どこで通る常識ですか」。「抜本見直しを行うという結論は決めて、それを公文書で公表されているお方が、イメージすら一つも例を挙げられない。それは異常なことでしょう。今、こんなレベルの議論していること自体、公的機関相互でそんなことを議論していていいのかというぐらいの由々しき事態です」。

そして、参事官が、見直しを行うことについては、法務大臣に報告済みであると述べ、また、具体的に「債権法全体はどんな見直しが考えられるのかを、これから勉強してまいりたいということで説明させていただいております」というと、委員は次のように述べた。「そうであれば、なおさら、見直しをされるかどうかは、検証した結果次第ですね。とにかく法を直すんだ、と結論を先取りするようなことを、何も腹案も仮説もない段階でされるのは、やはり差し控えられた方がよろしいかと思います。何事も責任を持って検証した上で結論は決めていただきたい」。

(三)　空白状況で開始された債権法改正

この規制改革会議のヒアリングは、いろいろなことを物語っている。法務省民事局としては、肥大した人員を維持するという組織防衛のために、大きなプロジェクトとしての民法改正を推進する必要があったが、そのようなことは規制改革会議のヒアリングの席で口が裂けてもいうことはできない。また、消費者契約法の民法典への取り込みは具体的に想定されていたであろうが、官庁間の権限争いに直結するそのような話を規制改革会議で口にすることは、〝流々たる細工〟をすべてぶち壊すことにほかならない。

そして、消費者契約法の民法典への取り込みを目立たないものにするためには、前述したように、〝木を森に隠す〟戦法をとるのが一番であった。しかし、このヒアリングを受けた段階で、法務省民事局は、〝木〟となる消費者契約法については具体的なイメージないし構想――消費者団体訴訟を除く、消費者契約法中の私法実体規定を民法典に取り込むという、後に『債権法改正の基本方針』に結論として示された構想――を有していた可能性が強いが、〝森〟についてはイメージひとつ抱いていなかったことが、このヒアリングの内容から明らかになったのである。

法務省民事局の当時の官僚組織を、基本的に裁判官出身者からなるキャリア官僚の実務組と、学者から法務省に籍を移した民事局参与に分けて考えるのであれば、実務組は〝木〟を大事にするだけで、〝森〟についてはすべてを民事局参与に丸投げしており、民事局参与は、この〝森〟を具体化すべく、民法（債権法）改正検討委員会の活動を推進していったという構図をみてとることができるであろう。

後に本書三〇一頁にも紹介するように、法務省は、本平成二七（二〇一五）年三月に債権法改正法案を国会に提出するにあたって、その提出理由を次のように述べた。「社会経済情勢の変化に鑑み、消滅時効の期間の統一化等の時効に関する規定の整備、法定利率を変動させる規定の新設、保証人の保護を図るための保証債務に関する規定の整備、定型約款に関する規定の新設等を行う必要がある」。しかし、法務省民事局は、債権法改正に着手した段階では、消滅時効期間の統一、変動制法定利率、保証、約款等の問題をまったく念頭においていなかった。もし念頭にあったのであれば、ほとんど侮辱されたに等しい規制改革会議のヒアリングのなかで、多少なりとも対応の仕方があったであろう。右に紹介した債権法改正法案の国会提出にあたっての「改正理由」なるものは、法務省民事局にとって、すべて「後付けの改正理由」にすぎなかったのである。

それだけではない。次に述べるように、学者出身の法務官僚にとっての債権法改正の目的は、債務不履行等を中心とする履行障害法の改正にあった。そして、債務不履行の無過失責任化を目論んだが、それには学界や実務からの反対が強かったので、結局は、「玉虫色」の規定にしたうえで、『補足説明』や「補充説明」という影の場を利用して、国民等の目から逃れようとしてきた。それと同様に、債権法改正法案の国会上程にあたっては、前段に紹介した債権法改正法案の提出理由から無過失責任の問題をあえてはずして法案を提出し、国会議員の目から逃れようとしていることは、すでに本書一五四頁以下に紹介したとおりである。この今回の改正の超大目玉となるべき債務不履行の無過失化責任化から国会の目をそらせるために、消滅時効・法定利率・保証・約款についての改正のみをあげたのだとすれば、これは、「敵は本能寺にある」ことを秘匿するための、「カモフラージュのための改正理由」である、というべきであろう。法務省民事局の立法担当官は、裁判官経験者が「今回はこそこそと改正作業を行ったので、不信感が出てきているのが実情なのではないか」(29)と評していることを、じっくり内省してみる必要があるように思われる。

（四）学者出身の法務官僚からみた債権法改正の目的と改正点

では、法務省民事局の実務組のキャリア官僚がさきに〝森〟にたとえた債権法改正全体については具体的な改正点を想定していなかったとしても、学者出身の法務官僚、すなわち当時の法務省民事局参与は、具体的な改正点を想定していなかったのであろうか。著者自身は、一定の想定があったものと推測している。もっとも、民法（債権法）改正検討委員会の審議においても、改正の対象について、なぜ債権法に焦点を絞った改正なのか等は論じられたが[30]、当初の段階で法務省民事局参与は自己が想定している改正点を語ったことはなかったし、法制審議会・民法部会では「民法（債権関係）の改正の必要性等について」が第一回会議、第二回会議の議題にはなったが[31]、各委員の言いっ放しに終わった感もあり、法務省民事局参与の想定している改正点等が明らかとなったわけではない。

しかし、それでも法務省参与が考えていた改正の目的や想定していた改正点を推測することが不可能なわけではない。人間が何かをなそうとするときには、一番重要なことは最初か最後に行うことが多い。このような観点から、法務省民事局参与を中心とする債権法改正事務局が、債権法改正にかんする審議において、具体的に何を最初と最後でとりあげたかをみてみることにしよう。

法制審議会・民法部会では、第二回会議において、「今後の審議の進め方」が審議された。そのさい配布された部会資料には「個別的な検討課題の検討順序」が記されており、最初に、「債務不履行の責任等　契約の解除　危険負担」が論じられ、最後に「全般的な検討課題」が論じられる、とされていた[32]。ここでの「全般的な検討事項」の内容は、この部会資料からは明らかでないが、それが論じられたと思われる第二〇回会議——すなわち、第一クールの最終会議——の最後の二つの議題が「消費者・事業者に関する規定」と「規定の配置」であった[33]。

ここからは、債権法改正にあたっての債権法改正事務局の目的ないし大きな関心が、①「債務不履行の責任等　契約の解除　危険負担」、②「消費者・事業者に関する規定」、③「規定の配置」の三点にあったのではないかということがうかがわれる。③「規定の配置」は、この曖昧な文言からはイメージしにくいが、実は、現行民法のパンデクテンの体系を、契約法を中心とする体系に組み換えようとする、債権法改正事務局の志向する民法の体系変更をさしている。

②については、すでにこの前の「四　消費者契約法をめぐる権限争い」で検討済みであり、③については、次の「六　民法典の体系変更について」で検討するので、この五では、①の問題に焦点を絞ることとする。

（五）「債務不履行の責任等　契約の解除　危険負担」――いわゆる、履行障害法の改正

「債務不履行の責任等　契約の解除　危険負担」は、履行障害法の一環として、EUにおける法改正等で論じられることが多い。その理由は、以下の点にある。

ここ何十年か、ヨーロッパではEU統合が進行しており、ギリシャ問題等が存在するにしても、域内諸国の間でのクロスボーダー取引が活性化している。クロスボーダー売買を例にとろう。売買に問題がなく取引きがスムーズに進行した場合には、法律問題は発生しない。しかし、売買目的物に欠陥があったような場合に、債務不履行責任を問いうるか、契約の解除は可能か、依然として代金債務を弁済しなければならないのかという危険負担等が問題となる。売買契約の当事者間の法域が異なると、紛争解決に困難が生じる。そのような状況のもとで、「債務不履行の責任等　契約の解除危険負担」等の履行障害法と呼ばれる分野の法の平準化がヨーロッパで問題となった。また、貿易の対象となることが多い動産についても履行障害法の平準化その他の必要があるため、ウィーン条約が制定された。

これらは法域を異にする国際取引が行われる場合に問題となるだけで、法域を同じくする国内取引を規律するために用いられる日本民法等とは関係しない問題である。ただ、法律学者のなかには、研究にさいして比較法学に傾斜し、外国法研究を重視する者も少なくない。法務省民事局参与も、比較法研究を重視してきた学者であった。そして、EU等で行われている履行障害法の改正内容や動産売買についてのウィーン条約の内容を、そのまま国際取引の分野を超えた法律学における一般的な国際的潮流であると考えた。

法務省民事局参与は、債権法改正の必要を説く論稿のなかで、次のようにいう。

「ドイツが二〇〇二年に大急ぎで債務法を改正したのは、EUでの債権法の統一の流れの中で主導権を握りたいとい

う思惑があったといいますが、これに応じてフランスも大急ぎで債権法改正の草案を作成しました。日本の母法国は、いずれも、共通市場の中での法統一をにらんで、いわばブランドの維持のために法典の現代化を急いでいるのです。その際、法統一の最初の重要な成功例であるウィーン条約が真剣に参照されています」。「ブランド競争の中に積極的に発進していくことは、日本の国際的プレゼンスを高めることにもつながると思います」(34)。

しかしながら、ＥＵ等における法の平準化は、――とりわけ、法系があまりに異なる英米法と大陸法の平準化を行うような場合には、とくに――法規範の水準の低下をもたらすものと評価されることが多い。フランスの学者、グリマルディは次のようにいう。

「大陸法の武器は、……判決群の中からそれを引き出さなければならないときよりも『認識すること』がより容易だということである」。「成文法は、まったくの素人でなければ、それなりに教育を施された人々にとって、アクセスし易い法であるが、他方、判例法は、玄人すなわち法服を着た特権階級のみに与えられた法であるといえよう」。「『ウィーン国際物品売買条約』その他の国際条約は、……妥協の産物であり、そのことが、これらの条文から成文法が通常備えるべき質を奪っている」(35)。

ただ、法は、社会のために存在するものであり、法律学者や法律家のために存在するものではない。ＥＵ諸国において、ＥＵ統合によってもたらされるプラスが法規範の質の劣化というマイナスよりも大きいのであれば、「債務不履行の責任等　契約の解除　危険負担」等の履行障害法を平準化していくだけの社会的要請があるというべきであろう。しかし、わが国で、ＥＵの法の平準化に倣った改正をすることに、社会的な意味があるわけではない。民法典は、基本的に国内取引を律するものであり、たとえ国際取引を視野に入れるにしても、日本の国際取引のなかでは、対アジア、対北米の取引きの比重が高く、対ヨーロッパの取引きの比重は小さいからである。

法務省民事局参与は、ＥＵにおける「債務不履行の責任等　契約の解除　危険負担」等の履行障害法を平準化しようとする改正内容を、法律学における国際的潮流であると考えた。そして、それがＥＵ統合をよりスムーズにするために行われている法の平準化である、という法改正の社会的背景を見落としたために、あたかも学問オリンピックにおけるメダル競争のような国威発揚路線としての債権法改正を、社会的背景が異なる日本でも企図したのだと思われる。

ＥＵの状況やウィーン条約に倣って日本の債権法を改正しようとする動きをみて、アメリカ人の法律家は次のようにいう。

「日本は、一世紀以上前に民法典を制定した。そのさい、モデルとされたのは、西洋法であった。それと同様、現在、民事法を制定しつつある国が、ウィーン売買条約をモデルとして国内法を制定しようとすることは、理解しうることである。

しかし、日本は、豊富な商取引上の経験と、高度な法の伝統を有する国である。その日本が、国内に現行民法に対する不満がみられるわけでもないのに、ウィーン売買条約に倣って民法典を改正しようとするのは何故なのだろうか。成熟した国内法をもつ国として、国際取引のためのウィーン売買条約と、国内取引のための州契約法の共存という途を選んだアメリカ人からみると、現在の日本の状況はなかなか理解しにくいところである。日本人は、自分たちの法制度と法文化に、もっと自信と誇りをもってもよいのではなかろうか[36]」。

また、わが国の民事裁判の中枢を担ってきた裁判官経験者からは、履行障害法をめぐっての評価も一般的な評価も含めてであるが、今回の債権法改正につき次のような発言がみられる。

「私自身は、裁判官をしていて、こんなややこしい立法をしなければならないような事案に遭遇したことはない。／まず一般論から話を始めるが、今回の債権法改正がどういう発想から行われているのか、そのことが問題だと思われる。あたかも一人舞台で改正が行われているように思われ、この改正を文化的事業とおっしゃるが、社会的ニーズが見えてこない。推進者ご自身の説明では、ヨーロッパで改正が行われており、中国でも立法の動きがあり、ウィーン条約ではこうなっている、という話はあるが、肝心の日本における債権法改正の社会的ニーズについて語られることはない。／現在のままだとどういう問題があるのか、また、今回のような改正をすると、その問題がどのように解決され、どのようによくなるのか、それを示す必要がある」。「今回の改正がらみでは、国際社会で日本の民法典が通用するために、という言葉をよく聞く。しかし、改正議論を参照するかぎりでは、比較法に関心のある学者による改正となってしまっており、所詮、他国の真似事でしかない。このような他国の真似をした民法典が、そのまま日本で通用するわけがない」。「総じてみると、現在問題となっている改正案は、実務と経済界の要求と無関係の改正なのではないか。推進をしている方の論文には、日本発のブランドとしての民法改正という言も見られるが、比較法も大事であるかもしれないが、最終的には、日本の実情にあわせた改正が必要だと思われる」。「民法典の改正は、国の統治の根幹にかかわる。改正にさいしては、徹底して『公益』に資するという姿勢が重要である。／しかしながら、今回の改正は、その改正の内容も、改正の進め方も、どちらも『公益』という姿勢に反しているのではないか。／『公益』という姿勢が欠けているので、自分の学説を法律の条文にしようとするような姿勢が生まれてくるように思われる。もっと公益を重視しなければならない。／裁判官はほぼ全員、今回の民法改正に反対といっても過言ではないように思う」。「今回の債権法改正は、法務省のフライングであるという気がする」。「『本当に、国民のための改正ですか？』と問い直したい(37)」。

また、全国の弁護士を対象としたアンケート調査の自由記載欄には、次のような記載がみられた。

民法改正を「一部の学者のおもちゃにさせてはならない」、「一部の学者の個人的野心による改正」、「学者の国家権力を借りた自己満足的自説の強制には憤りすら感じる」、「実務をあまり知らない一部の学者が、功名心から、必要性の乏しい債権法の改正を強行しようとしている」、「一部の学者の学説を民法化することは、〝改正〟ではなく〝改悪〟であり、強く反対する」、「学者の、学者による、学者のための改正になっている気がします」、「必要性のないブランド競争は有害」・「短絡的な発想」、「悪しき欧米追随主義」、「英米法的スタンダードに変更する必要性は全くない。なぜ債権法のみ改正するのか、全く不可解」、「日本の現状に合わなくなるのは本末転倒」、「法務省は行き過ぎている(38)」。

さきに紹介した規制改革会議のヒアリングが行われた時点で、この裁判官経験者や弁護士を対象とする調査が行われていたわけではない。ヒアリングの対象となった法務省民事局参事官は、このような実務家の先々の反応を予期してはいなかったかもしれない。しかし、ヒアリングの前に意見交換をしてもおかしくはない、民法（債権法）改正検討委員会で事務局をともにする者が意図している「債務不履行の責任等　契約の解除　危険負担」等が改正点となることは知っていたのではないかと思われる。しかし、ヒアリングにおいてこの点の改正が必要であると回答すると、「なぜそれを日本でも改正する必要があるのか」と再質問された場合に、答えに窮することを予期して、改正を予定している点についての回答をすべて避けたという可能性も否定できないのではないかと思われる。

六　民法典の体系変更について

(一)　は じ め に

債権法改正事務局は、パンデクテン体系にもとづく現行民法の五編構成の枠組は維持するものの、総則編のうち、「法律行為」の章の規定のうちの大部分、また、「時効」の章を分断して消滅時効の規定を債権編に移動することを企図した。さらに、債権編も、債権総論の章を廃止し契約法と合体させることを企図した。一言でいえば、現行民法典を契約法を中心にする法典に再構成しようとする試みであった。法務省民事局参与の著書に『契約の再生』と題する書物があるが、その名を体現するような改正の試みであった。加えて、第六章その他で再三論じてきたように、『契約の再生』のモチーフであった「関係的契約理論」にもとづく民法典をめざす改正が志向されていた。まさに、民法典の学説的改正路線が採択されようとしていたのである。

(二)　民法（債権法）改正検討委員会にて

現行民法の体系を契約法を中心とする体系に変更しようとする路線がはじめて公にされたのは、民法（債権法）改正検討委員会の審議が二年近くも行われ、改正をめぐる具体的問題についての議論が終わりに近づいた第一読会のほぼ最後の段階においてであった。平成二〇（二〇〇八）年一一月三日に第八回全体会議が開催される少し前に、原案作成に携わっているある準備会の学者委員が、「今度の債権法改正は、とんでもないことになるかもしれない」と著者に向かってつぶやいたことがあったが、その委員も懸念の内容を具体的に語ることはなかった。

しかし、第八回会議が開催されると、その配付資料であった民法典編成についての「細目次案」には、次のような内容が盛り込まれていた。①「民法第一編　総則」の「法律行為」の章の規定のほとんどを契約の規定として「民法第三編」に移動させ、②「民法第一編　総則」の「時効」の章の規定を二つに分断し、「第二編　物権」に取得時効と債権以外の消滅時効の規定をおき、「第三編　債権」に債権の消滅時効の規定をおき、③「第三編　債権」の「第一章　総則」は廃止し、それを契約法に統合したうえで、債権編の冒頭を「第一章　契約及び債権一般」とする[39]。さらに、この日には、④改正民法典に「消費者・事業者の定義規定を一対をなすものとして置く」ことも提案された[40]。

このドラスティックな民法の体系変更案は、改正試案の原案を作成する準備会委員もほとんどの者が知らないまま、二年近い審議が行われてきたようであった。ただ、このような大胆な改正提案をするにあたって、事務局は用意周到な準備を施していた。前にも述べたように、民法（債権法）改正検討委員会規程は、改正試案の原案の作成は準備会が行い、それを受けた幹事会が全体会議に改正試案を上程し、全体会議がそれを審査することを規定していた[41]。そのどこにも「拡大幹事会」という組織規程は存在しなかったが、債権法改正事務局は、われわれ全体会議の委員が知らないうちに、準備会委員の全員を招集した「拡大幹事会」を組織し、そこからの提案として、前述した民法典の体系変更案を全体会議にはかったのである。それは、全体会議の出席者の過半数からの提案として審議に付された。

この提案のもとでは、かたちのうえでは民法典の五編構成は維持されるものの[42]、権利の変動を規定した法律行為の章は骨抜きとなり、時効の章は総則編から消え去ることになる。法律行為は、物権の放棄、契約、婚姻、遺言等を考えればわかるように、物権編以下の民法四編すべてにまたがる概念である。そうであるからこそ、現行民法は、民法典の冒頭の総則編に規定しようとしているのであるが、それを民法典のほぼ半ばに位置する契約に規定しようという提案である。それより前、それより後にある法律行為関連の規定は、民法典の半ばにある契約法の規定を準用するとでもいう発想なのであろうか。

この大胆というよりは乱暴な改正提案に対して、反対意見が――著者をも含め――次々と全体会議で披露された。非常に穏やかな性格で、右の提案に対しても、事務局原案に「必ずしも全面反対ということではな」いと述べる者ですら、事務局提案では「契約法はよくなったけれども、あとは野となれ山となれというところがないではない(43)」という苦言を呈するような状況であった。

すると、議長が「では、ここで多数決をやりましょうか」といったので、著者は次のように発言した。「だから、初めからシステム自体が出来レースなのです。全体会議の過半を拡大幹事会の人が占めている場で、拡大幹事会の提出した案の賛否を問うのは、人数比から言って、結論ははじめからわかっています(44)」。会議体は騒然となり、その日には結論がでず、臨時の会期がもたれることになった。その臨時の会期でも、拡大幹事会メンバーは出席者の過半を占めていたが、党議拘束を解くという前提で議論したところ、出席者の過半数の者から提案されたはずのさきの体系変更案は、会議では少数意見に終わることとなった(45)。

(三)　法制審議会・民法部会の立ち上げ

民法(債権法)改正検討委員会規程を無視してまで、用意周到に、過半数からの提案というかたちをとっても、事務局原案が少数意見となったというこの経験は、債権法改正事務局に大きな〃教訓〃となったようである。

平成二一(二〇〇九)年秋、法制審議会に民法部会が立ち上げられた。債権法改正事務局は、その委員・幹事の選任にさいし、民法(債権法)改正検討委員会の審議の過程で事務局原案に反対したことがある者をすべて排除した。全面反対ではないといいながら、「契約法はよくなったけれども、あとは野となれ山となれというところがないではない」

と苦言を呈した者も排除された。そして、若干の研究者の新委員を追加しながらも、基本的に原案に賛成してきた研究者中心に研究者委員を選任した。そのうえで、民法部会の構成を、研究者出身と司法・行政当局出身の委員・幹事が全体の四分の三以上を占めるようにし、経済界・労働団体・消費者関係・弁護士出身者をすべて合わせても四分の一以下とし、絶対多数を確保した審議会としたのである。まさに、「お手盛り審議会」という評価がふさわしい体制が確立された。

そして、債権法改正事務局は、債権法改正が外部で問題とされるような場では、法制審議会の民法部会において「総論的な改正の必要性については異論がないというところでは現時点では一致している」[46]等と、審議会を盾にとって今回の改正の正当性を説いている。「お手盛り審議会」の効用はきわめて大きいといわなければならないであろう。

(四)　民法部会での審議状況

では、このようにして民法部会が立ち上げられた後、民法の体系変更をめぐる審議状況はどのようになったのであろうか。

民法部会においてこの問題が議論されたときの部会資料には、次のように記されている。

「今回の民法（債権関係）の規定の見直しにおいては、民法第二編物権、第四編親族及び第五編相続は、基本的に検討の対象外であり、したがって、全五編という民法典の編の構成を変更するような見直しは想定されていないと考えられるが、この点に関連して、何か留意すべき問題点はあるか[47]」。

この表現からは、民法典の体系変更は企図されていないようにみえる。しかし、ある委員が慎重にも、法律行為や消滅時効等の規定の「編を越えての引っ越しも、この編の構成を変更するような見直しはしないというルールに引っ掛かるという趣旨なのか」と尋ねると、法務省民事局参事官は、その点は民法「部会で自由に御議論いただければよいのではないか」と述べた[48]。

要するに、ここでの議論からは、債権法改正事務局が民法（債権法）改正検討委員会で少数意見に終わった事務局原案を法制審議会・民法部会で復活させることを企図していた。そのうえで、その意図がわからないように用意周到に部会資料を作成したものの、慎重な委員の発言によって、その隠れた意図が明らかにされたという構図を見て取ることができるであろう。

そして、この一年後に「規定の配置」の問題が実際に議論されたさいには、部会資料には次のような記載があった。

「① 第一編第五章（法律行為）の規定を、第三編債権に置くべきであるという考え方

② 第一編第七章（時効）の規定のうち債権の消滅時効に関するものを、第三編債権に置くべきであるという考え方

③ 第三編債権のうち第一章の債権総則と第二章第一節の契約総則の各規定を、契約に関する規定をまとめるという観点から統合して再編するという考え方

《中略》

などが示されているが、どのように考えるか[49]」。

この問題について民法部会での議論が始まると、最初に弁護士出身の委員から次のような発言があった。

「弁護士会としては、規定の配置について意見は盛り上がりませんでした。いい規定を分かりやすく並べていただければ、研究者の皆様の大勢に従うというような雰囲気が大勢でございました[50]」。

こうなると、債権法改正事務局が、「研究者の皆様」の選定にさいし、体系変更反対派を法制審議会・民法部会から全面的に排除したことが功を奏することになる。債権法改正事務局は、民法（債権法）改正検討委員会においては、用意周到な準備を凝らしたにもかかわらず一敗地に塗れた感もあったが、民法部会の委員の選任に工夫を凝らした結果、かつての事務局の少数案の復活にいったんは成功したのである。

その結果、第一回のパブリック・コメントの対象となった『中間的な論点整理』においては、現行民法の総則におかれた法律行為関係、消滅時効関係の規定についての提案は、契約総論と契約各論の間におかれ[51]、債権法改正事務局の思いどおりの体系変更に向かうように思われた。

（五）その後の顚末

ただ、このような大きな民法典の体系変更には反対も強かったようで、『中間的な論点整理』以降、徐々にこの問題はしぼみはじめた。

『中間的な論点整理』から二年後、第二回パブリック・コメントの対象となる『中間試案』が公表された。そこでの体系的な配置の順序は「法律行為・消滅時効・債権総論・契約」という構造になっており、債権総論の規定も基本的に契約法の前におかれていたが、例外として「契約の解除」と「危険負担」のみは「債務不履行による損害賠償」に続く位置を占めていた。この「契約の解除」と「危険負担」を除くと、現行民法から大きな体系変更は試みられていない配置の順序であった。さらに、『中間試案』の前注には、「この中間試案では、上記一の民法の規定に関して、現時点で改正が検討されている項目のみを取り上げており、特に言及していない規定は維持することが想定されている」と記されていた[52]。ここでは、「規定の順序」についての言及はなかったが、このような断り書きがあるのであれば、もはや大きな体系の変更はないのではないか、と著者は考えた。

しかし、債権法改正事務局は、この『中間試案』を対象とするパブリック・コメントが開始された後に、法制審議会・民法部会を開催し、「民法（債権関係）の改正に関する論点の補充的な検討[53]」と題する部会資料を提示した。そのなかで、具体的には「規定の配置」を審議したのである。まさに、パブコメ逃れの体系変更の審議であった。

債権法改正事務局が「債権総則と契約総則をどのように再編するか」について「御議論いただければと思います」と口火を切ると、弁護士委員からは、「中間試案にもこの編成の問題については全く論点として提示もせず、パブリックコメントの対象にもしていない」ことの問題性が指摘された。債権法改正事務局は、この問題提起をかわすかのように議論を進めた。研究者出身の委員からは、「債権総則と契約総則を現行法のようにパンデクテン・システムに従って分けて規定するよりは、もう統合してよいのではないか、そして、統合するとした場合に幾つかの統合の仕方はあるけれども、『債権及び契約総則』として書いていくのが望ましいのではないか」、「債権総則と契約総則に関しては現在のパンデクテン・システムを墨守する必要はない」等の意見も述べられた(54)。

この議論をみると、民法総則の法律行為および消滅時効の規定を債権編に移動させるという案はもはや模索されていないが、債権総論と契約総論の合体論は依然として視野のなかにおかれていることがわかるであろう。

このような議論をへて、法制審議会が採択した債権法改正要綱は、債権総則と契約総則との全面的な統合論は採用しなかったものの、──『中間試案』の構成と同様──「契約の解除」と「危険負担」を「債務不履行による損害賠償」の次に規定するという配置の提案を行っていた。

しかし、閣議決定され国会に提出された債権法改正法案においては、「契約の解除」と「危険負担」も基本的には、現行民法と同様、契約総論に位置付けられることになった。

おそらく、内閣法制局によって、債権法改正事務局が推進してきた体系変更が退けられたものと思われる。平成二〇（二〇〇八）年の民法（債権法）改正検討委員会における提案以来、債権法改正事務局によって執拗に繰り返されてきた体系変更の問題も、債権法改正法案の段階では、おそらくは内閣法制局等の努力によって、最終的には大山鳴動してねずみ一匹に終わることになった。

七　条文の詳細化・多条文化をめざして

法務省民事局参与は、さきにも述べたように、ＥＵにおける取引法の平準化のための法改正、ウィーン条約等に倣いながら、日本民法を改正することを考えた。ＥＵにおいてはイギリス法と大陸法の平準化が、ウィーン条約においてはアメリカを中心とする英米法と大陸法の平準化がなされている。いずれにおいても、判例法国と制定法を中心とする国との間での規範の平準化なので、条文に集約された簡明な規範となっている制定法と、判決文の集積という、整序されないままの複雑な構造にならざるをえない判例法との中間的な規範内容に落ち着くことになる。したがって、これまでの大陸法の伝統からみると、条文に規定される規範内容が詳細となり、また、条文の数が多くなることは避けられなかった。法務省民事局参与は、この条文の詳細化・多条文化が現在の法律学ないし立法手法の国際的趨勢であると考えた。そこで、債権法改正にさいして、「国際的趨勢」に倣った日本民法の詳細化・多条文化をめざしたのである。

民法（債権法）改正検討委員会が審議を開始してから二年近くたったある日、著者はある新聞記事に目をとめ、それについて委員会で次のような発言をしたことがある。「前に日経の記事を読んだときに、民法が二〇〇〇条以上になるといわれているのをみて、一体何をお考えか、私はその時点では理解できなかったのですが、おそらくこの具体的秩序思考を追求していけば、そういう膨大な法典にもなるのだろうと思います(55)」。これに対し、法務省民事局参与は、次のように回答した。「日経の記事については、いろいろな事柄が記事になった先生方もおられると思いますのでご存じだと思います。あれはもちろん私が書いたわけではありませんし、私のこう書いてほしいという意思は必ずしも十分に反映されておりません。『日経に書かれたが』というふうにおっしゃったのですが、自分の書いた文章ではありません(56)」。

この回答を聞けば、さきの新聞記事は、事実無根か少なくとも不正確だったのだろうとの印象をうける。著者もそのように考え、その日、それ以上の発言をすることはしなかった。しかし、それから一か月ほどして、日経の記事が問題となった会期の期日の四日前にこの参与がある弁護士会で行っていた講演録が公表された。その講演では、この参与は、「現行民法の二倍を超えるかもしれないが、三倍にはならないといったイメージです(57)」として、現行民法典が条文が少ないことこそが問題であると述べていたのである。

枝番条文と削除条文の存在を度外視すれば、現行民法の二倍の条文数だと二〇八八条、三倍だと三一三二条となる。そうだとすると、日経の「二〇〇〇条以上になる」という記事は、参与の発言を正確に反映していることになる。参与のさきの発言の、「『日経に書かれたが』というふうにおっしゃったのですが、自分の書いた文章ではありません」という発言は取材対象が記事を書いているわけではないという意味ではウソではないが、その記事には「私のこう書いてほしいという意思は必ずしも十分に反映されておりません」という部分は事実に反しており、日経の記者がこの弁護士会の講演その他をふまえて正確に報道したのだとしたら、新聞記者には失礼極まりない発言であるというべきであろう。参与は、自分が他の場所で話している内容が民法（債権法）改正検討委員会の審議の場にもちだされることをきらい、議論を回避するために、新聞報道が不正確であるかのような印象を与える発言をすることによって、その場を糊塗したのである。

もちろん、きわめて問題の多い行動であるが、官僚等、いったん権力をともなうポストに座った者が議論を避けながら裏面でものを進めるとき、反対する者は議論の場がない以上いかんともしがたい。別の例をあげると、民法（債権法）改正検討委員会で、法律行為についての審議がなされたときに、著者は、大綱次のように発言した。〝今回の法律行為にかぎった問題ではありませんが、提案されている内容が法規範についての提案であるとしたら、私はかくも詳細な規定をつくることには反対であったという一文を議事録に入れて欲しい、個々の条文についてではなく全体的な姿勢の問題として入れていただきたい〟。委員長は、この発言を、〝条文として書かなくていい細かいことまで書きすぎた提案になっているという意見〟であるかと確認したうえで、〝それはどこに書くかが難しい〟と述べ、また、事務局長を務めていた法務省民事局参与は、〝条文の審議ではない、大前提の審議の段階である〟という趣旨の発言によって、条文の詳細化・多条文化に反対する意見があったことを議事録に入れることを拒絶した[58]。このような参与の手法は一定の功を奏した。民法（債権法）改正検討委員会が公表した『債権法改正の基本方針』の段階では、長々しい条文案が多数並んでいたのである。

次の段階に進み、法制審議会・民法部会の審議が始まると、初期の段階では、弁護士出身の委員等から「弁護士会でも、条文数が多くなることについての抵抗を持つ方は多くいらっしゃいます。条文数を二倍以上になるような結果にしたら、おまえはもう弁護士会に帰ってこられないぞという人もいるぐらいでございます[59]」等の発言がなされ、多条文化への抵抗感が示された。この懸念を示す発言に対し、法務省民事局参与等の債権法改正事務局は直接の回答をすることはしなかった。しかし、それから一年後の民法部会では、経済界出身の委員は、「条文数が増えるというのはやむを得ない面もありますけれども、余り増えすぎてしまうとかえって分かり難くなる、つまり、条文数と分かりやすさとの間にはトレードオフの関係があるので、その辺のバランスを十分考えていただきたい[60]」と発言しており、民法部会は、多条文化を——望んでいるわけではないが——「やむを得ない」、という雰囲気に変わってきたのである。

要するに、民法（債権法）改正検討委員会においても法制審議会・民法部会においても一貫して続いた、反対意見があっても正面から反論せず、議論を回避しながら、のれんに腕押しで詳細化・多条文化路線を維持していこうという債権法改正事務局の戦法は、途中までは功を奏し続けたことになる。

ただ、このような条文の詳細化・多条文化は実務家からは、きわめて評判が悪かった。全国弁護士二〇〇〇人の調査結果をみると、条文の詳細化・多条文化への賛成は三一〇名、反対一四八七名で、五段階評価で中間値が三であるところ、平均値が一・九三となっており、反対が圧倒的に多い。また、調査票の自由記載欄をみても、今回の改正論の「一番の問題点は多条文化である」、「多条文化は決していいものではない」、「条文を詳細化することにより、融通の利かない形式的法解釈、法適用に行き着くのではないかと非常に危惧する」、「二〇〇〇〜三〇〇〇条もの条文の細分化は、国民にとって複雑でわかりにくく、使いにくい法律となってしまうだけではないか」、「詳細化しても利用しやすくなるとは限らない。シンプル　イズ　ベスト」、「一覧性が悪くなる。情報を圧縮した美しい条文にするべき」、「会社法のような読みづらい条文は避けるべき」、「『基本方針』は、十分に練られているとは思えず、文章が長く、複雑で、かえって分かりにくい」等の意見が記載されていた[61]。

また、ながらく民事裁判の中枢を担ってきた民事裁判官経験者たちの声をいくつか聞いてみよう。「債権法改正推進者は、現行民法はプロの法律であるといっている。そして、素人にはわかりにくいので、条文を詳しくしてわかりやすくする、といっている。しかし、今回の中間試案のような改正をしても、やはりわかりにくいままなのではないか。／長く細かく説明すればわかりやすくなるというのは、推進者の学者的な錯覚なのではないか。殺人をとっても、聖書には『殺すなかれ』と書いてあるので、一般人にもわかる。しかし、同じことが、刑法には『人を殺した者は、死刑または無期若しくは五年以上の懲役に処する』と書いてある。聖書のほうがよっぽどわかりやすいが、それは、刑法を書いた人がわかりにくく書いたのではなく、聖書は行為規範であり、刑法は裁判規範であるということの反映でしかない。この刑法を、裁判規範としての性格を損なうことなく、聖書のように、素人が行為規範として読めるようにするというのは、無理な要望でしかない」。「条文の数を増やし、詳細にすることには、大反対である。民事訴訟を行っていくうえで、もっとも大きな裁判官の任務は、訴訟の進行管理である。条文の数を増やし、内容を詳細にしていくと、むしろ紛争の実体から離れたところで、詳細化された条文の文言の言葉尻をとらえ、紛争の実質をふまえない議論が展開されやすいと思う。結果として、裁判がぎくしゃくするだけではないか」。「裁判官は、単純な条文だと、弾力的かつ柔軟に適用できるのに、その長所が失われてしまう」等の回答があった(62)。

法制審議会・民法部会の審議が進行するにつれ、改正対象となる論点は減少していき、『中間的な論点整理』から『中間試案』にいたるまでに、改正項目は約半減している(63)。しかし、改正される項目がどの程度に詳細かについては、もちろん項目によって一様ではないが、損害賠償や解除等をみると、民法部会が立ち上げられる以前の『債権法改正の基本方針』と『中間試案』では大同小異である(64)。ただ、第一章冒頭に紹介した昨平成二六（二〇一四）年夏の急転回によって、詐害行為取消権その他の例外はあるものの、多くの条文については、詳細化・多条文化はそれほど極端ではなくなった。

債権法改正事務局が追求してきた、条文の詳細化・多条文化は、詐害行為取消権その他では痕跡を残してはいるものの、全体としては竜頭蛇尾に終わったといえるであろう。少なくとも、「現行民法の二倍を超えるかもしれないが、三倍にはならないといったイメージ(65)」からはほど遠い状況になったのである。

八　法務省民事局の熟慮封じ路線
――過去のパブリック・コメントと、今回の国会審議を前にして

現在の段階で、今回の債権法改正を手続きの問題として、パブリック・コメントにおいても、法案の国会提出においても、意見を提出する者や審議をする者に、熟慮するだけの時間を与えないような期間設定がなされている点を指摘し

ておいたほうがよいのではないかと思われる。

第一回のパブリック・コメントは、早い段階から、平成二三（二〇一一）年四月をめどに行うことが予定されていた(66)。ところが、その直前の三月一一日に東日本大震災が発生した。そのような状況のなかでも、民法改正事務局は、――法制審議会の会社法制部会の開催が中止されたにもかかわらず――三月二九日の民法部会を開催し、予定どおりにパブリック・コメントを強行しようと試みた。被災地ではパブリック・コメントどころではない状況が続いていたなかでのことである。さすがに、日本弁護士連合会は、三月二二日に法務省にパブリック・コメント実施延期を申し入れ、結果として、民法部会も四月に延期されるとともに、パブリック・コメントの実施も、六月一日から八月一日の二か月間と変更された。

第二回のパブリック・コメントは、平成二五（二〇一三）年の四月一日から約二か月行うことが予定されていた。パブリック・コメントの対象となる『中間試案』は、二月末に民法部会で決定されたが、それが社会に公表されたのは三月一一日であり、パブリック・コメント開始予定日の二〇日前であった。しかし、この短期の期間設定が自らにはねかえり、法務省民事局自身が、「『中間試案の補足説明』の準備作業の遅れのため……延期いたします(67)」といわざるをえない事態に陥ってしまい、結局パブリック・コメントの実施は延期された。ただ、『中間試案の補足説明』が公表された四月一六日当日からパブリック・コメントが開始された。その日、e-ガバメントこそこの補足説明をみることができたが、法務省のホームページには、午後になってから何時間かたっても、まだ補足説明のアップがないという泥縄状況であった。

債権法改正要綱が法制審議会で決定されたのは、本平成二七（二〇一五）年二月二四日のことであった。これが債権法改正法案――正式名称は、「民法の一部を改正する法律案」――として閣議決定され、国会に提出されたのは三月三一日のことであった。その間四〇日たらずである。

あらゆることが短期間のうちにとりおこなわれてきている。行政が緊急案件についてここまでスピーディーに対応するのであれば、賞賛されてよい。しかし、わが国を代表する企業で長らく法務を担当し、法制審議会委員を務める佐久間総一郎氏は、今回の債権法改正にかんし、「緊急立法をする必要がない」[68]といい、著者の見方を裏付けている。では、なぜ債権法改正事務局はかくも急ぐのか。自分自身で必要な文書作成ができないほどのスケジュールを、なぜ設定するのか。

著者は、これを法務省民事局ないし債権法改正事務局の社会に対する〝口封じ作戦〟であると理解している。一方で、債権法改正にかんする膨大な紙爆弾ともいえるような資料を提供し、他方で、それを熟読できないような期間設定のもとにパブリック・コメントや国会審議を行うとすれば、多くの者は発言不能の状況に陥る。

著者自身は民法研究者でもあり、債権法改正に部外者ながら一定の責任を感じているので、債権法改正がらみの仕事を最優先にしてきた。第一回のパブリック・コメントにさいしては、『民法（債権法）改正──民法典はどこにいくのか』[69]と題する書物を著わし意見表明を行ったし、第二回のパブリック・コメントにさいしては、「民法（債権法）改正の『中間試案』」[70]という二回連載の雑誌論稿を公表した。また、今回の債権法改正法案については、本書を執筆し、世に意見を問いたいと考えている。しかし、債権法改正関係の仕事を最優先にしてきても、二回行われたパブリック・コメントが当初の予定どおりになされたとしたら、著者の意見表明はパブリック・コメントには間に合わなかったであろう。また、法制審議会が採択した債権法改正要綱に対して意見表明をしようとした著者の試みは、本書の「前文　幻の書簡」に記したように、時間切れで失敗に終わった。意見表明が法案の与党審査に間に合わなかったという意味では、法務省民事局は〝雑音封じ〟に成功したのである。さらに、今回の国会に債権法改正法案が提出された後、国会では取調べの可視化や司法取引を導入する刑事訴訟法の改正案が債権法改正法案より先に審議されているが、そうでなかったら、本書も債権法改正法案の国会審議に間に合わなかったと思われる。

多くの民法研究者が、今回の債権法改正の問題には大きな関心を抱いてはいるが、過去のパブリック・コメントや今回の国会審議に間に合うように意見表明をすることができた者は、例外的である。その結果、パブリック・コメントに意見を提出する人たちは、他の者の意見を参照することができずに意見を提出したことになる。また、意見提出を断念した者も少なくなかったのではないかと思われる。

近いうちに債権法改正法案についての国会審議が開始されるであろう。この問題に関心を寄せ、あるいは懸念を抱く国会議員の方々も少なくない。そのような方は、多くの研究者の意見、また、法曹実務、経済界、労働団体、消費者団体の意見に耳を傾けたうえで、この法案が社会にどのような影響を与えるか、熟慮したうえで政治家としての意見を形成すべきだと考えるのが通常ではないかと思われる。良心的な政治家であれば、当然の態度である。しかし、それはかなわないまま、国会審議がなされようとしている。国会でじゅうぶんな審議がなされないことは、民主主義がじゅうぶんに機能しないことを意味する。

また、本書を執筆している著者としても、本来であれば、多くの方々との意見交換をしたうえで、自分のあるべき見解を形成したい。

このような思いを打ち砕くのが、法務省民事局ないし債権法改正事務局が設定しているタイム・スケジュールなのである。パブリック・コメントや法案提出にあたって、法務省民事局が〝議論封じ〟ともいうべき反民主主義的と評すべき態度をとってきたこと、また、現在とっていることを、どのように自己評価するのであろうか。法務省民事局が今回の債権法改正を通じて一貫して終始示している「由らしむべし知らしむべからず」の官僚精神が、日本民法典の劣化を招くことがないことを祈るばかりである。

九 結語

本章では、今回の債権法改正の経緯をたどりながら、いくつかの手続的・実体的な問題を検討してきた。そのうち、すでに問題点が解消した消費者契約法を民法典に取り込もうとする動き、民法の体系変更の試み等は、過去の問題といえるし、条文の詳細化・多条文化も一部の規定ないし規定群についてのみの問題となったといえるであろう。

ただ、今回の法務省民事局の債権法改正の目的を、裁判官出身者からなるキャリア官僚の実務組と学者から法務省に転じた者とに分けて考えた場合、現在の状況はかなり奇妙である。キャリア官僚の実務組は、消費者契約法の取り込みに失敗し、債権法改正着手当時にはまったく念頭においていなかった問題を国会に提出した債権法改正の「改正理由」としてあげている。この「後付けの改正理由」は、彼らの本来の目的ではありえない。そうだとすれば、現在、キャリア官僚が追求している「債権法改正法案」は、九年にわたって国費と人材を投入してきたことのつじつま合わせをするための〝アリバイ立法〟なのではあるまいか。アリバイが立ちさえすれば、〝立法に失敗した〟といわれることも回避でき、「官僚としての面子」も立つこととなる。

しかし、社会的に害がある改正は論外として、毒にも薬にもならない改正をしたとしても、民法の文言が変われば、社会がそれに対応するためのコストはかかるのである。この九年間に、国費のみならず、さまざまな分野において民法と関係する者たちが社会的に投じてきたコストには膨大なものがある。それに加えて、実質的には失敗した法務省民事局の「官僚の面子」を救うために、社会的コストの追加払いをする必要があるのだろうか。

また、――「カモフラージュのための改正理由」の影で――学者から法務省に転じた者が追求している欧米に倣った民法改正は、本書でこれまでに論じてきた社会的に害がある改正も多いが、それは論外として除いてみても、多くの改正提案は、日本社会には意味がないが、欧米と同一になったという学者の比較法的趣味をかなえるためのものにすぎない。「九　結語」の冒頭に述べたように、現在では、債権法改正の当初の段階に存在してきた大問題の多くのものは解消したし、残ってはいても部分的問題となっている。しかし、法制審議会・民法部会の冒頭で検討された「債務不履行の責任等　契約の解除　危険負担」等の履行障害法の問題は、決着済みともいえない状況にある。これを、〝債務不履行責任につきましては、「帰責事由」の文言は残ってしまいましたが、それでも、アメリカ法と同様「無過失責任」と解釈できる余地も残しました〟というような、学者の比較法的趣味を満足させるために、今後、多大な社会的コストをかけていく意味がはたしてあるのだろうか。

われわれは、ここで立ち止まって考えてみなければならない。今回の債権法改正は、いったいなんだったのだろうか。かつて、昭和六三(一九八八)年の予算編成にさいし、大蔵省の主計官が、「戦艦大和・武蔵の建造、伊勢湾干拓、青函トンネルの建設」を「昭和の三大バカ査定」であると評しつつ、整備新幹線計画に反対して、物議をかもしたことがあった。将来、「平成の三大バカ査定」という文言をもちだすような主計官が財務省に現れるか否かは定かでないが、かりに現れるとしたら、その中の一つに、今回の債権法改正に付けた予算をあげていただきたいと思う。もちろん、予算額としては、戦艦大和その他の昭和期の諸事業とは比ぶべくもないことは承知のうえである。今回の改正作業が、予算額としては小さな事業であるとしても、結果として、民法という社会の基盤となる基本法の体系――民商法という私法体系、そして、私的自治を一つの中核として民法という小宇宙を形作っている体系――を崩す方向のものとなってしまっただけに、これが実現してしまったときの社会的コストには実に大きなものがある。教育体制の崩壊が明日の日本の崩壊を導きかねないのと同様、民法や私法体系の崩壊は日本社会の運営体制の崩壊を導きかねないのである。法務省民事局の権限・人員体制、また、一人の法学者の学理的な興味という小さな利害を超えた、日本社会全体の命運と関係する法制度の改変が、今、問題となっている。これからの国会の審議によって、債権法改正にともなう社会の損失が、これまでに投じられた予算額の範囲等にとどまり、将来の日本社会の損失にまで広がらないことを願うこと、切である。

本章では、この九年間の債権法改正の歴史から、今回の改正の意味を考えた。次の第一二章では、再度、債権法改正の内容に立ち戻って、今回の改正の意味を考えることにしたい。

(1) http://www.moj.go.jp/MINJI/minji99.html

(2) 角紀代恵「債権法改正の必要性を問う――『契約ルールの世界的・地理的統一化』への批判を中心に」法律時報八二巻二号（平成二二年）七四頁。

(3) 角紀代恵発言「座談会：債権法改正と日本民法の将来――四月のパブコメ実施を前にして」法律時報八三巻四号（平成二三年）六九頁。

(4) 池田真朗「民法（債権法）改正のプロセスと法制審議会部会への提言――債権譲渡関係規定による例証とともに」法律時報八二巻三号（平成二二年）八八頁。

(5) 法的には、消費者契約法は法務省と消費者庁の共同所管の法律ではあるが、窓口は消費者庁消費者制度課となっているので、実質的権限は消費者庁にあるといってよい。

(6)　民法（債権法）改正検討委員会第八回全体会議（平成二〇年一一月三日）配付資料①（http://www.shojihomu.or.jp/saikenhou/shingiroku/shiryou0801.pdf）。

(7)　民法（債権法）改正検討委員会第八回全体会議（平成二〇年一一月三日）議事録二七頁、三二頁（http://www.shojihomu.or.jp/saikenhou/shingiroku/gijiroku008.pdf）。

(8)　本章においては、関係者の肩書きを執筆時点にそくしてではなく、叙述対象となった問題の時期にそくして記している。したがって、現在の法務省民事局元参与が法務省民事局参与、あるいは現在の民事法制管理官が法務省民事局参事官として叙述されることも多いことをお断りしておきたい。

(9)　内田貴発言「第二回大会シンポジウム『民法改正と消費者法』ディスカッション」消費者法第二号（平成二二年）四〇頁以下。

(10)　筒井健夫「民法（財産法）関係の動向」ＮＢＬ八四八号（平成一九年）三一頁。

(11)　民法（債権法）改正検討委員会編『債権法改正の基本方針』別冊ＮＢＬ一二六号（平成二一年）一八頁。

(12)　以上、前注引用『債権法改正の基本方針』六頁、七頁。

(13)　規制改革会議第一二回議事録：規制改革会議第一二回法務・資格ＴＦ（平成二〇年一〇月三日）（議題：債権法（民法）改正の検討状況等について）議事録三頁（http://www8.cao.go.jp/kisei-kaikaku/minutes/wg/2008/1003_04/summary1003.pdf）。

(14)　規制改革会議第一回議事録：規制改革会議横断的制度ＷＧ第一回基本ルールＴＦ（平成一九年四月六日）（議題一：民法改正の検討状況について（法務省ヒアリング））議事録三頁（http://www8.cao.go.jp/kisei-kaikaku/minutes/wg/2007/0406/summary0406.pdf）。

(15)　「民事立法の動向」登記研究七三一号（平成二一年）一二二頁。

(16)　民法（債権法）改正検討委員会第九回全体会議（平成二〇年一一月一五日）議事録二頁（http://www.shojihomu.or.jp/saikenhou/shingiroku/gijiroku009.pdf）。

(17)　民法（債権法）改正検討委員会編『シンポジウム「債権法改正の基本方針」』別冊ＮＢＬ一二七号（平成二一年）六頁。

(18)　法制審議会民法（債権関係）部会第一回会議（平成二一年一一月二四日）三頁（http://www.moj.go.jp/shingi1/shingi_091124-1.html）、第二回会議（平成二一年一二月二二日）議事録二〇頁（http://www.moj.go.jp/shingi1/091222-2.html）。

(19)　注(14)引用・規制改革会議第一回議事録一一頁。

(20)　鎌田薫発言・注(17)引用『シンポジウム「債権法改正の基本方針」』別冊ＮＢＬ一二七号一一九頁。

(21)　安永正昭発言・注(17)引用『シンポジウム「債権法改正の基本方針」』別冊ＮＢＬ一二七号四頁。

(22)　鎌田薫発言・注(17)引用書一一九頁。

(23) 法制審議会民法（債権関係）部会第二〇回会議（平成二二年一二月一四日）部会資料20—1　民法（債権関係）の改正に関する検討事項（15）一頁（http://www.moj.go.jp/content/000059679.pdf）。
(24) 内田貴「いまなぜ『債権法改正』か？　下」NBL八七二号（平成二〇年）七五頁。
(25) 商事法務編『民法（債権関係）の改正に関する中間的な論点整理の補足説明』（平成二三年）四九三頁。
(26) 加藤雅信『民法（債権法）改正――民法典はどこにいくのか』（日本評論社、平成二三年）。
(27) ただ、『中間試案』の段階では、項目としては消滅したものの、ごく例外的に「消費者契約」という文言は残っている個所が存在した（商事法務編『民法（債権関係）の改正に関する中間試案の補足説明』〔平成二五年〕三三二頁等）。
(28) 注（14）引用・規制改革会議第一回議事録一頁以下。
(29) 遠藤賢治＝加藤雅信＝大原寛史「インタビュー調査報告書：債権法改正――元裁判官は、こう考える」名古屋学院大学論集社会科学篇五〇巻三号（平成二六年）一二八頁。
(30) 民法（債権法）改正検討委員会第一回全体会議（平成一八年一二月二六日）議事録二四頁、二六頁等（http://www.shojihomu.or.jp/saikenhou/shingiroku/gijiroku001.pdf）。
(31) 注（18）引用・法制審議会民法（債権関係）部会第一回会議、第二回会議議事録参照。
(32) 法制審議会民法（債権関係）部会第二回会議（平成二一年一二月二二日）部会資料　4「民法（債権関係）部会における今後の審議の進め方について」別紙1（http://www.moj.go.jp/content/000023308.pdf）。
(33) 法制審議会民法（債権関係）部会第二〇回会議（平成二二年一二月一四日）議事概要（http://www.moj.go.jp/shingi1/shingi04900058.html）。
(34) 内田貴「いまなぜ『債権法改正』か？（下）」NBL八七二号（平成二〇年）八〇頁。
(35) ミシェル・グリマルディ＝片山直也訳「二一世紀におけるフランス法の使命――グローバリゼーションに対峙する大陸法」ジュリスト一三七五号（平成二一年）九一頁以下。
(36) ジェラルド・マクリン「ウィーン売買条約等の国際取引法は、国内民法の改正に影響を与えるべきなのか」法律時報八四巻五号（平成二四年）一三〇頁。
(37) 以上、遠藤賢治＝加藤雅信＝大原寛史「インタビュー調査報告書：債権法改正――元裁判官は、こう考える」名古屋学院大学論集社会科学篇五〇巻三号（平成二六年）一二七頁以下。
(38) 弁護士の声を民法改正に反映させる会・事務局「民法（債権法）改正――全国・弁護士一九〇〇人の声」法律時報八五巻三号（平

成二五年）七三頁。
(39) 注(6)引用・第八回全体会議（平成二〇年一一月一五日）配付資料⑤（http://www.shojihomu.or.jp/saikenhou/shingiroku/shiryou0805.pdf）。
(40) 前注引用第八回全体会議・配付資料①（http://www.shojihomu.or.jp/saikenhou/shingiroku/shiryou0801.pdf）。
(41) 注(11)引用・『債権法改正の基本方針』七頁。
(42) 体系論としては、次のことを付言しておくべきかもしれない。本文に紹介した体系変更案を全体会議に提案した者は、提案に続いて、次のような発言もしている。
「今回の債権法改正におきまして、法律行為に関する規定の多くが債権編に移される。時効に関する規定が、物権編と債権編に二分される。本日は申しませんでしたが、期間に関する規定は、法の適用に関する通則法へ移すというようなことも考えられておりますが、このようなことが行われますと、実質的な規定として総則編に残るのは人に関する規定だけではないかということにもなってまいります。そうなりますと、総則編を廃止して、『人編』を置くというような方向性も出てくるかもしれません。確かに人に関する規定は、民法典において重要な位置を占めてしかるべきだろうと思いますし、親族編との関係も再考されてよいだろうと思います」（注(7)引用・第八回全体会議議事録一三頁以下）。

要するに、この説明をみればわかるように、この日の体系変更提案は、現在のパンデクテン体系から「人・物・行為」というフランス法型の編成への変更をも内心睨んだ、改正提案という性格も秘めたものであった。
(43) 注(7)引用・第八回全体会議議事録三一頁。
(44) 以上、注(7)引用・第八回全体会議議事録八七頁。
(45) 民法（債権法）改正検討委員会第九回全体会議（平成二〇年一一月一五日）議事録五五頁以下（http://www.moj.go.jp/content/000048744.pdf）。
(46) 内閣府規制改革会議・創業・ＩＴ等ワーキング・グループ第二七回（平成二六年七月二三日）議事概要一六頁（http://www8.cao.go.jp/kisei-kaikaku/kaigi/meeting/2013/wg3/sogyo/140723/summary0723.pdf）。
(47) 法制審議会民法（債権関係）部会第二回会議（平成二一年一二月二二日）部会資料４・一頁（http://www.moj.go.jp/content/000023308.pdf）。
(48) 以上、前注引用・法制審議会民法（債権関係）部会第二回会議議事録二一頁以下（http://www.moj.go.jp/content/000047175.pdf）。
(49) 法制審議会民法（債権関係）部会第二〇回会議（平成二二年一二月一四日）部会資料20－1・三頁（http://www.moj.go.jp/content

/00059679.pdf）。

(50) 前注引用・法制審議会民法（債権関係）部会第二〇回会議議事録五二頁（http://www.moj.go.jp/content/000064611.pdf）。

(51) 注(25)引用・『民法（債権関係）の改正に関する中間的な論点整理の補足説明』二二五頁以下。

(52) 注(27)引用・『民法（債権関係）の改正に関する中間試案の補足説明』一頁。

(53) 法制審議会民法（債権関係）部会第七二回会議（平成二五年五月二八日）部会資料61（http://www.moj.go.jp/content/000111371.pdf）。

(54) 以上、前注引用・法制審議会民法（債権関係）部会第七二回会議議事録三頁以下（http://www.moj.go.jp/content/000114934.pdf）。

(55) 注(7)引用・第八全体会議議事録一八頁。

(56) 前注引用議事録三九頁。

(57) 第一東京弁護士会・司法制度委員会「民法（債権法）改正に関する勉強会」（平成二〇年一〇月二九日）における発言（第一東京弁護士会会報平成二〇年一二月一日四二九号三頁）。

(58) 民法（債権法）改正検討委員会第一三回全体会議（平成二一年一月一七日）議事録一三三頁（http://www.shojihomu.or.jp/saikenhou/shingiroku/gijiroku013.pdf）。

(59) 注(47)引用・法制審議会民法（債権関係）部会第二回会議議事録四六頁。

(60) 注(49)引用・法制審議会民法（債権関係）部会第二〇回会議議事録五三頁（http://www.moj.go.jp/content/000064611.pdf）。

(61) 弁護士の声を民法改正に反映させる会・事務局「民法（債権法）改正―全国・弁護士二〇〇〇人の声：債権法改正に、反対一四六八名、賛成一九〇名」（minpoukaisei.cocolog-nifty.com/blog/files/110.docx）。

(62) 以上、遠藤＝加藤＝大原・注(37)引用「インタビュー調査報告書：債権法改正――元裁判官は、こう考える」名古屋学院大学論集社会科学篇五〇巻三号一三七頁以下。

(63) 本書一一頁注(1)参照。

(64) 注(11)引用『債権法改正の基本方針』一三六頁、一四四頁以下と注(27)引用の『中間試案の補足説明』一一〇頁、一三二頁の提案ないし提案条文案を対比されたい。

(65) 注(57)引用文献参照。

(66) 注(47)引用・法制審議会民法（債権関係）部会第二回会議議事録二〇頁（http://www.moj.go.jp/content/000047175.pdf）。

(67) http://www.moj.go.jp/shingi1/shingi04900184.html

(68) 注(46)引用・規制改革会議議事録一一頁。
(69) 加藤・注(26)引用書。
(70) 加藤雅信「民法改正の『中間試案』上・下」法律時報八五巻四号七七頁以下、八五巻五号（以上、平成二五年）九一頁以下。

第一二章　債権法改正法案の最終評価

一　改正対象の選択の仕方に問題はないのか

さきの第一〇章の末尾を、「債権法改正法案の『提案部分』についてのコメントを終える」という言葉で結んだ。その理由は、今回の債権法改正法案には、改正が提案されていない条文が多数存在し、改正をしないことの妥当性、正当性についても検討する必要があるからである。

実は、今回の債権法改正は、日本社会の必要性、あるいは日本民法典に内在している問題点に着眼して改正点を選択したのではなかった。今回の改正を推進した法務省民事局元参与のいうところをみると、「世界に民法のモデルを提供してきたヨーロッパの債権法（より正確にいえば契約法）が大きく組み変わろうとしている(1)」ことを理由に、「債権法改正」が開始された。この言葉は、本の副題を「『債権法改正の基本方針』の概要」とする書物のなかのものである。

ヨーロッパの流れに触発されて、民法（債権法）改正検討委員会で債権法等の改正が検討され、『債権法改正の基本方針』が公表された。その公表から半年後、法務大臣が法制審議会に対して次のような諮問を発した。「社会・経済の変化への対応を図り、国民一般に分かりやすいものにする等の観点から、国民の日常生活や経済活動にかかわりの深い契約に関する規定を中心に見直しを行う必要がある(2)」。

財産法の分野に限ってみても、「社会・経済の変化への対応を図」る必要がもっともあるのは、おそらく「永小作権」であろうし、「国民一般に分かりやすいもの」からもっとも遠いのは「担保物権法」であり、「国民の日常生活や経済活動にかかわりの深い」もので「見直しを行う必要」がもっとも強いものは、おそらく人身被害や消費者被害をめぐる「不法行為法」であろう。

このような状況のもとで、さきの諮問文は、日本の法務大臣が民法改正を諮問するのに、「ヨーロッパの債権法（より正確にいえば契約法）が大きく組み変わろうとしている」ことを理由にするわけにもいかないのでもっともらしい枕詞を並べたものにすぎない。こうはいっても、当時の法務大臣を責めるつもりはまったくない。この諮問文を起案したのが法務省民事局の債権法改正事務局であることは、行政の常道を知っている者ならば誰でもわかることである。法務省民事局元参与を含む債権法改正事務局は、「契約に関する規定を中心に見直しを行う必要がある」ことを諮問してもらうことを目的に、もっともらしい作文をしたにすぎない。

著者自身、民法（債権法）改正検討委員会に加わっており、『債権法改正の基本方針』の策定過程をつぶさにみてきた。委員会では、欧米のものまね志向のにおいがぷんぷんとする改正原案に異を唱え続けてきたので、原案の内容も、その前提となる論点も、欧米で「大きく組み変わろうとしている」から選び取られていることはよく理解していた。なにせ、このことを、法務省民事局元参与自身が次のように講演会で明言しているのである。「今回の民法改正は、これまでの法務省が手がけてきた法改正とは全く性格が異なる……経済界や世論からの不備の指摘に応えて行う立法ではなく、法務省が率先して改正に向けての検討を開始したところに特徴がある」。「改正の対象を債権法としたのは、時間的制約の下で全部の改正が無理であること、民法典制定から今日まで改正されていないこと、世界的な改正の動きがあることが理由」であるとして、世界的な動きを理由にあげている。(3)

そのようななかで、債権法改正法案は、改正の方向にかんして昨平成二六（二〇一四）年八月に大きな方針転換を行った。ただ、この方針転換が最後の段階で行われたので、それ以前から検討されてきた論点について、方向性を——変えることができるものについてのみ——変えざるをえなかった。結果として、改正論点の選択は、欧米で論じられているものをとりあげるという方針を前提としたままで、今回の債権法改正法案が作成されてきたのである。結局のところ、とりあげられなかった論点が、わが国で改正の必要があるか否かについては、一度も検討されることはなかった。

このような今回の改正を、民事裁判の中枢を担ってきた裁判官経験者らがどのように評価しているのかを次にみてみよう。

「民法を改正する必要があるのか、あるとすれば、どこかといった、大所に立った法改正の要否を考えれば、今回の改正案のような部分的な改正以外にも、改正すべき箇所があるのではないか。ご都合主義といいたくなってしまう。改正にあたる当局の好きな部分だけ改正するというのでは、国民の支持をえられないはずであるが、それにもかかわらず、そのような部分改正が債権法改正という大義のもとに進められていることにこそ問題があるのではないか」。「比較法も大事であるかもしれないが、最終的には、日本の実情にあわせた改正が必要だと思われる」。「今度の債権法改正の全体的評価としては、次の二つの問題がある。第一は、改正内容全体が、実務家および実業界のニーズをとらえたものではないという問題、第二は、改正手続自体に適正手続がとられていないという問題である」。「民法がこのままでは、ばらばらになってしまう。国民や実務家に訴えるような内容の改正とはいえない。『本当に、国民のための改正ですか？』と問い直したい[4]」。

このような評価がこれまでの民事裁判の中枢を担ってきた裁判官経験者にひろくみられるのであれば、日本社会の需要にもとづき、日本民法そのものにそくして内在的に改正点を考えた案を基軸として、債権法改正法案の内容を検討してみる必要があるであろう。そのために執筆したのが本書第四部第一三章の比較対照表である。そこでは、国民有志案ないしそれを改良した修正案の改正条文と、債権法改正法案の条文とを、現行民法の条文をふまえながら、具体的に対比する作業を行っている。どこが改正され、どこが改正されなかったのか、改正されなかったことにつき、正当性があるかないか、この点を考えるための準備作業として、この比較対照表をご覧いただければと考えている。

その表をみると、国民有志案（また、その修正案）が現行民法をほぼ全面的に――担保物権法の改正提案がまだなされていないという問題を別にして――行っているのに対し、債権法改正法案が飛び飛びの改正提案を行っていることがわかる。もちろん、改正点が多いことがいいというわけではない。ながらく民事法の改正に携わってきた法務省元民事局長が、ドイツの民法学者が民法改正との関係で引用した「『壊れていないものを修理するな』という格言は、私は、実務家として、あるいはかつての立法担当者として、正直に言って大変共感を覚えます[5]」との発言を行っていることを忘れるべきではない。不必要な改正は有害である。

しかし、このことを前提としても、債権法改正法案の空白条項は、改正の必要がないから改正提案をしていないのではなく、現在欧米で問題となっていないから改正しようとしていないのだ、という問題を忘れてはならない。

たとえば、小さい問題ではあるが、現行民法四一一条は選択債権の効力にかんする規定であり、①選択の効果の遡及効と、②遡及効による第三者の権利の不可侵の二点を定めている。しかし、②を定めたただし書は、物権の優劣は公示によって決定されるので、適用されることがない、というのが従来からの通説的な見解であった。[6] 債権法改正事務局もこのことに気づいてはいたが、当初からこの問題を重視していなかったようであり、[7] 結局、この規定は改正されないままに終わっている。[8] しかも、この問題の検討過程においても、わが国の議論に対する具体的な言及はないのに対し、ヨーロッパ契約法原則（ＰＥＣＬ）には注目しており、「選択権の移転に関するＰＥＣＬの考え方……は検討に値する」[9] と述べられているのである。債権法改正事務局の目は、日本社会、現行民法それ自体より、ヨーロッパの動向に向けられているのであり、債権法改正にあたっての事務局の倒錯した姿勢がここにもみられる。その結果、本書四七七頁に紹介したように、現行民法四一一条ただし書は、国民有志案およびその修正案原案では削除されているのに、債権法改正法案では「改正せず」という結果となったのである。

この問題を離れて一般的にみても、今回の債権法改正を推進した学者出身の債権法改正事務局にとっては、「西洋法への日本民法の同調」（それに加えて、自己の学説である「関係的契約理論」の日本民法への導入）が主たる関心事であった。その結果、ウィーン売買条約やヨーロッパ契約法原則（ＰＥＣＬ）等は視野に入ってきても、日本の判例法独特の――かつ、判例法理としては重大な意義をもつ、前述した――「外観法理」や「安全配慮義務」等を債権法改正にさいして民法に規定する等のことは、関心事にはならなかった。債権法改正事務局は、判例等の「条文の外に形成されている重要で基本的なルールを適切に条文化していくことを通じてルールが見えるように」していく必要があること等を外部に[10]向かって標榜してきた。しかし、実際には、「西洋法への日本民法の同調」その他が〝内に秘めたる目的〟であった債権法改正事務局にとっては、それは、政治家、マスコミ、ひいては日本国民を自分たちの側に引きつけておくための

——国民を愚弄した話であり、こういうのは残念ではあるが——いわば、〝ウソも方便〟だったように思われる。その証左が、「外観法理」や「安全配慮義務」等の「条文の外に形成されている重要で基本的なルールを適切に条文化していくことを通じてルールが見えるように」していこうとはしない、今回の債権法改正法案に如実に現れているというべきであろう。

このように「西洋法への日本民法の同調」という学者の比較法的な夢と自己の学説を民法化するという夢とを追いながら、日本社会のための民法改正だと言い募りつつ開始された今回の債権法改正は、最初から「ボタンの掛け違えから始まった民法改正」でしかなかった。壮大な時間とエネルギーが、このボタンの掛け違えとそれを外部に隠すための双方の作業に費やされてきた。しかし、ある裁判官経験者がいう、「民法を改正する必要があるのか、あるとすれば、どこかといった、大所に立った法改正の要否を考えれば、今回の改正案のような部分的な改正以外にも、改正すべき箇所があるのではないか。ご都合主義といいたくなってしまう。改正にあたる当局の好きな部分だけ改正するというのでは、国民の支持をえられないはずであるが、それにもかかわらず、そのような部分改正が債権法改正という大義のもとに進められていることにこそ問題があるのではないか」との言葉に加え、別の裁判官経験者は次のようにいう。「比較法に関心のある学者による改正となってしまっており、所詮、他国の真似事でしかない。このような他国の真似をした民法典が、そのまま日本で通用するわけがない(11)」。日本法を熟知した裁判官経験者が語るこれらの言葉が、今回の債権法改正の実体を喝破しているように思われる。

二　方向転換後に残されたもの——改正の問題点は、払拭されたのか

昨年夏に、改正方向の大転換が行われたことは高く評価するし、そのために努力された関係各位には深い敬意を払いたいと考えている。しかし、急転回では是正しきれなかった問題その他、債権法改正法案が示すような改正をしてはならない点は、第二章、第七章、第八章、第一〇章で論じたように相当数残っている。なにせ、今回の債権法改正法案の

内容は、改正を中心となって推進した法務省民事局元参与の弟子でさえも、今回の債権法改正における「契約の趣旨」の文言が、「契約法における諸制度をその基盤から瓦解させてしまう結果にもなりかねない」[12]ことを懸念したものなのである。この「契約の趣旨」の文言は債権法改正法案では変更されているが、この文言変更が、「『契約の趣旨に照らして定まる』から『契約及び取引上の社会通念に照らして定まる』に変更されることになるが、規律の内容を変更する趣旨ではない」[13]ことが民法部会において明言されている。そうであるならば、このような文言が用いられている債権法改正法案の内容については、さきの〝契約法の諸制度の基盤からの瓦解〟を引き起こす可能性を考えなければならない。そこで、債権法改正法案において「契約の趣旨」の後継文言である「取引上の社会通念」等の文言が用いられている提案がどの箇所かをみてみることにしよう。この文言は九か所で出てくるが、それは、要綱の「第三　意思表示」、「第八　債権の目的」、「第一〇　履行請求権等」、「第一一　債務不履行による損害賠償」、「第一二　契約の解除」、「第二三　弁済」（三か所）、「第二八　約款」であった。

では、中間試案で「契約の趣旨」の文言が用いられていたのは五二か所であり、債権法改正法案でその後継文言が用いられるのが九か所に減ったことをもって、「契約内容が……融通無碍に導かれる」可能性、「契約法における諸制度をその基盤から瓦解させてしまう結果」[14]となる可能性が減じたと考えてよいのだろうか。

民法部会委員が著わした近時の著書のなかには、債権法改正法案の債務不履行の箇所にある、帰責事由に相当する文言に付せられた「『契約その他の当該債務の発生原因及び取引上の社会通念に照らして』という修飾語」について、次のような解説が付せられている。「ちなみに、債権法改正法案仮案では、このただし書以外にも『責めに帰すべき事由』『責めに帰することのできない事由』という概念が随所で用いられているが、それらの箇所では上記の修飾語が付けられていない。これは、この箇所で修飾語を付けておけば、他の箇所でも同様に解釈されることになるとの判断によるものである」[15]。このような見解が民法部会の委員全員の間に共有されているのか否かには問題があるとしても、委員の一部からこのような見解が示されているとすれば、『中間試案』の段階で「契約の趣旨」の文言が付され、かつ、債権法改正法案からはその後継文言がなくなった部分についても、「契約内容が……融通無碍に導かれる」可能性、「契約法における諸制度をその基盤から瓦解させてしまう結果」となる可能性を考えなくてはならないことになる。債権法改正法案のどこにこのような問題が存在するのか、さきに示した九か所とともにあげると、要綱の以下の箇所が問題となる（なお、中間試案では「契約の趣旨」という文言が存在した項目で、債権法改正法案には論点として受け継がれなかったものもあるので、債権法改正法案にこの五二か所がすべて残っているわけではないし、一つの項目に複数回この文言が使われていた例もあることに留意されたい）。

「第三　意思表示」、「第八　債権の目的」、「第一〇　履行請求権等」、「第一一　債務不履行による損害賠償」、「第一二　契約の解除」、「第二三　弁済」、「第二八　約款」、「第三〇　売買」、「第三二　消費貸借」、「第三三　賃貸借」、「第三四　使用貸借」、「第三五　請負」、「第三六　委任」、「第三七　雇用」。

本書第七章第二節では、債務不履行を中心に検討し、またそこでの過失責任主義・無過失責任主義と直接関係する危険負担・解除・瑕疵担保責任等の規定の在り方についてのみ言及した。しかし、以上の検討から、「契約の趣旨」とその後継文言の影響は、昨年夏の大転換の後にも、広範に債権法改正法案に影響を与えていることが分かるであろう。

三　債権法改正の底流をなす思想の問題性

以上、法律学の枠内で問題を論じてきたが、問題は法解釈学的な次元だけにとどまらないように思われる。多少、話の次元が大きすぎるきらいもあるが、この議論のもつ——ひいては、今回の債権法改正のもつ——イデオロギー的な意味も考える必要があると思われる。

法務省民事局元参与が、「関係的契約理論」を主唱し、それを「契約の趣旨」あるいは「取引上の社会通念」の文言を用いながら改正民法に導入しようとしたさい、本書で以下に論ずるようなこの概念のもつイデオロギー的意義を認識していたとは著者自身も思っていない。おそらく、当人は、この点については無自覚的に、単に法理論の問題であると考えていただけであったと推測している。そうではあっても、以下の問題は、国民も、改正にあたる政治家の方々も、一考したうえで、今後の方向性を決定したほうがよいように思われる。

話がとぶことになるが、一時期、日本でも唱えられていた国家社会主義は、マクロ次元での国家の中央集権的決定が、ミクロ次元での当事者間の私的自己決定の集積が社会全体を動かしていくという自由主義的な考え方よりも社会運営上優位にある、と考える者たちの思想であった。ここには、権力を握った官僚が、国家のすみずみまでを見通せるという、一種のエリート信仰がある。

本書が問題と考えている「関係的契約理論」は、基本的に裁判規範の次元の理論であって、国家社会主義が前提としている、マクロ次元での国家的、行政権力的決定を追求しているものではない。司法権の発動は、当然、目前の個別事件にそくしてしか行われないので、国家社会主義的なマクロ次元での決定からは遠いところにある。しかしながら、合意にもとづく契約関係が市民間の私的自治の発露であるところ、その上位規範としての社会関係――「取引上の社会通念」という文言が体現しているような社会規範――によって、その私的自治を上から規律していこうとするのが、この「関係的契約理論」なのである。要するに、裁判官という司法エリートに、合意という市民的決定に対する介入を認め、市民の私的自治に対する司法エリートの判断の優位を確立したいという、ある意味で学者らしくはあるが、素朴なエリーティズムがこの理論には見え隠れしている。今回の「取引上の社会通念」を合意の上位におく提言は、中国ではないが、〝法治〟から〝人治〟への司法の転換をもたらす側面をもつものなのである。これを法の劣化といわずして何といえようか。

国家社会主義が市民の私的自己決定の上位に国家的・行政的決定を置くのに似て、「関係的契約理論」は、市民の私的自己決定の上位に司法的決定を置こうとするものである。両者はともに、市民の私的自己決定の集積体としての自由社会の――アダムスミス的な、見えざる手による――全体調和ではなく、行政エリートか司法エリートかの違いはあっても、エリート主導型の社会運営に信を置く発想である。著者自身は、決してイデオロギー性の強い人間ではないが、それでもリベラリストとしての原感覚は大切にして生きてきたところであり、このように市民による私的自治を軽視し、司法エリーティズムを法制化し、上からの決定を市民に押しつけるような法改正には、強く反対したいと考えている。

一部の学者の趣向にもとづく——そして、「契約法……をその基盤から瓦解させてしまう」という懸念がもたれているような——司法の市民的決定に対する介入を許すという司法エリーティズムを体現している改正提案が、法務省民事局の手をへて国会に提出された以上、そのような反民主主義的な改正をさせないことが国政をあずかる政治家の責務なのではあるまいか。

四　行政当局の、法改正にあたる姿勢は是正されたのか

今回の債権法改正を一貫して彩ってきた——法務省民事局関係者が原案を作成した最初の改正案を〝学者案〟と言い募ることによって、消費者契約法の所轄を消費者庁から奪還することに始まり、その後も随所に現れてきた——法務省民事局の虚偽体質は、現在でも依然〝健在〟である。

今回の債権法改正法案の提出理由につき、法務省は、「社会経済情勢の変化に鑑み、消滅時効の期間の統一化等の時効に関する規定の整備、法定利率を変動させる規定の新設、保証人の保護を図るための保証債務に関する規定の整備、定型約款に関する規定の新設等を行う必要がある」との説明を行った[16]。

そこでは、今回の改正点の洗い出しが西洋における改正点を倣いつつ行われてきたこと、また、言葉としては語られることなく密かに行われてきた「関係的契約理論」の導入によって、合意による当事者自治に対する裁判官の上からの介入を導入しようとするものであること等は、すべて伏せられたままである。弟子にあたる研究者からも「契約法……をその基盤から瓦解させてしまう」という問題を引き起こすといわれるような点にはすべて口を拭って、債権法改正法案の国会提出理由が語られているのが現実である。前段に紹介した債権法改正法案の改正理由を、著者が「カモフラージュのための改正理由」と評するゆえんである。

今回の債権法改正をめぐって一貫しているのは、実は、昨今の法務省民事局の虚偽体質であった。そして、それを担ってきたのが、裁判官出身者と学者出身者が主導してきた法務官僚であることに思いを馳せると、日本社会の——少なく

とも一部の——精神の荒廃に慄然たる思いを禁じえない。

五　結語——債権法改正法案の是非

第八章、第一〇章では、要綱のあげる四〇項目にそくして改正点を検討したが、そのなかで全体として賛意を示すことができたのは、「法定利率」だけであった。四〇項目のなかには、第二章、第七章で検討した問題以外にも、著者個人が強い反対を示した論点がいくつも存在した。また、それほど強い反対までは述べなかったものの、配慮の足りない改正提案となっていると評価したものも多い。

ただ、四〇項目のなかで部分的に肯定的な評価をした論点も一定数存在した。では、このような論点だけでも、今回の国会で債権法改正として通過させ、新たな改正民法をもつことが、日本の国民にとってプラスなのであろうか。

さきに指摘したように、債権法改正事務局が、当初から改正点として俎上にのせなかった論点は、欧米で論じられていないことが理由であって、日本社会における改正の必要性がなかったからではない。それとともに、当初のボタンの掛け違いを引きずったまま、「民法を改正する必要があるのか、あるとすれば、どこかといった、大所に立った法改正の要否を考えれば、今回の改正案のような部分的な改正以外にも、改正すべき箇所があるのではないか[17]」という問題を検討することなく、「改正にあたる当局の好きな部分だけ」をご都合主義的に選択したうえで、たまたま残っている論点の一部を改正し、〝債権法改正が終わった〟と法務省民事局が考えるとしたら、それまた戦慄させられる事態である。

そのうえもっと肝要なことは、「契約の趣旨」とその後継文言の影響は、いまだ幅広く債権法改正法案に影を落としており、著者が本書で肯定的に評価した論点につきこの点の影響がないのか否かについても徹底的に検討する必要を感じる。そのような作業なしには、「契約内容が……融通無碍に導かれる」可能性、「契約法における諸制度をその基盤から瓦解させてしまう結果」となる可能性を否定できないからである。

そうであるならば、今回の債権法改正については、昨年夏の大転換で方向性としては、前よりよくなったとはいえ、依然、慎重な検討が必要ではないかと考える。総じていえば、昨平成二六年夏の大転換でかつてより大分穏やかになりはしたが、裁判官経験者のいう、「法の改正に慎重さが必要なことは、いうまでもない。これまで民事法系は、必要に応じて適切な改正を行ってきたと思う。少し前に改正された民事訴訟法や破産法の改正は、成功であったと思う。しかし、会社法の改正には疑問が出てきた。民法の法人の章を改正し、一般法人法を制定したのは、立法趣旨からして疑問であるうえに、法律の内容がわかりにくくなっている。今回の債権法改正は、法務省のフライングであるという気がする(18)」という評価は依然として払拭し切れていないと思われる。別の裁判官経験者は、「民法改正に関しては、もう一度仕切り直しをして、じっくり改正に取り組んではどうかという感想をもつ。その際、国民の意見を聴くことが肝要である(19)」と述べたが、今回、無理をして「フライング」の落とし前をつけ、後世に混乱のつけを回すようなことは避けたほうがよい。「『本当に、国民のための改正ですか？』と問い直したい(20)」という声すら裁判官経験者から聞こえてくるのである。

ただ、前述したように、「法定利率」については、改正は日本社会のプラスになる。また、「敷金」の問題は判例を敷衍しただけの独立した問題であり、「契約の趣旨」とその後継文言の影響を顧慮する必要もないと思われる。

六　最終提案

以上の検討をふまえて、最後に、著者としては次の二つの提案を行いたいと考える。

【最終提案一】　今回の債権法改正法案にもとづく改正にはあまりに問題が多いので、提案されている民法改正それ自体を見送る。

【最終提案二】　今回の債権法改正法案にもとづく改正提案のうち、肯定的に評価できる「法定利率」と、他に影響を及ぼすことがない「敷金」の問題の二点だけを改正し、残余の改正は見送る。

著者個人としては、このいずれの途が選択されても、少しも異存はない。

最後に感想めくが、一言述べておきたい。民法が公布された明治二九年から一一九年が、施行された明治三一年から一一七年が経過した。民法典の公布は第二次伊藤内閣のもとで行われたが、その施行は最初の政党内閣のもとで行われた。それは、いわゆる隈板内閣の時期であり、憲政党のうちの旧進歩党系の大隈重信を首班とし、旧自由党系の板垣退助を内務大臣とする体制のもとでの施行であった。それから一世紀以上の間、多くの政党が消長を来たし、また誕生し消滅していくなかで民法典はその生命を保ってきたのである。民法の制定そして大改正を考えたことが、個別の政党の政策を超えた次元の問題である。今回は、行政当局が自己の組織的利害のもとに民法の大改正を考えたことが、混乱の本当の原因であった。そうであるならば、超党派的に、民法という社会の基本法典に関心を抱く政治家の方々に、今回の国会を超えた、長期的な民法の在り方を考えていただく必要を感じる。短期的な政治的利害を超えた本格的な検討が行われるのであれば、民法研究に職業人生を賭けてきた著者も、喜んで協力したいと考えているし、また、そのような姿勢での改正作業であれば行政に対する協力も惜しむものではない。

ただ、政治の世界での検討にしても、あるいは行政の世界での検討にしても、それらを支えることにもなりうる学問の世界で、本格的な民法典の在り方についての正姿勢での検討が続くことが前提である。個人だけでは微力なことはじゅうぶんに分かっているつもりであるが、微力ながら、今後も学問人の一人として、学問共同体のなかで、この正姿勢での検討を続けていきたいと考えている。

（1）　内田貴『債権法の新時代――「債権法改正の基本方針」の概要』（商事法務、平成二一年）三二頁。
（2）　平成二一年一〇月二八日法務大臣諮問第八八号。
（3）　町村泰貴「『債権法改正の論点』―内田貴・法務省参与をお迎えして」（日弁連法務研究財団設立一〇周年記念講演会）（http://www.jlf.or.jp/jlfnews/vol40_2.shtml）。
（4）　引用順に、遠藤賢治＝加藤雅信＝大原寛史「インタビュー調査報告書：債権法改正――元裁判官は、こう考える」名古屋学院大学

論集社会科学篇五〇巻三号（平成二六年）一四一頁、一二八頁、一四四頁、一四五頁。

（5）加藤雅信＝高須順一＝中田裕康＝房村精一＝細川清＝深山雅也「座談会：債権法改正をめぐって――裁判実務の観点から」ジュリスト一三九二号（平成二二年）六五頁。

（6）奥田昌道編『新版　注釈民法（一〇）Ⅰ』（有斐閣、平成一五年）三六七頁以下（山下末人＝安井宏執筆部分）、我妻栄『新訂　債権総論（民法講義Ⅳ）』（岩波書店、昭和三九年）六〇頁以下。

（7）民法（債権法）改正検討委員会編『債権法改正の基本方針』別冊ＮＢＬ一二六号（平成二一年）一二九頁では、「四一一条……は、現状のまま維持するものとする」と記載され、五冊本の『詳解』において、「選択債権に関する規定は原則として維持してよい。……まったく（あるいはほとんど）意味がないといわれている現民法四一一条ただし書に関しては、これを削除することも考えられる」と述べられているにとどまっていた（民法（債権法）改正検討委員会編『詳解　債権法改正の基本方針Ⅱ』〔商事法務、平成二一年〕一八三頁）。

（8）中間的な論点整理の段階では、「選択の遡及効の制限を定める民法第四一一条ただし書は、適用される場面がなく、削除すべきであるという考え方の当否についても、更に検討してはどうか」という記述があった（『民法（債権関係）の改正に関する中間的な論点整理の補足説明』〔商事法務、平成二三年〕一七頁）。しかし、中間試案の段階では、〝四一一条の規律を維持する〟という方針となり（『民法（債権関係）の改正に関する中間試案の補足説明』〔商事法務、平成二五年〕一〇四頁）、債権法改正法案では、同条は改正されていない。

（9）民法（債権法）改正検討委員会編『詳解　債権法改正の基本方針Ⅱ』（商事法務、平成二一年）一八三頁。

（10）筒井民事法制管理官説明・内閣府規制改革会議　第二七回創業・ＩＴワーキング・グループ議事概要（平成二六年七月二三日）二頁（http://www8.cao.go.jp/kisei-kaikaku/kaigi/meeting/meeting.html）。

（11）引用順に、遠藤＝加藤＝大原・注(4)引用「インタビュー調査報告書：債権法改正――元裁判官は、こう考える」名古屋学院大学論集社会科学篇五〇巻三号一四一頁以下、一二八頁。

（12）石川博康「『契約の趣旨』と『本旨』」法律時報八六巻一号（平成二六年）二九頁。

（13）法制審議会民法（債権関係）部会第九〇回会議（平成二六年六月一〇日）配付資料「民法（債権関係）の改正に関する要綱仮案の原案（その1）補充説明」（民法（債権関係）部会資料79－3）七頁。

（14）石川・注(12)引用「『契約の趣旨』と『本旨』」法律時報八六巻一号二四、二九頁。

（15）潮見佳男『民法（債権関係）の改正に関する要綱仮案の概要』（金融財政事情研究会、平成二六年）四六頁。

(16)　法務省ウェブサイト http://www.moj.go.jp/content/001142183.pdf「理由」。
(17)　遠藤＝加藤＝大原・注(4)引用「インタビュー調査報告書：債権法改正——元裁判官は、こう考える」名古屋学院大学論集〔社会学編〕五〇巻三号一四一頁以下。
(18)　遠藤＝加藤＝大原・注(4)引用「インタビュー調査報告書：債権法改正——元裁判官は、こう考える」名古屋学院大学論集〔社会学編〕五〇巻三号一二九頁。
(19)　遠藤＝加藤＝大原・注(4)引用「インタビュー調査報告書：債権法改正——元裁判官は、こう考える」名古屋学院大学論集〔社会学編〕五〇巻三号一四四頁。
(20)　遠藤＝加藤＝大原・注(4)引用「インタビュー調査報告書：債権法改正——元裁判官は、こう考える」名古屋学院大学論集〔社会学編〕五〇巻三号一四五頁。

事項索引

事項索引

あ 行

か 行

〈著者紹介〉

加藤　雅信（かとう　まさのぶ）
昭和21年生まれる。東京大学法学部卒。法学博士。
現在、名古屋学院大学教授、名古屋大学名誉教授、弁護士
この間、東京大学法学部助手、名古屋大学助教授・教授、ハーバード大学、ロンドン大学客員研究員、コロンビア大学、ワシントン大学、ハワイ大学、北京大学客員教授、上智大学教授等を歴任。その他、

・国連アジア・太平洋地域経済社会委員会（ESCAP）環境問題エクスパート
・国際ファイナンスリースに関するユニドロワ条約、国際ファクタリングに関するユニドロワ条約採択のための外交会議・日本国政府代表代理、上記二条約起草委員
・公共企業体等関係閣僚会議事務局・損害賠償に関する研究委員会委員、司法試験考査委員、法制審議会民法部会委員等を歴任した他、民法改正研究会代表を務める。

【主要著書】

教科書・体系書として、『新民法大系Ⅰ　民法総則』（有斐閣、平成14年。第二版は、平成17年）、『新民法大系Ⅱ　物権法』（有斐閣、平成15年。第二版は、平成17年）、『新民法大系Ⅲ　債権総論』（有斐閣、平成17年）、『新民法大系Ⅳ　契約法』（有斐閣、平成19年）、『新民法大系Ⅴ　事務管理・不当利得・不法行為』、（有斐閣、平成14年。第二版は、平成17年）
『クリスタライズド民法　事務管理・不当利得』（三省堂、平成11年）、『民法講義６』（共著、有斐閣、昭和52年）

民法関係の研究書として、『財産法の体系と不当利得法の構造』（有斐閣、昭和61年）、『現代民法学の展開』（有斐閣、平成５年）、『現代不法行為法学の展開』（有斐閣、平成３年）、『民法学説百年史』（編修代表、三省堂、平成11年）、『現代民法学と実務 ── 気鋭の学者たちの研究のフロンティアを歩く　上・中・下』（共編著）（判例タイムズ社、平成20年）、『損害賠償から社会保障へ』（編著、三省堂、平成６年）、『民事判例Ⅰ～Ⅹ』（編著、日本評論社、平成22年～27年）、『民法ゼミナール』（有斐閣、平成９年）、『製造物責任法総覧』（編著、商事法務研究会、平成６年）、『製造物責任判例集Ⅰ・Ⅱ』（編集、新日本法規出版、平成６年）、『製造物責任の現在』別冊 NBL No.53（編著、商事法務研究会、平成11年）、『新・現代損害賠償法講座３　製造物責任・専門家責任』（編著、日本評論社、平成９年）
『二一世紀判例契約法の最前線』（共編著、判例タイムズ社、平成18年）、『JAPAN BUSINESS LAW GUIDE』（Joint Author）（CCH International, 1988）、『国際取引と法』（共編著、名古屋大学出版会、平成10年）、『現代中国法入門』（共編著、勁草書房、平成９年）、『21世紀の日韓民事法学』（共編、信山社、平成17年）

民法改正関係の研究書として、『民法（債権法）改正 ── 民法典はどこにいくのか』（日本評論社、平成23年）、『日本民法改正試案・仮案（平成20年10月13日案）』（編著、有斐閣、平成20年、私法学会シンポジウム限定頒布品）、『日本民法典財産法改正試案・仮案（平成21年１月１日案）』（編著、判例タイムズ1281号、平成21年）、『民法改正と世界の民法典』（編著、信山社、平成21年）、『民法改正　国民・法曹・学界有志案・仮案』（編著、日本評論社、平成21年）、『迫りつつある債権法改正』（信山社、平成27年）、『〔普及版〕迫りつつある債権法改正』（同、平成27年）

「所有・契約・社会」研究、その他の研究書として、『「所有権」の誕生』（三省堂、平成13年）、『日本人の契約観 ── 契約を守る心と破る心』（共編著、三省堂、平成17年）、『人間の心と法』（共編著、有斐閣、平成15年）、『天皇 ── 昭和から平成へ、歴史の舞台はめぐる（日本社会入門１）』（大蔵省印刷局、平成６年）、『現代日本の法と政治』（編著、三省堂、平成６年）、等がある。

〔普及版〕迫りつつある債権法改正

2015(平成27)年 12 月 15 日　第 1 版第 1 刷発行

著　者　加　藤　雅　信

発行者　今井 貴 稲葉文子

発行所　株式会社 信 山 社
〒113-0033　東京都文京区本郷6-2-9-102
Tel 03-3818-1019　Fax 03-3818-0344
info@shinzansha.co.jp
笠間才木支店　〒309-1611　茨城県笠間市笠間515-3
笠間来栖支店　〒309-1625　茨城県笠間市来栖2345-1
Tel 0296-71-0215　Fax 0296-72-5410
出版契約 2015-7053-2-01010　Printed in Japan

印刷・製本／亜細亜印刷・渋谷文泉閣
ISBN978-4-7972-7053-2 C3332. P 336/324. 000-b002 民法
7053-2-01011：012-080-040